职业教育教学资源库配套系列教材

汽车营销与服务专业

汽车消费心理学
（第3版）

主　编　高腾玲　宋　微　赵晓东

副主编　王　旭　董志会　杨秀丽

主　审　王泽生

北京理工大学出版社

BEIJING INSTITUTE OF TECHNOLOGY PRESS

内容简介

本书主要以汽车 4S 店的工作场景为载体，系统介绍了汽车后市场服务行业所需的消费心理知识。主要内容包括：汽车服务过程中需要与动机分析方面的相关心理技巧、汽车服务过程中消费者的个性心理及群体心理特征、汽车消费者认知心理分析、汽车消费者的情感与态度、汽车消费者的气质类型及性格类型分析，最后从总体上介绍每个销售流程中相应的心理分析技巧。

本书适合作为汽车营销相关专业的教学用书及 4S 店销售人员的学习和参考用书。

版权专有　侵权必究

图书在版编目（CIP）数据

汽车消费心理学 / 高腾玲，宋微，赵晓东主编. -- 3 版. -- 北京：北京理工大学出版社，2019.11（2024.1 重印）
ISBN 978-7-5682-7906-2

Ⅰ. ①汽… Ⅱ. ①高… ②宋… ③赵… Ⅲ. ①汽车-消费心理学　Ⅳ. ①F766②F713.55

中国版本图书馆 CIP 数据核字（2019）第 248243 号

责任编辑：高雪梅　　**文案编辑**：邢　琛
责任校对：周瑞红　　**责任印制**：李志强

出版发行 / 北京理工大学出版社有限责任公司
社　　址 / 北京市丰台区四合庄路 6 号
邮　　编 / 100070
电　　话 /（010）68914026（教材售后服务热线）
　　　　　　（010）68944437（课件资源服务热线）
网　　址 / http://www.bitpress.com.cn

版 印 次 / 2024 年 1 月第 3 版第 7 次印刷
印　　刷 / 涿州市新华印刷有限公司
开　　本 / 787 mm×1092 mm　1/16
印　　张 / 15
字　　数 / 294 千字
定　　价 / 47.00 元

图书出现印装质量问题，请拨打售后服务热线，负责调换

序 言

汽车工业的水平综合反映一个国家的工业水平，截至 2019 年 6 月，我国汽车保有量已突破 2.5 亿辆，汽车工业占 GDP 的比重持续提高，毫无疑问，汽车产业作为国民经济支柱产业的重要性日益增强。

近年来，在新一轮科技革命风起云涌的当下，全球汽车行业正迎来全新变量，汽车产业正在步入智能网联时代，不仅是新能源汽车带来的全新的产品前景，大数据、云计算、人工智能技术的深度融入，成为汽车产业加快转型升级的主要动力，全球汽车行业从思维理念到商业模式都发生着巨大变化，对汽车营销服务行业从业人员的素质提出了更高要求。

汽车科技的提升，汽车产业的社会化、规模化、集团化、网络化，使得汽车人才需求尤为突出，有报告预计未来五年汽车专业人才需求位居社会总体需求前五名，汽车从业人员需求量将达到 5 000 万人，汽车行业人才缺口巨大，人才网和国家人事部先后把汽车类专业人才列入紧缺人才、急需人才。

这套汽车服务营销国家教学资源库配套教材的产生，适应了汽车行业的变化及对汽车服务营销人才需求的变化。

本套教材适应了教育部职业教育专业教学资源库建设的目标及要求

根据资源库建设"国家急需、全国一流、面向专业"的要求，本套教材以落实立德树人为根本任务，积极培育和践行社会主义核心价值观，突出职业教育的类型特点，是全国 13 所高职院校，联合深圳中诺思等 10 家教育服务公司和宝马、大众、北汽等 10 大汽车品牌经销商"双元"合作开发的结果。

本套教材内容符合国家 2019 年颁布的汽车营销与服务专业教学标准，涵盖了基础知识和拓展知识，有利于教师分层教学和学生自主学习。同时，本套教材基于职业教育专业教学资源库，结合国家专业标准设计课程体系及知识技能点，开发目标是基于但是高于基本教学标准及教材标准。依托强大的专业教学资源库，本套教材充分体现了信息技术的优势，配备有丰富的教学资源。

自 2015 年起，在资源库平台建设了 20 门专业课程，每门课程都包含完整的教学内容和教学活动，包括教学设计、教学过程记录、教学评价等环节，建有试卷库 36 个，考试样卷 268 套。共上传文本、PPT 演示文稿、图形/图像、音频、视频、动画和虚拟仿真等资源 29 632 个，基本资源 26 910 个，覆盖专业所有基本知识点和岗位基本技能点；拓展资源 2 722 个，体现了行业发展的前沿技术和最新成果，集合了专业领域全国不同地域特点和技术特色的优质资源。目前已经有 6 门课程被认定为省级精品在线开放课程。

资源库平台资源免费开放，各类用户可自由注册，进行自主学习；提供多终端的资源检索、资料下载、教学指导、学习咨询、讨论答疑，支持个人自学、学历教育、职业培训与认证，用户产生行为日志 2 030 万条，其中，检索资源 109.9 万次、浏览课程 424.9 万次、互动提问 67.1 万次、作品提交 22.4 万次、自测和考试 8.5 万次。为学生、教师、行业企业人员、社会学习者等各类用户提供了 PC 终端和移动终端，实现了"将课程放在桌面上，将课堂放在口袋里"的"云+端"环境，提供了资源检索、信息查询、资料下载、教学指导、学习咨询、讨论答疑、就业支持等服务。

后面，将根据产业升级情况以及专业教学资源库更新情况，持续更新教材。

本套教材充分体现了混合式教学法的设计思路

本套教材经过 3 次审纲研讨会，不断完善，形成了混合式教学法的设计思路，与资源库平台课程配套，将课程教学分为课前、课中、课后三部分。课前教师组织教学材料、分发任务、学生完成测试、线上提出问题。课中学生问题反馈、小组互动、教师重难点问题讲解、任务实施、布置作业。课后强化盲点、完成作业、作品展示。

在中国汽车工程学会的大力支持下，来自京津地区、珠三角地区、长三角地区、东北地区、中部地区、西南地区等中国 6 大汽车产业集群所在地的 9 所国家示范性（骨干）高职院校参与教材编写。它们分别是湖南汽车工程职业学院、四川交通职业技术学院、淄博职业学院、长春汽车工业高等专科学校、常州机电职业技术学院、黄冈职业技术学院、浙江交通职业技术学院、云南交通职业技术学院、吉林交通职业技术学院。

经过编委会审定，本套教材能够满足高等职业教育汽车营销与服务专业、汽车运用与维修技术专业、汽车检测与维修技术专业的教学需要，也能够满足汽车从业人员终身职业教育的学习需要。

丛书编委会
2019 年 2 月

前　言

作为汽车营销人员，需要深入问题的核心，了解自己及他人的心理及性格，明白客户购买行为背后的原始动机和需要，才能在服务客户的过程中扬长避短，从而采取合适的客户服务技巧及方法。

教材贯彻落实党的二十大精神，基于当前经济社会对汽车后市场具有较高综合职业能力应用型人才的需要，根据人才强国战略，以立德树人为根本任务，依托教育部职业教育汽车技术服务与营销专业教学资源库，支持项目式线上线下混合教学。教材以汽车技术服务与营销专业学生核心能力提升为导向，以汽车4S店的工作场景为载体，系统介绍了汽车后市场服务行业所需的消费心理知识。以学生能够掌握客户心理分析的技巧作为基本的知识目标；以树立高尚的职业道德，提供优质规范的服务作为素养目标；以获得1+X证书、企业认证证书作为能力目标。教材知识点对接职业标准，充分体现行业发展新知识、新方法。

教材划分为6个项目，采用体验式、创新式销售理念，以育技、育志、育人为目标，按汽车服务人员工作过程及工作情境设计任务，导入相关知识和技巧。项目1、项目2中积极引导学生树立正确的价值观、文化观，明确中国传统文化对消费心理的影响，准确判断客户需求，引导学生信守承诺、诚恳待人。在项目3中，引导学生通过社会认知理论的学习，掌握给客户带来良好印象的方法，强化自我管理、自我修正的能力。在项目4中，通过客户不良情绪处理方法的学习，培养学生真诚、积极、从容的心态。在项目5、项目6中，通过销售流程中客户个性心理分析，树立服务意识、效率意识、规范意识。教材总体培养学生创新突破、吃苦耐劳的精神，旨在提升学习者汽车服务能力，树立良好的职业道德和职业修养。

教材由高腾玲、宋微主编，参与教材编写工作的还有王旭、董志会、杨秀丽。编写过程中借鉴了很多专家和学者的研究，在此，我们由衷地表示感谢。同时，在尝试编写情景化的教材中，还存在许多不足之处，恳请读者批评指正。

编　者

二维码内容资源获取说明

Step1：扫描下方二维码，下载安装"微知库"App；

Step2：打开"微知库"App，单击页面中的"汽车营销与服务"专业。

Step3：单击"课程中心"选择相应课程。

Step4：单击"报名"图标，随后图标会变成"学习"，单击学习即可使用"微知库"App 进行学习。

PS：下载"微知库"App 并注册登录后，直接使用 App 中"扫一扫"功能，扫描本书中二维码，也可直接观看相关知识点视频。

安卓客户端

iOS 客户端

目　录

项目一　汽车消费者需要与动机分析 ………………………………………… 001
　　任务 1-1　汽车消费者的需要分析 ……………………………………… 002
　　任务 1-2　汽车消费者的动机分析 ……………………………………… 022

项目二　汽车消费者的行为心理分析 ………………………………………… 031
　　任务 2-1　汽车消费者的个性心理 ……………………………………… 032
　　任务 2-2　汽车消费者的群体心理 ……………………………………… 052

项目三　汽车消费者的认知心理分析 ………………………………………… 067
　　任务 3-1　汽车消费者的感知与营销 …………………………………… 068
　　任务 3-2　汽车消费者的注意与营销 …………………………………… 079
　　任务 3-3　汽车消费者的认知心理过程 ………………………………… 096

项目四　汽车消费者的情绪、情感与态度 …………………………………… 109
　　任务 4-1　汽车消费者的情绪、情感 …………………………………… 110
　　任务 4-2　汽车消费者的态度 …………………………………………… 124

项目五　汽车消费者的性格分析 ……………………………………………… 135
　　任务 5-1　汽车消费者性格类型分析 …………………………………… 136
　　任务 5-2　汽车消费者气质类型分析 …………………………………… 152
　　任务 5-3　汽车消费者消费观分析 ……………………………………… 166

项目六　汽车销售沟通心理分析 ……………………………………………………… 175

　　任务 6–1　接待过程中客户的心理分析 …………………………………………… 176

　　任务 6–2　产品介绍过程中客户的心理分析 ……………………………………… 187

　　任务 6–3　试乘试驾过程中客户的心理分析 ……………………………………… 204

　　任务 6–4　议价过程中客户的心理分析 …………………………………………… 214

参考文献 ……………………………………………………………………………………… 226

项目一

汽车消费者需要与动机分析

在汽车服务的过程中，抓住客户的需要变得越来越重要。在企业中，不仅仅作为"汽车销售顾问"需要了解、掌握汽车消费需要分析的基础知识与技能点，作为"汽车服务顾问"等人员也同样需要知晓，并以此为基础熟练地进行客户接待，提升自身的工作效率及客户的满意度。

汽车服务人员在接待客户的过程中，能够准确判断客户需要是非常重要的，需要与动机是人们购买行为的根源和动力。本项目主要是了解消费需要与动机的基本知识，掌握"汽车消费需要与动机"的相关分析技巧，包括"汽车消费者的需要分析"和"汽车消费者的动机分析"两个任务，通过学习和训练，将了解"马斯洛需求层次理论""汽车消费需求的类型""汽车消费需求分析技巧""汽车消费动机的类型"等。

任务 1-1　汽车消费者的需要分析

 任务引入

客户在购车的过程中，通常会在车型选择、品牌选择、价位选择等方面难以抉择。这就需要汽车服务人员准确地抓住客户的需要，为其推荐合适的车型。本任务就是和大家一起探讨汽车消费需要分析的基本知识及分析技巧。

 任务描述

美国克莱斯勒汽车公司总裁艾科卡曾在电视广告中说："如果你对我们的汽车不满意，可以退钱。"这位总裁还就退车的具体做法做了说明："如果你在华盛顿地区买了一辆新的克莱斯勒轿车或卡车，若不满意，可在30天内或行车1 000英里①内退车还钱。如果是在丹佛地区，你可换一辆新车。"

美国通用汽车公司也向用户发出"安民告示"，在这以前和1989年中，顾客买了他们公司的汽车，如果不满意，也可在30天内或行车3 000英里内换一辆新车。

此种不满意就可退钱或换货的做法尽管实行不久，却为汽车业最大胆的行销攻势开创了前景，它使买车者感到无风险。此外，美国汽车业者还向顾客提供了几种新的服务，包括扩大机件供应的保证，提供车辆免费行驶的协助，甚至保证转售价格的实现。

真正不满意而退车的客户并不多。例如，通用汽车公司在1988年4—8月，在卖出的3 000辆车中，只退了14辆，而且没有一辆是因为品质不佳而退车的。

思考：

（1）美国汽车业实行退车还钱办法是为了满足顾客的什么心理？

（2）如果您是企业的工作人员，您会用什么方式满足顾客的心理需求？

---

① 1英里＝1 609.344米。

项目一
汽车消费者需要与动机分析

 学习目标

● 专业能力
1. 能够正确判断客户的购车需求，从而制定相应的营销策略；
2. 掌握"马斯洛需求层次理论""汽车消费需求的类型""汽车消费需求分析技巧"等知识和技能点。

● 社会能力
1. 善于捕捉客户传递的信息，对客户购车需求的描述具有敏感性；
2. 树立高尚的职业道德，提供优质的服务；
3. 塑造良好的形象，扩大汽车生产商和销售商的知名度、认可度；
4. 维护组织目标实现的大局意识和团队能力；
5. 加强公共关系意识，对环境变化、人员变化有一种能动、创造性的适应机制。

● 方法能力
1. 通过查询资料，提高自主学习的能力；
2. 通过相关知识学习，能正确判断人们的当前需要；
3. 准确的自我评价能力和接受他人评价的能力；
4. 通过完成学习任务，提高运用多方资源和新的方法解决实际问题的能力。

 相关知识

一、消费需要概述

（一）消费需要的概念

消费需要，是指消费者为了实现自己生存、享受和发展的要求所产生的获得各种消费资料（包括服务）的欲望和意愿。人们的消费需要包括吃、穿、住、用、行、文化娱乐、医疗等方面的需要。

图 1-1-1 消费需要

（二）消费需要的特征

1. 多样性

资源1-1-1 消费需求的概念与特征（微课）

由于不同消费者在年龄、性格、工作性质、民族传统、宗教信仰、生活方式、生活习惯、文化水平、经济条件、兴趣爱好、情感意志等方面存在不同程度的差异，消费者心理需求的对象与满足方式也是纷纭繁杂的，对主导需要的抉择是不一致的。历来中国不同区域的消费者有着不同的地方文化，这种地方文化也逐渐渗透到了他们的消费习惯中。尽管目前信息沟通越来越便利，这种差异依然在潜意识里面影响着消费者的选择。例如：南方地区（以广州为代表）是实用主义，东部区域（以上海为代表）则追求时尚；北方区域（以北京、沈阳为代表）有面子情结，中部区域（以南昌、武汉为代表）多精明、理性，西部区域（以成都为代表）却崇尚休闲主义。

2. 发展性

消费需要的内容，从静态分布上看就是多样化，从动态观点看就是由低到高，由简到繁，不断向前推进的过程。随着商品经济的发展和精神文明的提高，心理需要会不断地产生新的对象，消费者的某项需要一旦满足以后，就不再受该项需要激励因素的影响，而渴望并谋求其他更高一级的需要，并不断向新的需要发展。

我们可以从中国人支付方式的变化来看消费需要的变迁。20世纪80年代，中国人买东西需要依靠粮票、布票等票证。改革开放后，票证逐步消失，现金取代票证成为主要的支付手段。进入90年代，银行越发重视互联网业务，用户可以在网银办理存款定活转存、购买基金、查询过往交易记录等。近几年，中国人的生活正在全面互联网化，与工业时代"车轮上"的美式生活方式不同，一种属于信息时代、更便捷、更环保、更全球化的"移动互联网上"的中式生活方式已经全面展开。伴随中国居民消费收入的持续增长和新一代（80后90后）的成长，中产消费群体迅速壮大成为消费升级的驱动主力。互联网潜移默化地改变了中国消费者的消费模式。

以扫码技术为例，这项技术在中国的快速普及加速了线下场景的数字化进程。从街边的菜市场到大型商场，基本都支持扫码支付，共享单车也是以扫码技术为基础的新商业模式，火热的无人超市更是将扫码技术应用到极致。现在，移动支付非常普及，已经渗透到了日常生活的点点滴滴，无现金生活离我们越来越近，然而，随着消费需要的发展，移动支付仍不是终点。

3. 可诱导性

消费者决定购买什么样的消费品，采用何种消费方式，怎样消费，既取决于自己的购买能力，又受到思想意识的支配。周围环境、社会风气、人际交流、宣传教育、文学艺术等，都可以促使消费者产生新的需要，或者由一种需要向另一种需要转移，或者由潜在的需要变成现实的需要，或者由微弱的欲望变成强烈的欲望。因此，消费者的需要可能因引导、调节而形成，也可能因外界的干扰而消退或变换。广告在商品经济发达的社会既可能"泛滥成灾"，又是消费者不可缺少的生活向导。一部电影能使某种时尚家喻户晓，风靡世界；一则新闻又能置某种商品于十八层地狱，永世不得翻身。例如，一些科普新闻曝出部分食品中加入了对人体有害的添加剂等物质，这些问题给消费者的安全带来隐患，于是很多消费者开始购买无食品添加剂、无反式脂肪、非转基因的食品。又如，由于消费水平的提高，中高收入消费群的扩大，商家开始强调品牌效应，强调物有所值。于是，消费者不仅考虑产品或服务的功能，还追求其附加价值，追求品牌的质量、档次和知名度。可见，消费需要的可诱导性是确实存在的。

4. 周期性

每个消费者都有一些需要在获得满足后，在一定时间内不再产生，但随着时间的推移还会重新出现，显示出周而复始的特点。不过，这种重复出现的需求，在形式上总是不断翻新的，也只有这样，需要的内容才会丰富、发展，如女性头巾，多少年来总是在长形、方形、三角形的式样间变化；皮鞋总是在方头、圆头、尖头、平跟、中跟、高跟之间翻来覆去地变花样。这种周期性往往和生物有机体的功能及自然界环境变化的周期相适应，也同商品寿命、社会风尚、购买习惯、工作与闲暇时间、固定收入获得时间等相关联。例如，许多商品的销售淡旺循环变化是由自然季节决定的，商店业务忙闲与消费者的工作日、发薪日相关形成周期，服装流行周期与社会风尚变化相呼应，等等。因此，研究周期性，对企业加强生产、经营的计划性有着重要意义。工商企业可以根据需要周期的发展变化规律，安排好包括商品种类、销售时间、销售方式、销售对象及销售地点等在内的产、供、购、销、调、存。一般而言，精神产品往往不具备重复消费的周期规律，尽管旅游可以"故地重游"，读书可以"爱不释卷"，但精神产品的生产不宜重复和仿造，否则就会滞销。比如电影，如果都是一个题材，且演员形象雷同、导演手法雷同、情节内容雷同，消费者（观众）就感到乏味了。

5. 伸缩性

伸缩性表现在消费者对心理需要追求的高低层次、多寡项目和强弱程度。在现实生活中，消费者的需要，尤其是以精神产品满足的心理需要，具有很大的伸缩性，可多可少，时强时弱。当客观条件限制了需要的满足时，需要可以抑制、转化、降级，可以滞留在某一水平上，也可以是以某种可能的方式同时或部分地兼顾满足几种不同性质的需要。在有些情况下，人还会只满足某一种需要而放弃其他需要，如发生灾难时，成千上万的解放军战士为了解救灾区的人民，放弃了个人及家庭的许多需要；高考复习阶段的学生为了能学好知识，迎接高考，放弃了旅游，看电影、电视、小说，打球及休息的需要。

6. 时代性

没有一个社会的消费不带有时代的印记，人们的消费需求总是自觉或不自觉地反映着时代的特征。人们追求消费的时代性就是不断感觉到社会环境的变化，从而调整其消费观念和行为，以适应时代变化的过程。这一要求在消费活动中主要表现为：要求商品趋时、富于变化、新颖、奇特、能反映当代的最新思想。总之，要求商品富有时代气息。商品的时代性在商品销售中具有重要意义。从某种意义上说，商品的时代性就意味着商品的生命。一种商品一旦被时代所淘汰，成为过时的东西，就会滞销，结束生命周期。为此，一方面，营销人员要使经营的商品适应时代的需要，满足消费者对商品时代感的需求；另一方面，生产者要能站在时代的前沿，及时生产出具有时代特点的商品。

消费者的心理需要还会受时代风气、环境的影响，时代不同，消费者的需求和消费习惯也会不同。不甘落后于时代，随周围环境变化而变化，是一般人常有的心理特征，如 20 世纪 50 年代，中国与苏联关系密切，苏联姑娘习惯穿的布拉吉连衫裙在中国极为流行。80 年代，牛仔裤、旅游鞋传入中国，迅速影响我国人民的消费习惯。再如，随着经济条件的普遍好转和科学知识的普及，我国消费者现在越来越重视身体健康，对有利于人体健康的消费习惯一般总是积极地吸收、采纳，对不利于人体健康的消费习惯则采取坚决摒弃的态度。在这方面，科学的消费知识宣传极大地左右着人们消费习惯的取舍。医生说，人体吸收脂肪过多，会引起心血管疾病，还会诱发胆囊炎和胰腺炎，这样，人们就会自觉改变原来的饮食习惯。上述情况的出现，无不表明了时代的特征。

（三）消费需要的类型

1. 按消费者购买目的划分，可以分为生产性消费和生活性消费。生产性消费需要是指为满足生产过程中物化劳动和活劳动消耗的需要；生活性消费需要是指为满足个人生活的各种物质产品和精神产品的需要。

2. 按需要满足的对象划分，可以分为个人消费需要和社会公共消费需要。个人消费需要主要是指居民有货币支付能力的生活消费需要；社会公共消费需要主要是指为实现社会的集体消费基金而统筹安排的，用来满足公共消费需要的部分。

3. 按消费需要的实质划分，可以分为物质消费需要和精神消费需要。物质消费需要是指人们对物质生活用品的需要；精神消费需要是指为改善和提高本身素质而对文化教育、科学艺术、艺术欣赏等方面的需要。

4. 按消费需要的层次划分，可以分为基本生存消费需要、发展消费需要、享乐消费需要。基本生存消费需要是指个人为维持生存、延续生命而产生的对物质资料的需求，如食品、饮料、衣物、住房等；发展消费需要是指个人为提高生活质量、提高自身能力和个人素质而产生的需求，如接受教育、追求理想、发挥才智等的需要（表现在对电脑、书籍、文化用品的需求上）；享乐消费需要是指对文化娱乐、旅游、社交、物质享受等商品或劳务的需求。

图 1-1-2　马斯洛需要层次理论

二、马斯洛需要层次理论

马斯洛，美国人本主义心理学家。主要著作有《动机与人格》《存在心理学探索》《人性能达的境界》《妇女心理学》等。他最著名的理论当推"需要层次理论"，是在《动机与人格》一书中提出的。马斯洛在谈到人的需要的时候指出："这是一个分层次的价值系统,是存在于人性的本质之中的。它们不仅是全人类都需要和渴望的,从必须用它们来避免一般疾病和心理病变的意义上来说,也是不可缺少的。"

马斯洛认为,人类有 5 种基本需要,即生理需要、安全需要、归属与爱的需要、尊重的需要、自我实现的需要。他说,生理需要在所有需要中占绝对优势。"在长期得到满足时,就不再是行为的活跃的决定因素和组织者了。它们只是以潜能的方式存在。"

安全需要包括安全,稳定,依赖,免受恐吓、焦躁和混乱的折磨,对体制、秩序、法律、界限的需要,对于保护者实力的要求,等等。安全需要通俗地说有三个内容,即人身安全、财产安全、就业安全。现在看,就业安全的问题大一些。

资源 1-1-2 马斯洛的需要层次理论(微课)

"归属与爱的需要",指个体对友谊、爱情、归属感、避免孤独等方面的需要。在现实社会中,人们之间存在着各种不同层次的交往关系。任何人都有同他人交往或相依伴、参与或隶属于某群体的强烈需求,都有喜爱某人并愿意接受他人喜爱的倾向。当个体的基本生理需要和安全需要得到满足或大部分满足时,爱和归属的需要便成为他最关心并企求满足的内容,希望他人或群体所接纳、所喜爱并努力地爱他人。一个人若经常不被他人或群体需要、接纳、喜欢,则会感到空虚、寂寞、孤独、受挫折,甚至觉得失去自身存在的价值,产生慢性人格困扰。例-如:一个没有受到父母关怀的青少年,认为自己在家庭中没有价值,所以在学校交朋友,无视道德观和理性,积极地寻找朋友或是同类。譬如说:青少年为了让自己融入社交圈中,出现吸烟,恶作剧等行为。

尊重的需要是第四个层次的需要。马斯洛指出,这种需要可以分为两类:第一,对于实力、成就、适当、优势、胜任、面对世界时的自信、独立和自由等欲望。第二,对于名誉或威信(来自他人对自己的尊敬或尊重)的欲望。尊重的需要,大致可以分为三个方面的内容:对人的隐私的尊重,对人的劳动的尊重,对人格的尊重。如果我们真的是对人尊重,那么,就不会出现"打错门"事件、"钓鱼执法"事件、"开胸验肺"事件;也不会出现有些娱乐记者手持相机瞪大眼睛,等着盼着那些女明星不慎走光的意外发生;更不会有那些所谓的狗仔队专门去挖别人的隐私的事件。

资源 1-1-3 归属与爱的需要——
简单的问候与莫大的惊喜

资源 1-1-4 尊重的需要——
快乐、愉快、热情与惊喜

资源1-1-5 销售中如何体现对客户的尊重（1）　　资源1-1-6 销售中如何体现对客户的尊重（2）

自我实现的需要，是需要层次理论里最高层次的需要，是针对真善美至高人生境界获得的需要，具体包括认知、审美、创造、发挥潜能的需要等等。在前面各低层次需要都能满足的前提下，最高层次的需要方能相继产生，是一种衍生性需要。缺乏自我实现需要的特征是，觉得自己的生活被空虚感给推动着，要自己去做一些身为一个人应该在这世上做的事（使命感），及做一些能更充实自己的事，尤其是让一个人深刻地体验到自己没有白活在这世界上的事物。也开始认为，价值观、道德观胜过金钱、爱人、尊重和社会的偏见。

例如：一个真心为了帮助他人而捐款的人。一位武术家、运动家把自己的体能练到极致，让自己成为世界一流或是单纯只为了超越自己。一位企业家，真心认为自己所经营的事业能为这社会带来价值，而为了比昨天更好而工作。

怎么理解马斯洛的需要层次理论？

第一，基本需要满足的先决条件。马斯洛指出："有一些条件是基本需要满足的前提，对于它们的威胁似乎就是对基本需要本身的威胁。它们包括言论自由、在无损于他人的前提下的行动自由、表达自由、调查研究和寻求信息的自由、防卫自由，以及集体中的正义、公平、诚实、秩序等。"这段阐述再清晰不过了。如果在我们身边，还在不断发生"打错门"事件，那就根本谈不上基本需要的满足。

第二，"相对满足的不同程度"。马斯洛解释说："事实上，对于我们社会中的大多数正常人来说，其全部基本需要都部分地得到了满足，同时又都在某种程度上未得到满足，要想更加真实地描述这个层次序列，就应该在这个优势层次序列中逐级减小满足的百分比。例如，满足了85%的生理需要，70%的安全需要，50%的爱的需要，40%的尊重需要，10%的自我实现需要。"

第三，需要的文化特性和普遍性。马斯洛认为，它（基本需要）比表面的意识欲望更重要，更普遍，更根本，并且更加接近人类共同的特性，基本需要与表面的欲望或行为相比更加为人类所共有。这就是说，马斯洛虽身在美国这样的资本主义国家，但基本需要是人类所共有的。不论你的身高、性别、年龄、肤色，也不论你身处哪个国家、哪个年代、哪种文化背景下，我们的祖先早就认识到了这一点——"食，色，性也。"

第四，"已经满足的需要的作用"。马斯洛指出，需要一旦满足，就不再起积极的决定或组织作用。"需要中的任何一个受到挫折的人完全有理由被设想成一个病人。这相当于我们把缺乏维生素或者无机物的人称为病人。"其实，这段话是以另一个角度阐述需要的作用，需要没能得到满足的危害。

第五，需要满足的程度与心理健康的程度的关系。"很明显，在其他因素相同的条件下，一个安全、归属、爱的需要得到满足的人,比安全和归属需要得到满足,但在爱的感情上遭受拒绝、挫折的人更健康。""因此,似乎需要满足的程度与心理健康的程度有确定的联系。"其实,马斯洛的这两段话,给了我们明确的结论:人的心理健康离不开需要的满足。

第六,主导性需要。马斯洛指出,任何一个需要的满足,随着它的逐渐平息,其他曾被挤到一旁的较弱的需要就登上突出的地位。需要永不停息。一个需要的满足产生另一个需要。其实,汽车的消费者也是这样。买车是他的需要;买车后的各项服务同样是他的需要。

第七,高级需要的重要性及其实现的外部条件。"高级需要的满足能引起更合意的主观效果,即更深刻的幸福感、宁静感,以及内心生活的丰富感。""追求和满足高级需要代表了一种普遍的健康趋势,一种脱离心理病态的趋势。""那些两种需要都满足过的人们通常认为高级需要比低级需要具有更大的价值。""高级需要的追求与满足具有有益于公众和社会的效果。在一定程度上,需要越高级,就越少自私。对爱以及尊重的追求必然涉及他人,而且涉及他人的满足。"这些阐述,明明白白地告诉我们,高级需要非常重要。马斯洛说的高级需要,就是生理需要、安全需要之外的其余三种需要。高级需要这么重要,它的实现也是需要一定条件的。"高级需要的实现要求有更好的外部条件。要让人们彼此相爱,而不仅是免于相互残杀,需要有更好的环境条件(家庭、经济、政治、教育等)。"以上这几点,是我们更好地理解需要层次理论不可缺少的内容。

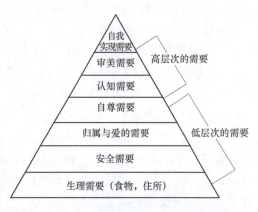

图 1-1-3 马斯洛需要层次理论的理解

三、汽车消费需要的概念、特征及类型

 应用案例 1-1-1

从消费需要的类型着手,满足客户的需求

【案例】

2015 年 1—3 月,广汽集团推出"十万月薪招募精英试驾员传祺 GA6 由你测"线下体验传祺 GA6 的活动,在春节前夕,厂家以"开车过年回家"的情感需求引起消费者的关注与共鸣,并以丰厚的奖金吸引消费者前来参与活动。通过消费者的亲自试驾,以消费者的角度对新车进行宣传,更有说服力,更深入人心。

思考:

广汽集团满足的是消费者哪种类型的消费需要?

【案例解析】

过年开车回家的创意不仅可以让消费者亲自试驾新车，还能满足消费者的一些消费需求，比如与家人一同分享开新车的喜悦等，满足了消费者享受生活的消费需求。

（一）汽车消费需要的概念

汽车消费需要，是指购买各类汽车的意向在消费者头脑中的反映。"各类汽车"是针对各类消费者而言的，购买意向是表明目前缺乏且有能力购买，"需要是反映"表明这个概念也是符合心理学两大基本规律的。

（二）汽车消费需要的特征

这里所要分析的汽车消费需要的特征，仅涉及我国目前的

资源1-1-7 汽车消费需要的概念、特征及类型（微课）

状况。我国改革开放40年来，人民群众生活水平有了长足的进步。按照一般的汽车市场规律，当人均GDP处于1 000～3 000美元时，汽车市场需求迅速上升。具体地说，当人均GDP处于1 000美元时，汽车开始进入家庭，我国是从2001年开始的；当人均GDP处于3 000美元时，私人购车将出现爆发性增长，我国是从2008年出现的。还是人均GDP处于3 000美元时，小汽车开始成为人们的首选目标。截至2017年年底，我国人均GDP约为9 178.46美元，经济社会发展将进入一个新的发展阶段。根据专家研究团队推算的结果，我国人均GDP，将于2025年前后达到25 000美元水平。处在这样一个历史背景下，我国汽车消费需要的主要特征有哪些呢？

第一，从以购买中低档车为主向以中高档为主发展。根据我国目前的消费水平，在绝大多数地区，消费者首选车型的价格大多在20万元以下。随着轿车消费总量的逐年增加，其消费的金字塔特征也趋向明显，一般说来，15万元以下的位于金字塔的底部，占一半左右；15万～30万元的车型位居金字塔中部，30万元以上的车型在顶尖。现在买车在10万元以下的，以及10万～20万元的，占总数的60%～70%。今后一个时期，购买10万元以下车型的人数会减少，而超过20万元的会逐渐增加。

第二，汽车消费还是需要相关政策来支撑。所谓的相关政策，主要指汽车购置税、汽车下乡、汽车以旧换新等政策。应当说这些政策对于最近两年来的刺激汽车消费起到了不可替代的作用。国家自2015年10月1号实施1.6L及以下排量乘用车购置税减半政策，而从2017年1月1日起，对1.6L及以下排量的乘用车，按7.5%的税率征收车辆购置税。2018年，这些政策彻底退出，恢复按10%的法定税率征收。在《旧车置换新车补贴政策》出台后，初步讨论以旧换新的单车补贴，按照车辆使用年限划分为3个等级，使用年限为5至6年的每车置换获补5 000元，6至8年为6 000元，8年以上最高获补7 000元。

第三，买车会同时注重品牌、价格和安全性。正如前边在分析中国人的行为心理特征时总结过的那样，中国人有偏爱正宗事物的习惯。正宗常常具有巨大的心理导向作用。这个"正宗"就相当于汽车销售中的品牌。汽车消费者在买车的时候，很少有人不看品牌，只要经济条件允许，都要买好牌子的车。当然，品牌车一般价格都不菲。一分价钱一分货，

品牌车的安全性能会更加过关。从整体看，消费者给这三者的排序为：第一是价格，第二是品牌，第三才是安全。

第四，汽车消费"买涨不买跌"。说来也怪，有时汽车销售商在竞相降价的时候，消费者反而"冷静"了，其心理活动是：再等等，再等等。所以他们就持币待购了。可当汽车销售商都往上提价的时候，他们却沉不住气了。有专家认为，"按照经济学边际效用递减的理论，经历了数次大大小小的价格战后，一跌再跌的车价已经很难再有效地触动消费者。"而涨价则不同，消费者怕今天不买，明天还要涨，后天涨得更厉害。涨价也好，跌价也罢，都要看整个宏观经济环境，2008 年下半年，

资源 1-1-8 汽车消费买涨不买跌

由于美国引起了全球性的金融危机，各行业都不景气，包括汽车业。所以，才有不少业内人士认定，中国车市进入了冬眠期的悲观论调。谁能想到，转过年来，由于国务院相关政策的出台，极大地刺激了汽车生产，中国车市不但没有进入"冬眠期"，反而进入了"旺销期"。

第五，环保车、新能源车是今后汽车消费的主流。低碳经济是一个新名词。发展低碳经济、构建低碳城市不仅是政府、专家的事，积极树立低碳生活理念也是每一个公民的责任。自从新能源车降临到中国之后，几乎每辆新能源车都被贴上了"环保天使"的标签。一些新能源车企和销售也是不断的在拓宽我们的视野，用一个又一个百公里油耗数据刷新着消费者的认知。最近几年来，国家大力扶植新能源汽车的发展，从 2018 年 1 月 1 日至 2020 年 12 月 31 日，对购置的新能源汽车免征车辆购置税。在此基础上，新能源汽车购置税优惠政策再延长三年，也就是说，在 2023 年 12 月 31 日前购买新能源汽车仍旧能够享受免征车辆购置税政策。由此，我们可以得出结论：环保车、新能源车肯定是今后汽车消费的主流，而那些高耗油、高污染的车必定会被淘汰。

第六，汽车消费在不同地区有所差别。登上"中国汽车网"，会发现不少关于不同地区汽车消费差异比较的信息，如"宁波喜中档，厦门爱实惠""宁波重服务，厦门重方便""宁波好实战、厦门听经验"。上海人购车基本选择本地车，即上海大众或上海通用。而北京的汽车消费没有这种"地方主义"的特色，无论是自主品牌还是合资品牌，无论是低端的夏利还是高端的奥迪，只要有口碑，都能卖得很火。可见，城市的发展和人文特征能深刻地影响当地居民的消费观念。

（三）汽车消费需要的类型

就目前我国消费者的情况看，他们的汽车消费需要类型主要包括以下几种。

资源 1-1-9 汽车消费需要的类型（漫画 1）

资源 1-1-10 汽车消费需要的类型（漫画 2）

1. 代步工具型

多数私家车买来是要代步的。有的因家离单位远，有的因要送孩子上幼儿园、上学。周末和节假日，一家人还可以乘车去郊游甚至到另一个城市去玩。所以说，此类消费者需要的是代步工具。

资源 1-1-11 代步工具型

资源 1-1-12 消费者买车都是为了什么

2. 享受生活型

买私家车除了为代步外，还为了要享受生活。车的方便、快捷性使车主能尽情地享受生活。日常出行是享受生活，出去郊游、旅游更是享受生活。私家车真可谓给人带来了无尽的快乐。此类消费者买车就是为了满足享受生活的需要。

3. 显示地位型

有些人买车，主要不是代步，也不是享受生活，而是为了彰显地位。上班也不远，身体也挺好，但由于自己的身份地位的缘故而不能没有车。此类消费者买车是为了显示地位，为了满足第四层次的需要（尊重需要）。

资源 1-1-13 享受生活型

资源 1-1-14 显示地位型

4. 开展业务型

有的人自己家有买卖，有业务，为了开展业务，需要有车。属于这个类型的，也不在少数。正由于有了车，业务才开展得更方便、快捷，才争取到更多宝贵的时间，赢得了信誉，赢得了合同，也赢得了经济效益。

资源 1-1-15 开展业务型

5. 结交朋友型

此类基本上属于从属的类型。自己有辆车，平时上下班用。朋友有急事，也可以一用。

四、汽车消费需求分析技巧

 应用案例 1-1-2

找到客户的购买重点，明确客户的需求

【案例】

在澳大利亚，一个客户说要买福特车，福特车全都是自动挡的，这个客户来买车时却点名要手排挡的。销售顾问当时询问客户选择手排挡的车是不是因为价格比自动挡的车便宜，他却说钱不是问题，只要把手排挡的车找来，他按自动挡的价格付款。是不是喜欢加速性能呢？如果不能搞明白客户为什么必须要手排挡的车，销售顾问注定会丢掉这个客户的。是什么原因促使他一定要追求手排挡的车呢？

思考：

如果你是这位销售顾问，你会怎样做？

【案例解析】

真实的购买重点是需要你问出来的，客户有的时候是不会主动说的。销售顾问问客户：您是专业司机，所以你要手排挡？要加速感觉？要动力性？客户开始回答销售顾问的问题时就把真正的目的说出来了。客户对销售顾问说："我不要这个加速性，那都是年轻小伙子追求的，最近一段时间我工作变了，要用车跑很多路，而且都是盘山公路。"销售顾问接着就问这个盘山公路用手排挡车怎么会帮你，是不是上坡有用呀？"上坡是一个方面，但是我更看中的是下坡的时候，万一这个刹车系统失灵了，我可以用手排挡把速度降下来。"他强调说，"对，强制往下降速，就是用手排挡降速，刹车失灵时手排挡可以帮你降速。"例子中的销售顾问当时不知道，一般人也不会想到，一个人要买手排挡的车就冲这个买，而他确实就为了这个原因买。在我们国家的东北地区，也会有客户就喜欢买手排挡车，原因与此类似，因为冬天冰雪路面，自动挡的车子很容易打滑，因此不能使劲踩刹车，最好的降速的方法就是用排挡降速，因此只有了解了客户的购买重点，才能找到合适的解决方案。

常见的汽车消费需求分析技巧主要包括以下几点。

（一）提问

销售顾问要学会提问，要通过有效的提问让客户自己体会。通过对一系列问题的了解，你一定可以完整地掌握这个潜在客户的购买倾向，购买重点，以及真实的、内在的，一般不会说出来的需求。销售汽车没有什么特别的诀窍，只有不断地通过实践去练习了解人的技能，练习可以透视别人思想的技能，练习让陌生人尽快喜欢你的技能，练习尽快获得陌生人信任的技能。

资源 1-1-16 汽车消费需求分析技巧（微课）

资源 1-1-17 封闭型问题（漫画）

资源 1-1-18 开放型问题（漫画）

（二）倾听

倾听属于销售中有效沟通的必要部分，以求销售顾问与客户在思想上达成一致和感情的通畅。学会倾听是非常必要的，客户势必不会总是重复同一个问题。如果你心不在焉，听而不闻，就很可能漏掉一些很重要的信息，以致失去成交的机会。所以倾听技巧非常重要，好的倾听技巧主要有以下五个。

1. 确认

在客户讲话过程中，可能会有一些词语你没有听清，也可能有一些专业术语你不懂，这就特别需要向客户进行确认，进一步明确客户所讲的内容。

同时，你跟客户交流时一定要注意自己的术语使用问题，你不能运用太多的术语，以免容易给客户造成理解上的障碍。

2. 澄清

对容易产生歧义的地方，要及时地与对方沟通，以便充分了解客户的真正想法。客户说的某一句话可能存在着两种或多种理解，如果自以为是，只按照自己的好恶去理解，那么必然容易产生误解。所以一定要及时地与客户进行交流，澄清事实。

3. 反馈

在倾听的过程中，要积极地向客户及时进行反馈。你要不断地让他意识到你始终都在认真地听他讲话。如果你只顾自己长时间的讲话而听不到回应，势必会给客户造成心理压力，他自然就不愿意继续讲下面的内容而只想尽快地结束沟通了。

4. 记录

在进行电话交流时一定要做好记录。电话交流的时间很有限，你很难记住客户需求的所有关键点，最好的办法是随时把客户提到的重点及时地记录下来。

5. 判断客户的性格

通过沟通判断出客户的性格。根据前面讲过的四种类型的性格，给目前的客户一个大概的定位。然后对应这个定位去适应对方，根据上文讲到的方法分别应对。

作为七大销售技巧之一，倾听是销售顾问常用的销售方法，一名出色的销售顾问往往善于聆听客户的抱怨、异议和投诉，善于倾听客户的需要、渴望以及理想，善于听出客户没有说出来的需求。

资源 1-1-19 沟通中的有效倾听

（三）找到购买的敏感点

车辆的性能因科技发展而水涨船高，商家总是能够在一件商品上发挥奇思妙想，使其具备多种功能。客户在实施购买行为时，看中的往往不是车辆所有的功能，只要车辆具有一个或几个满足客户需求的"闪光点"，就足以刺激客户的购买欲望。由于敏感点的存在，客户就能够在产品当中嗅出与众不同的感觉，迅速产生极想购买的欲望。既然如此，销售人员就要帮助客户找到购买的敏感点，让客户的购买动机如旭日东升般喷薄而出。

资源1-1-20 找到购买的敏感点

销售人员要善于把握客户的特别需要，客户关注的可能是高性价比，可能是齐全的功能，可能是过硬的质量，还有可能是产品所能带给客户的额外收益，基于此，销售人员如何找到客户的特别需要就显得尤为重要。事实上每个人都能创造出共鸣器，只要我们停止靠猜测去把握客户的需求，努力与顾客最关心的东西建立深层对接，就可以向客户推荐适合他的产品。

（四）有效传达利益点

将益处传达给客户，首先要分析客户的需求是什么。一般而言，客户最关心以下几个问题：

- 产品能给我带来什么好处？
- 哪些好处是我现在需要的？
- 哪些好处是我将来能够用到的？
- 性价比如何？

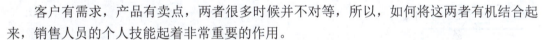

资源1-1-21 有效传达利益点

客户有需求，产品有卖点，两者很多时候并不对等，所以，如何将这两者有机结合起来，销售人员的个人技能起着非常重要的作用。

通常情况下，销售顾问向客户有效传达利益点可以结合"口头表达"和"动手演示"这两种方式。

口头表达时，我们应当注意措辞的专业性和逻辑性，运用一些"首先""其次""再次""第一""第二"这样的词语，会表现出我们清晰的逻辑思维，更容易获得客户的信赖。例如：这款车，第一，从外观上看，采用了豪华车特有的高腰线，精致的镀铬亮条和高亮度的B柱护板，很符合您的时尚风格；第二，这款车具有先进的智能辅助驾驶系统，完备的安全设施，温馨的车内环境将为您提供驾驶高级轿车特有的优越感；第三，这款车采用了最新技术，彻底改变了传统小排量发动机低动力的情况，真正实现了小排量、低油耗和大动力。销售顾问如果不了解客户的关注点，就无法成功的销售。

（五）搞清谁是购买决定者

汽车销售，重要的不是你要做谁的生意，而是谁会和你做生意，因此销售顾问在开口之前搞清谁是购买决定者就显得尤为重要。搞清谁是购买决定者的方法如下：

1. 在没有搞清谁是购买决定者之前，不要怠慢任何人。

资源1-1-22 搞清谁是购买决定者

2. 倘若与我们直接沟通的人不是决定者，我们依然要用心对待，因为传信人对决定者的最终决定有非常重要的影响。

3. 因为同一行业的采购流程和决定者是有规律可循的，我们可以参考曾经的销售经验，比较相似之处，判断谁是购买决定者。

4. 如果对方是我们公司的老客户，那么多多了解一下之前合作的接触记录，就能够让我们得到有用的信息。

通过课前预习，了解"消费需求的概念与特征基本内容"，掌握"马斯洛需求层次理论""汽车消费需求的类型""汽车消费需求分析技巧"等知识和技能点，并能熟练运用进行客户接待。

扫描下方"测验二维码"进入资源库平台的在线测验页面。

在线测验

要全面理解"汽车消费者的需要"所涉及的基础知识，并很好地解决本项目任务中所描述的情况，建议采取如下活动开展学习和训练。

（一）团体活动——迷失丛林

1. 任务实施目标

能正确掌握马斯洛需要层次理论包含的五个层次，会运用需要层次理论分析现实社会中人们的需要状况，同时能正确判断人们的当前需要。

2. 任务实施准备

形式：先以个人形式，之后再以5人的小组形式完成

时间：30分钟

材料及场地：迷失丛林工作表及专家意见表，教室及会议室

3. 任务实施步骤

（1）教师把"迷失丛林"工作表发给每一位成员，而后讲下面一段故事："你是一名飞行员，但你驾驶的飞机在飞越非洲丛林上空时突然失事，这时你必须跳伞。与你们一起落在非洲丛林中的有14样物品，这时你们必须为生存作出一些决定。

（2）在 14 样物品中，先以个人形式把 14 样物品以重要顺序排列出来，把答案写在第一栏。

（3）当大家都完成之后，教师把全体成员分为 5 人一组，让他们开始进行讨论，以小组形式把 14 样物品重新按重要次序再排列，把答案写在工作表的第二栏，讨论时间为 20 分钟。

（4）当小组完成之后，教师把专家意见表发给每个小组，小组成员将把专家意见转入第三栏。

（5）用第三栏减第一栏，取绝对值得出第四栏，用第三栏减第二栏得出第五栏，把第四栏累加起来得出一个个人得分，第五栏累计起来得出小组得分。

（6）教师把每个小组的分数情况记录在白板上，用于分析。

小组	全组个人得分	团队得分	平均分
1			
2			
3			
4			
5			
6			
7			
8			
9			
10			
11			
12			

（7）教师在分析时主要掌握 2 个关键地方。

找出团队得分低于平均分的小组进行分析，说明团队工作的效果（1+1>2）

挑出个人得分最接近团队得分的小组及个人，说明该个人的意见对小组影响力。

表 1-1-1 "迷失丛林" 工作表

序号	物品清单	第1步 顺序个人	第2步 顺序小组	第3步 专家排列	第4步（3-1）个人和专家比较	第5步（3-2）小组与专家比较
A	药箱					

续表

序号	物品清单	第1步 顺序个人	第2步 顺序小组	第3步 专家排列	第4步 （3-1） 个人和专家比较	第5步 （3-2） 小组与专家比较
B	手提收音机					
C	打火机					
D	3支高尔夫球杆					
E	7个大的绿色垃圾袋					
F	指南针（罗盘）					
G	蜡烛					
H	手枪					
I	一瓶驱虫剂					

项目一
汽车消费者需要与动机分析

续表

序号	物品清单	第1步 顺序个人	第2步 顺序小组	第3步 专家排列	第4步 （3-1） 个人和专家比较	第5步 （3-2） 小组与专家比较
J	大砍刀					
K	蛇咬药箱					
L	一盆轻便食物					
M	一张防水毛毯					
N	一个热水瓶（空的）					
					个人得分：	小组得分：

 特别提示

专家的选择及物品重要性解释

专家的选择	物品重要性解释
1. 大砍刀	非洲的丛林多野兽，有刀可以打猎也可以救命，还能开路
2. 打火机	火也可以用来防野兽，也可用于烧熟食，防潮湿，点燃火堆求救
3. 蜡烛	因为潮湿，生火就困难了，有了蜡烛就方便多了，可以保留火种

019

续表

专家的选择	物品重要性解释
4. 一张防水毛毯	晚上睡觉防潮，防雨淋，雨披，保温
5. 一瓶驱虫剂	蚊虫多，传染疾病，防止毒虫
6. 药箱	治病，急救
7. 7个大的绿色垃圾袋	打猎伪装用的，也可以取暖、蓄水，粪便的味道容易吸引野兽，包装粪便掩埋
8. 一盆轻便食物	吃，丛林中动植物多，所以食物比较容易获取
9. 一个热水瓶（空的）	蓄水，林子有很多地方的水都不能喝，可用垃圾袋代替，热带丛林无须保存热水
10. 蛇咬药箱	蛇多，防蛇
11. 3支高尔夫球杆	打蛇用的，可以作为打猎武器
12. 手枪	打猎，用处不大，火药容易受潮，枪声容易引来野兽
13. 手提收音机	用来接收无线电信号，电池容易受潮，而且使用寿命不长，且笨重
14. 指南针（罗盘）	茫茫的森林你就是知道东西南北又能如何呢？你不知道哪个方向是正确的，可用查看太阳方向等方法辨别方向，且在没有地图配合的情况下，只知道方向是无用的

 特别提示

当人们遇到困难的时候，首先需要满足的是生存的需要，然后才是其他，符合马斯洛需要层次理论。

（二）相关任务成果提交

小组成员共同完成该任务，并结合马斯洛需要层次理论对结果进行分析，并提交分析结果。

成果提交

项目一
汽车消费者需要与动机分析

拓展提升

一、拓展任务

大众是当今世界汽车行业的巨头企业，旗下拥有大众、奥迪、斯柯达、兰博基尼、宾利、布加迪、西雅特、斯堪尼亚、大众商用车、保时捷、MAN 和杜卡迪等 12 个品牌，其在功能及配置上都满足了不同层次消费者的需求。

请以一汽大众某车型为例，找出该车型的 5 项配置，结合马斯洛需要层次理论，分析该配置满足的是汽车消费者的哪方面需求，并提交分析报告。

"拓展任务"提交页面二维码

二、拓展训练

1. 马斯洛需要层次理论包括哪几个方面？
2. 不同消费需求的客户在购车时会重点关注车辆哪些方面的性能？
3. 汽车消费需求分析包括哪些技巧？

任务 1-2 汽车消费者的动机分析

 任务引入

客户的购买动机是不同的,通常表现为方便快捷的动机、从众随流的动机、享受生活的动机等。这就需要汽车服务人员准确地抓住客户的购买动机,为其推荐合适的车型。本任务就是为大家介绍汽车消费动机的基本知识及常见的汽车消费动机类型。

 任务描述

一天,张女士来到汽车城看车。她首先来到一家某品牌汽车4S店,销售顾问询问她:有什么可以为她服务?张女士说我要买辆轿车。销售顾问赶忙向张女士介绍本品牌的轿车,并积极邀请张女士试乘试驾,张女士认真听了销售顾问的介绍却没有买。

张女士继续在汽车城转,来到另一家汽车4S店。销售顾问也像第一个一样,问张女士买什么车?张女士说买轿车。销售顾问接着问,您购车主要是谁开呢?平时主要用来做什么?希望什么时候提车?预算是多少?张女士说要买排量不太大的轿车,用于自己驾驶、接送孩子,价格在10万元左右。销售顾问又与张女士沟通,如孩子多大了?在哪个学校上学?平时都带孩子去哪里玩?(通过纵深提问挖掘需求)积极为张女士推荐车型,并邀请张女士试乘试驾。张女士试乘试驾后对车型很满意,她马上订了一台。销售顾问根据张女士的需求还制订了精品装饰方案,令张女士满意而归。

通过这个故事,我们可以看到:第一个销售顾问急于推销自己的产品,根本没有探寻顾客的购买动机,结果什么也没有卖出去。第二个销售顾问探寻出客户的购买动机后,并没有马上推荐商品,而是进一步纵深挖掘客户需求,当明确了客户的购买动机后,他推荐了对口的商品,从而很自然地取得了成功。

思考:
(1)案例中的张女士的真正购买动机是什么?
(2)如果您是销售顾问,您将如何了解客户的真正动机?

项目一 汽车消费者需要与动机分析

 学习目标

- **专业能力**
1. 能够正确把握客户的购买动机，从而制订相应的营销策略；
2. 掌握"消费动机的概念及特征""汽车消费动机的类型"的知识和技能点。
- **社会能力**
1. 善于捕捉客户传递的信息，对客户购车动机的表现具有敏感性；
2. 塑造良好的形象，扩大汽车生产商和和销售商的知名度、认可度；
3. 维护组织目标实现的大局意识和团队能力。
- **方法能力**
1. 通过查询资料，提高自主学习的能力；
2. 通过相关知识学习，能把消费者的基本动机归类；
3. 准确的自我评价能力和接受他人评价的能力；
4. 通过完成学习任务，提高运用多方资源和新的方法解决实际问题的能力。

 相关知识

一、消费动机的概念及特征

（一）消费动机的概念

1. 消费动机的概念

消费动机是指消费者为了满足一定的消费需求而引起购买行为的愿望或意念，是推动人们购买活动的内部动力，是内外诱因和主客观需要在人脑中的反映。

怎么理解这个概念？

第一，消费动机是由消费需求引起的。

第二，消费动机是一种动力，能直接引起人的购买行为。

第三，内外诱因也是产生消费动机的主要因素之一。

第四，消费动机也是"人脑中的反映"，符合心理学两条基本规律。

资源 1-2-1 消费动机的概念及特征（微课）

资源 1-2-2 老板的需要

2. 消费动机的特征

（1）目的性。消费者头脑中一旦形成了具体的动机就有了购买商品和消费商品的目的，即"我为什么要买这个"。

（2）指向性。消费者会对将要购买的商品有明确、清晰的要求，即"我要买什么，到哪儿去买。"

资源 1-2-3 消费动机的特征—目的性

资源 1-2-4 消费动机的特征—指向性

（3）主动性。动机的形成可能源于消费者本人的因素（消费需要、消费兴趣、消费习惯），也可能源于外部条件的诱发（广告的宣传、购物场所的提示）。消费者会自觉地搜集有关商品的信息，会推掉其他事情而专门去购买所需商品。主动性即"我要买"，而不是"要我买"。

（4）动力性。在动机的支配下，消费者可能随时会购买商品，且做好了克服各种困难的准备。动力性有点像"兴奋剂""强心剂"，总有股强大的劲儿推着你往"磁场"走，这个"磁场"就是你所要购买的商品所在的商场。

资源 1-2-5 消费动机的特征—主动性

资源 1-2-6 消费动机的特征—动力性

（5）多样性。不同的消费者有不同的消费动机，同一个消费者在不同时期，不同场合、不同情况下，也会有不同的消费动机。多样性就如同"抽奖箱"一样，手伸进去，摸出哪个来有多种可能，而不是仅仅一两种可能。

（6）组合性。消费者购买某一种商品时，可能是出于一种消费动机，也可能是出于多种动机，这种现象称为消费动机的组合性。这种情况有点像"彩票抽奖"，一排小黄球，究竟哪几个小球组合，不一定。

资源 1-2-7 消费动机的特征—多样性

资源 1-2-8 消费动机的特征—组合性

二、消费动机的类型

（一）主导动机

主导动机在具体的商品消费中起着直接的推动作用。消费者的主导动机主要包括以下几种。

1. 食品消费

当前食品消费中表现的主导动机包括追求新鲜的动机、追求营养的动机、追求健美的动机、追求美味的动机、追求营养兼美容的动机、追求减肥的动机、追求食补的动机、追求烹调食用方便的动机等。

2. 服饰消费

服饰消费中的主导动机包括求美的动机（同时属于基本动机）、求舒适的动机、求流行的动机、求个性的动机、求物美价廉的动机等。

3. 家用电器的消费

这类商品的消费中，主导动机包括追求省电的动机、追求低噪音的动机、追求低辐射的动机、追求高质稳定的动机、追求最好的绝缘性能的动机、追求家电色彩和外观与居室协调一致的动机、追求操作方便的动机、追求不满意就退货的动机等。

4. 美容化妆品

美容和化妆已经成为我国城镇居民生活中一件必不可少的事情，美容化妆品市场已经发展成为一个巨大的商品市场。购买美容化妆品时所表现的主导动机包括追求使用方便的动机、追求没有任何副作用的动机、追求一种美容品多种美容效果的动机、追求快速美容效果的动机、追求美容效果自然的动机等。

（二）基本动机

1. 追求实用的动机

一般是在日用品的消费中出现的。这些商品的使用价值比较明确，消费者只愿意所购买的商品具有使用价值，而不会看重食品的华丽包装、衣服的品牌与知名度。

2. 求得方便的动机

一般是为了减少体力与心理上的支出。它包括三种形式：一是商品可以减少或减轻消费者的劳动强度，节省体力；二是商品具有一些方便消费者使用的功能，减少操作使用中的麻烦；三是可以方便消费者购买，减少购买过程中的麻烦。

3. 追求美的动机

这是相当普遍的一种动机形式。美是人们生活中的一个重要价值尺度。这把尺子也用在了消费行为中。消费行为中追求美的动机的形式主要有两种：一是商品本身存在客观的美的价值，能给消费者带来美的享受和愉悦；二是商品能为消费者创造出美和美感，如美化了自我形象，美化了个人生活环境。

4. 追求健康的动机

健康的身体，是保证人们幸福生活的基本条件。人人都有追求健康的动机，并会因此消费大量的有利于健康的商品。这些商品主要包括医药品、保健品、健身用品。现在，健康用品市场的发展越来越快，品种也日趋丰富和完善，这与人们的收入水平的提高和健康意识的增强有直接的关系。

5. 追求安全的动机

消费者求得安全的动机主要有两种表现形式：一是为了人身与家庭财产的安全，而去购买防卫性商品、购买各类保险；二是在使用商品的过程中，希望商品的性能安全可靠，如电器商品的绝缘性、燃气灶具的密闭性；等等。

6. 求名的动机

求名的动机是消费者通过购买特殊的商品来宣扬自我、夸耀自我的一种消费动机。比如，买一个墨镜三千多，买一个皮包几千块，买一个手表几万块，买一双皮鞋几千块，买一套衣服上万元、几万元，等等。

7. 求廉的动机

这是消费者追求商品低价格的一种消费动机。同样的商品品牌，同一类商品，功能外观相似的商品，消费者会尽量选择价格最低的那一种，这正所谓"货比三家"。消费者普遍存在求廉的消费动机。

8. 好奇的消费动机

好奇是每个人都会产生的一种心理。这种心理在一定场合下会促使人以购买商品来满足。促使消费者产生好奇心，并且激发其购买愿望的商品，都是些外观新颖、功能奇特或给消费者意想不到的发现的商品。

9. 习惯性动机

消费者出于长期形成的消费习惯而购买商品。这是较为重要的一种消费动机。有的消费者对于某一种或几种牌子的商品保持稳定的消费习惯；有的消费者对于特定的商品类型保持稳定的消费习惯；还有的消费者具有某种特性、外形、色彩的商品保持特定的消费习惯。

10. 储备性的动机

消费者主要出于储备商品的价值或使用价值的目的而产生这一类动机。如购买黄金来保值、在市场上出现求大于供的情况下而大量买进、购买有价证券进行保值等。

11. 馈赠的动机

消费者购买商品不是为了自己消费，而是为了馈赠别人。这种现象在人情观念浓厚的中国十分普遍。

12. 留念性消费动机

消费者为了记下当时的气氛、记住当时的情景、留下美好的回忆等而产生的消费动机，如各种纪念照的拍摄服务、纪念品的销售、婚礼现场、生日现场的照相、录像等。

三、汽车消费动机的类型

应用案例 1-2-1

炫耀的动机

【案例】

有一些青年人，不愿与世俗同流，总希望与别人不一样。在他们看来，购车不光是适用、适中，还要表现个人的财力和欣赏水平。这部分消费者多数把目标锁定如捷豹、VOLVO、阿尔法·罗密欧，或是林肯、路虎、绅宝等品牌车型。

【案例解析】

案例中的青年人在购车动机方面属于异化炫耀攀比动机，炫耀心理，如购买倾向于高档化、名贵化，有时并非是为了实用，而是要炫耀自己的地位和财力。

汽车消费动机的类型主要包括以下几个方面。

1. 方便快捷的动机

不少买车的人都有一种共同的心理：有了车，真方便，想上哪儿，一脚油门的事。有些人买的住宅离单位很远，有了私家车，就方便多了，距离好像一下子就缩短了很多。节假日想去哪儿玩，也很方便，再也不用为找车而发愁了。

资源 1-2-9 汽车消费动机的类型（微课）

资源 1-2-10 方便快捷的动机

2. 从众随流的动机

单位存车处的变迁很说明问题：过去上下班，不少人骑自行车，单位里存车处尽是自行车；后来，存车处里多了不少摩托车；再后来自行车基本没有了，存车处里都是私家车和摩托车。这种从众心理在汽车消费动机方面，也有体现。

3. 享受生活的动机

有这种消费动机的人，他们把购车的动机定位在了"享受生活"上，无疑这类人是会生活的。人怎么活都是一辈子，为什么要苦了自己呢？走着可以上班，骑车也可以上班，但远不如有台自己的汽车。这样，生活就大不一样了。以前是为生活所累，现在是觉得生活蛮有乐趣。

资源 1-2-11 国人买车为何喜欢从众

4. 享受天伦的动机

买车的动机有好多种，其中之一，就是为了享受天伦之乐。其实，一个人开台车，并没什么意思。车上还坐着妻子和孩子，那意思可就不一样了。如果老人还健在，周末一起出去郊游，那就更不一样了。有这种动机的消费者会越来越多。

5. 体面尊严的动机

从马斯洛需要层次理论的角度看，人都有尊重的需要。买私家车，其实也能满足人的这种需要。有了私家车，在同事、亲友、邻居面前很体面，很有尊严。在这种动机的驱使之下而购车的，也有相当一部分。

6. 有成就感的动机

车，并不是所有的人都能买得起的。所以，那些买了车的人，很多都非常有成就感。能买得起车，说明"混"得不错，日子过得还行。为了有这种成就感，一部分消费者就买了车。虽然成就感来自很多方面，但有了私家车，这种成就感是无法替代的。

资源 1-2-12 体面尊严的动机

资源 1-2-13 有成就感的动机

资源 1-2-14 感情购买动机

资源 1-2-15 理智购买动机

在线测验

通过课前预习，了解"消费动机的概念与特征基本内容"，掌握"消费动机的特征""汽车消费动机的类型"等知识和技能点，并能熟练运用进行客户接待。

扫描下方"测验二维码"进入资源库平台的在线测验页面。

在线测验

 任务实施

要全面理解"汽车消费者的动机"所涉及的基础知识，并很好地解决本项目任务中所描述的销售顾问遇到的情况，建议采取如下活动开展学习和训练。

（一）判断客户购买动机模拟训练

1. 任务实施目标

能正确掌握消费动机的类型，能把消费者的基本动机归类；能正确判断客户的购买动机。

2. 任务实施准备

形式：假定自己是销售顾问，与学习小组成员商讨和训练如何与客户沟通，判断客户购买动机，并采用角色扮演法在课堂上展示。

时间：30分钟

材料及场地：轿车一辆，接待吧台一张，客户洽谈区安排洽谈桌椅，文件夹，客户档案资料，名片，签字笔，记录夹，汽车宣传资料，茶水，计算器，学生必须着正装（衬衣、领带、皮鞋等）。

3. 任务实施步骤

（1）学生以小组为单位，3~5人一组，每组分为两类角色，销售顾问和客户。客户可以是1人、2人、3人，4S店一方可以有1名前台接待，1名销售顾问。关键是销售顾问要能从客户的举止言谈中准确地判断出他的购买动机，越具体越好。

（2）各小组在上台表演前，要准备好主要情节与台词。扮演客户的同学的台词中，既要有明显的需求的表达，又要有模糊需求的表达。一组在前边表演时，其他组要认真看，仔细听，并适当做笔记，最后打分。

 特别提示

销售顾问在分析客户购买动机的过程中，要避免进入误区，切忌在还没有完全了解客户之前，就急于进入车辆展示阶段。而在分析了客户的购买动机之后，再进行绕车介绍，可以使销售顾问始终处于主动状态。

（二）相关任务成果提交

小组成员共同完成该任务，并拍摄微视频上传至资源库平台（或空间）。

成果提交

一、拓展任务

拓展任务（一）
开放式提问练习

设置卡片，卡片内容为某客户信息，每组讨论准备开放式提问的问题，对其他组进行开放式提问，分析客户的需要与动机，并确定具体车型，最后提交分析过程及结论。

课堂交流：收获与分享

拓展任务（二）
封闭式提问练习

设置卡片，卡片内容为某车型的配置单，将卡片分发给各组，每组讨论封闭式提问的问题，对其他组进行封闭式提问，了解对方卡片上的车型内容，并最终确定具体车型车款，最后提交分析过程及结论。

课堂交流：收获与分享

"拓展任务1"提交页面二维码　　"拓展任务2"提交页面二维码

二、拓展训练

1. 消费动机的特征包括哪几个方面？
2. 常见的汽车消费动机的类型有哪些？

项目二

汽车消费者的行为心理分析

消费者在购车时，基本上会受到两方面因素的影响：一是源自商品本身，二是来自服务。当有关商品的"硬件"基本一致时，人们的选择往往会受到服务质量的影响。所以说，市场经济下的企业竞争，越来越重视产品的销售与服务。在看似简单的销售购买过程中，反映的决不仅仅是一买一卖的简单所有权交换关系。销售人员要细心观察消费者言行举止所流露的心理愿望，并采取适当的接待服务方式，使整个销售过程成为一种和谐、愉悦的社会交往过程，在轻松的氛围中实现商品价值，为企业带来声誉，赢得顾客。所以，汽车服务人员要揣摩消费者心理，有主动性、有针对性、有预见性地进行服务接待。

本项目主要是了解汽车消费者的行为心理的基本知识，掌握"汽车消费者心理分析"的相关分析技巧，包括"汽车消费者的个性心理"和"汽车消费者的群体心理"两个任务，通过学习和训练，将了解"中国人行为心理特征""汽车消费者心理的判断""群体因素对汽车消费者心理的影响"等。

任务 2-1 汽车消费者的个性心理

 任务引入

人的个性心理通常会通过肢体语言表现出来,所以,在谈判中,汽车销售人员要想了解客户的心理动态,掌握销售的主动,可以通过观察客户的姿势、肢体动作及表情的变化来实现。本任务就是和大家一起探讨汽车消费者个性心理分析的基本知识及技巧。

 任务描述

有一个汽车销售人员到一个公司去跑业务,这家公司是他的老客户。当他走进老总办公室时,这位老总显得非常高兴,热情地招呼这个销售人员坐下来,兴致勃勃地说:"我告诉你,我女儿考取大学了!"这个销售人员只是平淡地点点头,接着就说:"前一阵贵公司打算订购一批新车的事怎么样了?"对方非常反感,说:"不做了!下次你别来了!"为什么会这样?就是销售人员眼睛里只有钱,只有业务,太功利了。

这时你应该怎样做?你应该表现出和他同样的喜悦:"祝贺你,祝贺你!你女儿真聪明,你现在可以轻松一下了。"随后,你还可以买些礼物送到他的府上。如果你这样做,对方会有什么反应?肯定会很高兴,如果你再谈业务上的事,肯定会很顺利。

思考:
1. 案例中的老板为什么生气了?业务为什么没谈成?
2. 如果您是那个销售人员,您会怎么做?
3. 本案例对您有哪些启发?

 学习目标

● 专业能力
1. 能够正确判断客户的个性心理,从而制订相应的营销策略;
2. 掌握"中国人行为心理特征""客户心理的判断"等知识和技能点。

- 社会能力
1. 善于捕捉客户传递的信息，对客户购车需求的描述具有敏感性；
2. 树立高尚的职业道德，提供优质的服务；
3. 塑造良好的形象，扩大汽车生产商和销售商的知名度、认可度；
4. 维护组织目标实现的大局意识和团队能力；
5. 加强公共关系意识，对环境变化、人员变化有一种能动、创造性的适应机制。
- 方法能力
1. 通过查询资料，提高自主学习的能力；
2. 通过相关知识学习，能正确判断客户的心理；
3. 准确的自我评价能力和接受他人评价的能力；
4. 通过完成学习任务，增强分析客户心理及处理实际问题的能力。

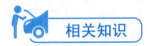

相关知识

一、中国传统文化对消费心理的影响

从整体上看，中国消费者的心理，既受到中国传统文化的影响，又受到中国民族性格的影响。而这种整体的、群体的消费心理特征，又必然要影响到每一个中国人。所以，非常有必要从整体上来分析中国人的消费心理。

（一）中国传统文化的八大精髓

第一，国家民族立场上的统一意识。在我国漫长的历史发展过程中，国内诸民族经历了战和更替、聚散分合、迁徙融汇，却始终不曾割断共同的文化传统，文明认同始终如一。而能够达到这一境界，其根本因素就是国家统一的理念渗透于中华民族的血液之中，成为人们一致的价值取向与理想追求。

第二，为政治国理念上的民本要求。民本思想萌生于西周初年，当时的统治者在政治思想领域提出了"敬德保民"的命题。春秋时期，"重民轻神""恤民为德"成为较为普遍的思潮。儒家继承这些宝贵的思想资源，形成了"以民为本"的政治主张；秦汉以后，"重民爱民"成为历代王朝宣称的基本政治原则之一，这对于缓和社会矛盾、维系社会相对稳定产生了深远的影响。

第三，社会秩序建设上的和谐意愿。和谐是中国传统文化的重要命题，儒、墨、道、法、兵等主要思想学派对和谐思想都有深刻阐发。比如，儒家提倡"中和"，强调"礼之用，和为贵"，注重人与人之间的和睦相处；道家追求人与自然相和谐，提倡遵道以行，率理而动，因势利导，合乎自然，海涵宽容，从而建立起自然和谐的治国秩序；墨家倡导"兼相爱，交相利"，主张实现个体与社会的有序一体、道德与功利的和谐一致。习近平在《之江新语》一书中曾指出："和"指的是和谐、和平、中和等，"合"指的是汇合、融合、联合等。这种"贵和尚中、善解能容、厚德载物、和而不同"的宽容品格，是我们民族所追求的一种文化理念。

第四，伦理关系处理上的仁义主张。仁义是中国古代处理人际关系、治理国家的基本理念，并以此为核心形成了一整套伦理价值观念。这些观念可以用"仁、义、礼、智、信"五个字来概括。以此为基础，确立了一系列解决和处理各种复杂的社会关系、满足封建社会伦理的基本需求以及完成个人人格健全的道德规范。

第五，事业追求态度上的自强精神。早在《周易》中，就有了"天行健，君子以自强不息"这种事业追求上的奋斗精神。孔子主张"三军可夺帅也，匹夫不可夺志也"，孟子提倡舍生取义，推崇大丈夫精神，这些都已经成为中华民族的普遍心理认同。正是这种根深蒂固的文化传统，塑造了无数志士仁人的高尚人格，磨砺了中华民族生生不息的自强精神。

第六，解决矛盾方式上的中庸选择。"中庸"就是合宜的分寸、合宜的"度"，恰到好处，收放适宜。孔子提出"中庸"的概念，在他看来，凡事都必须做到不偏不倚，无过无不及，不走极端。孔子把这种"中庸"之德定位为极高的道德境界与政治智慧，以之为人们处世接物的高明艺术。

第七，个人理想追求上的"修齐治平"。《礼记·大学》："物格而后知至，知至而后意诚，意诚而后心正，心正而后修身，修身而后家齐，家齐而后国治，国治而后天下平。"儒家认为，自天子以至于庶人，当以修身为本。正心诚意的修养，个人道德的完善，是治家、治国、稳固天下的根本。这是一种积极向上的理想，影响了中国一代代的志士仁人，它也是古代读书人为之奋斗一生的理想追求。

第八，社会理想上追求"小康大同"。小康，最早源出《诗经》："民亦劳止，汔可小康。"而作为一种社会模式，小康最早在西汉《礼记·礼运》中得到系统阐述，成为仅次于"大同"的理想社会模式。它相对于"大道之行也，天下为公"的大同社会，是"大道既隐，天下为家"的理想社会的初级阶段。"大道之行也，天下为公"是对理想社会的描述和追求。

（二）传统文化对消费心理的影响

这八大精髓毫无疑问地要影响到中国人的民族性格，影响到中国人的心理特征。例如，"以民为本"的思想，从西周时期就有了，经过儒家的发扬光大，一直延续到今天。科学发展观中的"以人为本"的思想，就是中国传统文化精髓的体现。这种影响不但表现在国内，还影响到全世界。美国人本主义心理学家马斯洛，他的人本思想就来源于中国。在他的主要著作里，多处有"老子""道家"的表述。再比如，和谐的思想，这也是中国传统文化的精髓，我们今天也在讲，要建设和谐社会。其实，搞市场经济，搞生产，搞销售，也同样离不开和谐。伦理关系处理上讲仁义主张，讲"仁、义、礼、智、信"，要处理好与消费者的关系，同样需要这些理论和主张。

二、中国人行为心理特征

（一）中国人的行为心理

从整体上看，中国消费者的心理，既受到中国传统文化的影响，又受到中国民族性格的影响。而这种整体的、群体的消费心理特征，又必然要影响到每一个今天的中国

资源 2-1-1 中国人行为心理特征微课

人。中国人的行为心理主要有以下特征。

1. 讲含蓄

几千年来，中国人逐渐形成并世代继承着含蓄保守等一系列"内向"性格：较少自我披露，对环境敏感，语言委婉曲折，行动小心谨慎。这种注重安全感的心理使中国人喜欢"深藏不露"。历史经验告诉中国人，"明枪易躲，暗箭难防"，如果把自己内心的想法毫不隐蔽地展现无遗，就好像在明处完全暴露自己。当然，中国人的这种含蓄容易引起误会和理解上的偏差，"沟而不通"的情况也就时有发生。

通常在汽车销售中，性格内向含蓄的客户都会有一些特点，例如习惯性的保持沉默、神经质、说话缓慢小心、很怕与销售人员接触等。面对此类客户，销售人员的对策是：要迎合他（她）的速度，说话尽量慢下来，才能使他（她）感到可信，并且在解说产品的功能时，最好用专家的话或真实的事实，并同时强调产品的安全性和优越性。拿不出有力的事实依据和耐心的说服证明讲解，销售是不会成功的。对此类客户，销售人员必须从熟悉产品特点着手，谨慎地应用层层推进引导的办法，多方分析、比较、举证、提示，使顾客全面了解利益所在，以期获得对方的理性的支持。

搞销售工作的人，要掌握能听到"藏在肚子里"那句话的本领。只有这样，才能准确把握客户的真实需要，激发客户的购买欲望，促成客户的购买行为。

2. 爱面子

中国人最看重的就是那张"脸面"。从古到今，在官场习性、民间往来、婚丧嫁娶、衣食住行等社会生活的各个方面，面子都无处不在（爱面子漫画，见图 2-1-1）。"打肿脸充胖子""死要面子活受罪"就很有市场了。

资源 2-1-2 中国人买车四大心

中国人这种"好面子"的特点与中国人情化社会的特性不无关系。"面子"文化渐渐成为中国传统文化的重要组成部分，并且内化在中国人的行为习惯中，具备着强大的、持久的延续惯性。

通常在汽车销售中，爱面子的客户都会有一些特点，例如说起话来对什么都无所谓。同时有强烈购买产品的欲望与动机，对品牌比较注重，价格因素则不太在意，不太在意你所做的讲解，注重产品外观。那么，对于此类客户，我们应该如何应对呢？首先，我们需要根据客户的表情随机应变，以迎合为主，千万不要流露出厌恶的情绪。其次，可以多介绍外观造型精制的产品，并强调这样的外观能够搭配顾客家庭的环境，与其身份地位相适宜，可以显示出个人的品位。

图 2-1-1 爱面子

从需要层次理论的角度分析，爱面子也是人的尊重需要的体现。"当面教子，背后教妻"是给足妻子面子；"扬善于公堂，归过于暗室"是给足当事人面子。作为一个销售人员，应当清楚给足客户面子所能带来的经济效益，要把中国人好面子的心理掌握得恰到好处。

3. 重人情

中国是个讲人情的国度，"人情"是维系中国封建社会的重要纽带。在一般的人际关系中，人情可以说是媒介，我们常听人说"卖个人情""送个人情"或"讨个人情""求个人情"，这都表示人情的交换特征。不仅如此，我们更听过人讲"我欠他个人情""他欠我个人情"，这就明确指出人情在交换上有盈亏的情形（重人情漫画，见图2-1-2）。

图2-1-2　重人情

先哲们针对中国人这种重人情的心理特点，早已提出"情、理、法"的构想。首先要"通情达理"，先"动之以情"，再"晓之以理"。从正面的意义上来理解，就是说人有情绪情感，有他的需要。这些应当考虑到，否则就是"不通人情"。这个"人情"，可以说是亲情、友情、爱情的统称。

曾经有一位身为年度销售冠军的汽车销售顾问讲述了自己应对工作的一些技巧。她说："看什么人说什么话，这是成功销售的第一步。"在与客户沟通时，说话的语气、态度也要根据客户的身份而变化，有时用客户老家的"家乡话"来套近乎也能派上用场，如果能让顾客感到亲切和信任，基本上就胜利了一半。

对于销售人员来说，就是要抓住中国人重人情这个特点，去展开销售工作。可以从亲情出发，更可以从爱情出发，把自己的商品推销出去。

4. 讲义气

中国人向来喜欢小说中讲义气的人物。关羽是到处受到膜拜的"正神""大帝"；宋江是个讲义气的典范。有人曾经说过，如果用一个字来代表中华民族的精神面貌，那就是这个"义"字。老人过去评价一个孩子的好，就说"这孩子真仁义"！

总的来说，中华民族是很仁义的民族，是很重义气的民族。所以，中国的销售人员的所作所为，也要符合中国人的道德标准和心理尺度。至于具体怎么讲义气，那要因地、因时、因人而异。

5. 推中庸

由于中国地大物博，所以长期生活在这片土地上的中国人崇尚一种平衡的、与环境和谐相处的"中庸"思想，不卑不亢，五行平衡。北宋大儒学家程颐认为中庸是不偏之谓中，不易之谓庸。中庸即永恒恪守中正之道，它的潜台词就是"正好"，这种恰到好处就是中庸之道。中庸的三大基本原则为致中和、执两用中、和而不同。

6. 爱多疑

多疑是一种由主观臆断所产生的不信任他人的情绪情感，多疑心理的产生是有其历史根源的，几乎每个中国人都具有不同程度的多疑心理，这与我们传统文化的熏陶有关。如广为人知的"人心隔肚皮"、"害人之心不可有，防人之心不可无等"，这也几乎成了

资源2-1-3 爱多疑（漫画）

部分中国人内心性格中的一方面。但多疑也有其积极的一面，比如说不容易受骗，做事会谨慎小心等等。但在人际交往中更多地起着消极的作用，如多种无谓的争执，往往都是多疑在起作用，结果不仅会产生人际关系的裂痕，而且还会造成严重的人际冲突和人际伤害。

针对这个特点，销售人员应当有充分的准备。除了知道对天生就有"敏感多疑"特点的林黛玉式的抑郁质类型的人该怎么应对外，还要对爱多疑这个具有一定民族心理特点性质的多数人有准备。与这类客户沟通时说话要诚恳，多和他聊一些他比较感兴趣的方面，有优势的方面，避开他的短处，努力表现出你的友好，最好不要打断其谈话，发自内心的赞美他，让他正确认识自己，找回自信。

7. 从众心

从众，是中国人日常生活和工作中常见的社会心理现象。这种心理的普遍性使得中国人在做某些事时，总是喜欢盲目地跟随。也就是人们常说的"人云亦云"、"随波逐流"。大家都这么认为，我也就这么认为；大家都这么做，我也就跟着这么做。

资源2-1-4 从众心（漫画）

例如"少数服从多数"，是我们在选举或者决策中经常会遇到的方式，从课堂上的发言到开会时的表决，从思维的定式到惧怕风险的承担，无一例外的都存在着从众心理。从众心理在消费过程中也是十分常见的。因为人们一般都喜欢凑热闹，当人们看到别人成群结队、争先恐后地抢购某商品的时候，也会毫不犹豫地加入到抢购大军中去。

客户在购车时候，不仅仅会考虑自己的需要，还要顾及潮流，以大多数人的行为为参照，形成一种跟风购买东西的行为。在销售中，可以利用从众成交法，就是利用人们的"羊群心态"，利用人们随波逐流的从众心理，创造出争相购买的气氛，来促成客户迅速做出购买决定。

图2-1-3 从众心

8. 攀比心

中华民族的五千多年的历史深受儒家文化影响，注重血浓于水。所以中国人的亲戚是最多的，不仅自家有很多兄弟姐妹，还有很多堂、表兄弟姐妹，所以这就给中国人的攀比心理创造了庞大的对象。再加上中华民族是很注重礼仪的民族，由此衍生出互相攀比的心理

资源2-1-5 中国人消费心理特征

习惯，例如 60 年代出生的人，他们小时候吃的最好的一顿饭就是家里来客人的时候烧的一顿饭，这也是让很多外国人费解的地方，自己没吃饱，为什么要把最好的留给别人。中国人在一起聊天聊得最多的就是工作、成绩、收入以及小孩。其实追根到底这都是攀比心理的表现，就是不能表现的比别人差，我的工作要比别人好，我的小孩要比别人好，我的生活要比别人好。

图 2-1-4　攀比心

客户在购车时，比较容易受到别人的影响，如果某车型市面上出现比较多，客户在选择的时候也比较容易选择该产品，因为大多数客户具有强烈的攀比意识，不希望成为落后者。销售顾问可采用合理的激将法，某种程度上能激发客户的攀比心理，促使客户下单。

9. 爱吉利

由于中国人的谨慎特性和直觉感性的思维特征，使得中国人做事前总要问个吉凶祸福。所以，中国人向来有"讨口彩"的习惯，希望能通过事物细节的昭显讨一个好兆头。一些数字中国人是很喜欢的，如 6，8，9；而另一些数字中国人就讨厌，首推的是 4，还有 1，7，2，5。一些人结婚选日子，一般好选 6，因为在中国人看来，6 是顺的意思。

从科学的角度看，这种好吉利怕凶兆是一种对心理暗示的敏感。暗示在我们日常生活中是最常见的特殊心理现象。它是人或环境以非常自然的方式向个体发出信息，个体无意中接受了这种信息，从而做出相应的反应的一种心理现象。其实，在汽车销售过程中，我们的客户也有这种心理。头些年我们看到过有的客户买了车，把红布条拴到车轮上，后视镜上；不少客户买车也挑日子；买了车，也想要个好车牌；等等。这些心理，我们的销售人员要心中有数，并要尽可能地想得更全面、更细致些。

10. 和为贵

"和合"思想是中国文化的核心，寻求和谐共处是中华民族的价值理想。孔子主张"礼之用，和为贵"，孟子主张"天时不如地利，地利不如人和"，就是以和睦、和平、和谐，以及社会的秩序与平衡为价值目标。

中国人还一向认为"和气生财"，所以，决不容忍销售人员跟顾客顶嘴、吵架，甚至动手。所以才有了"顾客是上帝""顾客永远是对的"这样的理念。和为贵的思想应当给我们所有的销售人员以启迪：把我们的商品卖出去是第一位的，为此而遭受的误会、屈辱、委屈，都不算什么。

11. 重血缘

血缘是中国文化的第一要素。在任何社会中，血缘都是一个客观的存在，都是一种基本的社会现象。血缘的传统在人文资源上形成特有的亲和力。这种亲和力的特征是：使一切关系都带有家族血缘关系的色彩。

重血缘亲情这一中国人的心理特点对我们销售人员也有意义。中国人的消费，绝大多数是以家庭为基本单位的。这种关系的人与人之间，不设防，无条件，甚至全盘端。销售人员应当很好地利用这种关系。

例如，像采购汽车这样较贵重的物品，任何一个消费者都不会是单独做最后的决策。他们通常是先请教他们认为懂车的朋友，然后才会咨询家庭成员的意见。在这种情况下，如果销售人员只是简单地将全部的销售技能都用在购车者身上，实际上是忽视了这些对客户的购车行为有影响的周围人，而对于客户来说这些人的建议比销售人员的更容易被采纳，因此，如果你可以成功地让决策者周围的人，尤其是当你不在场，他们私下协商的时候，可以帮助你为你销售的产品说话，那么你成功地取得订单将是易如反掌。

12. 守信诺

诚信，作为中华民族传统文化的精华源远流长。销售人员更要牢记：要么不说，要么说了的就一定做到！只有这样，才能赢得越来越多的顾客。那个时候，"结识新朋友，不忘老朋友"才能变成现实！

13. 认正宗

中国人有偏爱正宗事物的习惯，对于诸如正宗的血统、正宗的文化、正宗的艺术，以及正宗的戏剧等，都有特殊的兴趣和爱好。所以，在中国，正宗的和传统的观念，正统的意识、舆论的导向，常常具有心理导向的作用。在这种心理的作用下，消费者们的衣、食、住、行都想要正宗的。

汽车的消费也是这个道理。国内几个大的汽车生产厂家，一般都有着十几年，几十年生产汽车的历史。他们自己生产的车，以及与外方合资生产的车，都是正宗厂家生产的，而不是小厂家、杂牌子。所以，那些经营正宗品牌、大厂家产品的 4S 店，就得天独厚，比其他 4S 店日子好过，原因恰恰就是中国人的这种"认正宗"的心理。

（二）如何抓住客户心态，巧妙对待

销售人员必须学会抓住客户心态，巧妙对待。

最直接的方式是从客户的细微表情和动作中读懂消费者的意图，而其中，站姿是最容易观察和把握的。

资源2-1-6 抓住客户心态，巧妙对待（1）

资源2-1-7 抓住客户心态，巧妙对待（2）

1. 双手习惯性地插入裤兜

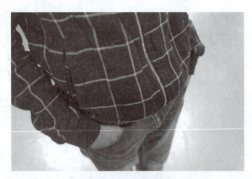

图 2-1-5　双手习惯性地插入裤兜

当客户保持这个姿势时（如图 2-1-5 所示），并不是为了装酷，而是警觉性较高的表现。这类人一般具有较深的城府，性格方面偏内向、保守，不轻易向人表露内心的情绪，不善言辞。如果客户在保持这个站姿的同时还伴有弯腰的动作，则表明其当前心情苦恼或沮丧。这时候，如果没有十足的把握，销售人员最好不要滔滔不绝地向客户进行销售，而应该换个时机再来。

2. 一只手插入裤兜，而另一只手放在身旁

这类客户（如图 2-1-6 所示）一般情绪不稳定，性格复杂多变，在对待他人的时候情绪也会随着自己的情绪而变。因此，在实际交往中，他们待人有时会亲密地与你倾心交谈，推心置腹；有时却冷若冰霜，表现出一副让人难以接近的样子。这类客户的自我保护意识很强，像是给自己装了一道"防火墙"，因此，这类人的人缘一般都不是特别好。

3. 曲背弯腰、站立姿势略显佝偻

一般来说，这种客户（如图 2-1-7 所示）的性格属于比较封闭、保守甚至有点自闭的类型，他们自我防卫意识非常强，经常惶恐不安，他们对生活很难抱有较大的兴趣，精神上也非常消沉。因此，在对待这类客户的时候，销售人员要想办法将自己的车型和积极向上的生活情趣制造联系，让他们感觉到你卖的不是汽车，而是希望。

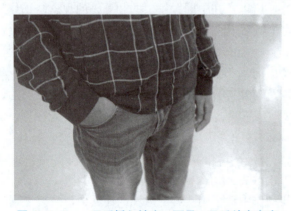

图 2-1-6　一只手插入裤兜，而另一只手放在身旁

图 2-1-7　曲背弯腰、站立姿势略显佝偻

4. 双目平视站立

这种站立姿势非常标准（如图 2-1-8 所示），表明这种客户性格比较开朗，自信心充足，会让人感觉气场很强。这类人通常比较注意个人形象，如果客户在保持这种站姿的同时再配合胸部挺起、背脊挺直的动作，则说明他们属于乐天派，对自己的生活充满积极的向往。

对待这类客户的时候，销售人员应该以真诚的话语打动他们，更多地去考虑客户的需

求和意愿。

5. 站立时双手交叠于胸前

这种客户（如图 2-1-9 所示）面对陌生人自我保护意识比较强，与非常熟的朋友也会保持距离，经常给人一种难以接近的印象。但与第一种情况不同的是，这类人一般非常坚强，他们具有很强的柔韧性，即便遭受很大打击，他们也能迅速振作起来，因为他们认为没有迈不过去的坎。但这类人也有不足之处，就是他们对于自己的利益过分看重，集体意识不强，往往因此而对集体利益造成损害。总而言之，这是一类不太好接近的人，这类客户如果在与你谈话时身体微微向一边倾斜，则表明他对你不感冒，你最好赶紧找个理由离开。

图 2-1-8　双目平视站立

图 2-1-9　站立时双手交叠于胸前

6. 双手叉腰而立

这种客户（如图 2-1-10 所示）有非常高的自信度，他们对身边发生的事情往往能随时做好准备应付。这是一种开放型的动作，没有一定气魄的人并不容易做到习惯性地双手叉腰而立。在面对这类客户的时候，销售人员最好给客户留下足够的选择空间，让客户感觉决定是自己做出的，这样他们才会对销售过程有满意的评价。

7. 双手置于臀部站立

这种客户（如图 2-1-11 所示）有非常强的自我意识，他们处事小心谨慎，绝对不会有马虎之举，对自己认定的事情也绝对不会轻易改变，这类人一般都具有出色的领导能力。但这类人的缺点就是有时主观性太强，性格倔强，甚至可以称得上顽固，因此销售人员需要用足够的耐心来对待这类客户。

图 2-1-10　双手叉腰而立

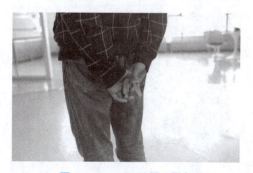

图 2-1-11　双手置于臀部站立

8. 双手握于背后站立

这种客户（如图 2-1-12 所示）一般具有较强的纪律性，看重权威的力量，在工作方面认真负责，最不能容忍的就是欺诈隐瞒等行为。这类人极富耐心，而且对于新观点和新思想比较容易接受，但这类人的缺点就在于他们遇到事情时的情绪波动会比较大。

9. 双脚合并，双手垂置身旁站立

这种客户（如图 2-1-13 所示）诚实可靠，比较保守、传统，甚至有些古板，墨守成规，不会有太大的突破，对新鲜事物的接受理解能力有些欠缺。但他们很有毅力，绝对不会轻易向困难低头。因此，面对这类客户时，销售人员要对客户进行耐心、积极的引导，在确定他们真正需求的基础上为其推荐合适的产品。

图 2-1-12　双手握于背后站立

图 2-1-13　双脚合并，双手垂置身旁站立

10. 双手相握于胸前站立

客户的这种站立姿势（如图 2-1-14 所示）一般是对现状满意的表现，一般来说，他们对正在做的事情成竹在胸，非常有把握，或者是对自己所做的一切踌躇满志，信心十足。这种客户通常是公司的业务骨干，他们对将要发生的事情有很好的预估和掌控能力。与这类客户接触时，销售人员要尊重客户的意愿，尽量不要试图去与他们辩论或争辩。

11. 双腿交叉站立

如果客户采用这种站姿（如图 2-1-15 所示），则说明其持有保留态度或稍有拒绝的意思，同时也能暴露出这个人感到拘束，缺乏自信心；如果对方是初次见面的陌生客户，应当选择轻松的话题开始谈话，并尽量用产品突出的优势去获得他们的信任。

图 2-1-14　双手相握于胸前站立

图 2-1-15　双腿交叉站立

12. 双脚并拢，双手交叉站立

这种站立姿势（如图 2-1-16 所示）的客户大多谨小慎微，缺乏进取心。但他们的优点就是韧性非常强，追求完美，往往是平静而顽强的人。

在与这类客户接触时，销售人员要尽量给他们提供性能较好的产品，而对于存在瑕疵的产品，销售人员也最好提前告知，因为，一旦被他们自己发现，你就会失去这次交易机会。

三、汽车消费者消费心理特征

 应用案例 2-1-1

图 2-1-16 双脚并拢，双手交叉站立

【案例】

乔·吉拉德向一位客户销售汽车，交易过程十分顺利。当客户正要掏钱付款时，另一位销售人员跟吉拉德谈起昨天的篮球赛，吉拉德一边跟同伴津津有味地说笑，一边伸手去接车款，不料客户却突然掉头而走，连车也不买了。吉拉德苦思冥想了一天，不明白客户为什么对已经挑选好的汽车突然放弃了。夜里 11 点，他终于忍不住给客户打了一个电话，询问客户突然改变主意的理由。

客户不高兴地在电话中告诉他："今天下午付款时，我同您谈到了我们的小儿子，他刚考上密歇根大学，是我们家的骄傲，可是您一点也没有听见，只顾跟您的同伴谈篮球赛。"

乔·吉拉德明白了，这次生意失败的根本原因是因为自己没有认真倾听客户谈论自己最得意的儿子。

【案例解析】

在汽车销售过程中，学会倾听客户十分重要，在与客户的交流沟通中，要从客户的言语中体会客户的心理。

常见的汽车消费者消费心理特征主要包括以下几点。

1. 面子心理

中国人买车终究还是摆脱不了面子心理的影响，大家都觉得有面子的车，买的人自然也就多，若要问，什么样的车才有面子？当然是别人都说好的车才有面子。当你买车时，总会有各种潜伏在身边的"顾问"给你各种貌似专业的建议，特别是在价格趋同的情况下，就特别容易被他人的意见所左右。所谓三人成虎，一次两次你可能还会保持主见，如果大家都这么说，你难免会动摇。

营销人员可以利用消费者的这种面子心理，找到市场，获取溢价，达成销售。

2. 从众心理

从众心理指个人的观念与行为由于受群体的引导或压力，而趋向于与大多数人相一致的现象。消费者在很多购买决策上会表现出从众倾向，如曾经流行的手机挂脖子上就是因模仿"韩流"，消费者购物时喜欢到人多的商店，在品牌选择时，偏向那些市场占有率高的品牌，在选择旅游点时，偏向热点城市和热点线路。

3. 名人心理

消费者推崇名人和权威的心理，在消费形态上多表现为决策的情感成分远远超过理智的成分。这种对权威的推崇往往导致消费者对权威所消费的产品无理由地选用，并且进而把消费对象人格化，从而达成产品的畅销。现实中，营销对消费者推崇权威心理的利用也比较多见。比如，利用人们对名人或者明星的推崇，大量的商家在找明星代言、做广告；许多产品在广告宣传中宣传多少院士、多少专家、多少博士的潜心研究；引用专家等行业领袖对自己企业及产品的正面评价。

4. 贪占便宜

贪占便宜和爱还价是中国消费者表现出来的普通心理，"价格太贵"是中国消费者的口头禅，其实，"便宜"与"占便宜"不一样。价值100元的东西，100元买回来，那叫便宜；价值100元的东西，50元买回来，那叫占便宜。消费者经常追求所谓的"物美价廉"，其实，消费者不仅想占便宜，还希望"独占"，这给商家可乘之机。在终端销售中，讨价还价比较普遍，许多商家经常打出"最后一件""最后一天"等宣传语，或者是打出"跳楼价""一折"等概念，或者是提供一些偏高价格让消费者来讨价还价，等等。

5. 炫耀心理

消费者的炫耀心理主要表现为产品带给消费者的心理成分远远超过实用的成分。在中国目前并不富裕的情况下，正是这种炫耀心理创造了高端市场，同时，在国内企业普遍缺乏核心技术的情况下，利用炫耀心理有助于获取市场，这一点在时尚商品上表现得尤为明显。在终端的销售过程中，许多国外奢侈品品牌纷纷抢滩中国市场，许多消费者通过对品牌的购买来炫耀其身份与地位。

资源2-1-8 客户心理的判断——炫耀心理

那么，当客户购车表现出强烈的炫耀心理时，我们要如何应对呢？首先，可以借用某些特殊句型："当您拥有"，"您将会发现"，"当您成为"等激发客户占有这款汽车的欲望。其次，可以运用"成功的象征"进一步激发客户的占有欲，强化客户的事业成长和周围朋友的认同。例如，"您将会发现，当您成为这款车的主人时，将标志着您的事业又上到了一个新的高度，同时也会让您的朋友为您而感到自豪。"

6. 恐惧心理

害怕生病、害怕死亡、害怕被看不起、害怕失去……其实，每一个人在做决定的时候，都会有恐惧感，他生怕做出错的决定，生怕花冤枉钱，消费者容易在购买之后出现怀疑、不安、后悔等不和谐的负面心理情绪，从而引发不满。在终端销售过程中，为了充分利用消费者的恐惧心理，一些广告的创意应运而生，如"买电器，到国美，花钱不后悔"；如先传播痛苦，再扩大痛苦，进而让你有恐惧感，最终推出产品，云南白药牙膏就利用了消费者的恐惧进行了广告的创意；再如一些商家推出限量、限时销售，或者是打绝版的概念等。

7. 弥补心理

当你做错了某件事或感觉内疚时，首先想到的就是弥补，在销售的过程中，弥补性消费心理也经常被采用，如许多保健品一到节假日就大肆开展宣传，充分激发部分群体对长辈的内疚心理，进而想购买保健品回家看看，如某保健品的广告词：你哭的时候他们在笑，你笑的时候他们在哭，变化的是表情，不变的是亲情，回报天下父母心。

8. 习惯心理

消费者潜意识里对其所选购的产品都有价格标准，对任何一类产品都有一个"心理价格"，高于"心理价格"也就超出了大多数用户的预算范围，低于"心理价格"会让用户对产品的品质产生疑问。因此，了解消费者的心理价位，有助于市场人员为产品制定合适的价格，有助于销售人员达成产品的销售。

9. 攀比心理

消费者的攀比心理是基于消费者对自己所处的阶层、身份及地位的认同，从而选择所在的阶层人群为参照而表现出来的消费行为。相比炫耀心理，消费者的攀比心理更在乎"有"，即你有我也有，如很多商品，在购买的前夕，萦绕在消费者脑海中最多的就是谁谁都有了，我也要去买。

四、汽车消费者心理的判断

（一）从服装款式洞悉客户

客户愿意停下脚步或坐下来与我们进行沟通，仅仅是销售过程的第一步。第一次接触，我们该如何发起话题？如何保持谈话的热度？又如何让沟通过程延续下去呢？客户从来都不会向我们直言他是怎么样的一个人，那么就需要我们下一些功夫去了解客户。倘若深入了解了对方，沟通过程也变得简单多了。

资源 2-1-9 客户心理的判断（微课）

怎样了解客户的大致情况？运用识人术，内外结合判断人在这里显得格外重要。内是心理，外是外表，透过外表才能看到心理。

如果客户衣着光鲜、珠光宝气，那自然证明了对方的价值，不是功成名就，就是职场精英。古人云：相由心生，衣如其人。人的善恶来自内心，却能够从人的面相上显现出来；人的性格来源于本性，却能够从穿的衣服上体现出来。

资源 2-1-10 从服装款式洞悉客户

表 2-1-1 从服装款式洞悉客户

服装款式及心理特征	图　　例
喜欢穿套装、套裙的人，做事规矩、有条不紊，具有强烈的事业心	
穿着追求时尚的人，喜欢突出自己，这类人一般有很强的自尊心，希望赢得别人的认同和赞赏，成为中心人物	
经常穿着运动装的人，精力都比较充沛，遇事主动积极，有恒心有毅力，就算遭遇失败，也会很快振作起来，迎接下一次挑战	
喜欢穿 T 恤、牛仔裤这类舒适性服装的人，生活态度比较随意，凡事要求方便快捷，与人相处融洽	
只穿名牌，非名牌不穿的人，往往有更为强烈的自尊心，交友观非常现实	

（二）从客户偏爱的色彩了解心理倾向

可以想象，一个性格内向、忧郁的人，自然不会穿得五颜六色，像只凤凰一样出现在大家面前。人对色彩的偏爱是受其心理、个性和个人爱好影响的。观察一个人在生活中偏爱的色彩，就可以看透对方的心灵密码。

资源 2-1-11 从客户偏爱的色彩了解心理倾向

1. 红色代表激情

偏爱红色的人，感情丰富、热情奔放，风趣幽默。他们有比较强的表现欲，一旦下定决心去做某件事情就会饱含激情地去实施。但有时缺乏耐力，遇到挫折可能会变得沮丧，激情尽失。

2. 黄色代表新生

偏爱黄色的人，往往人缘极佳，容易让人产生信任感和亲切感。这类人喜欢新鲜事物、性格外向、做事潇洒自如、拥有充沛的精力、强烈的好奇心和创造力。他们希望通过自己的努力来改变现状，因此喜欢追求刺激，极富冒险精神。

3. 绿色代表活力

偏爱绿色的人，往往给人舒适、清爽的感觉。这类人和善可亲、善解人意、稳重大方、彬彬有礼、包容心强，在他们的内心中，很少有忧虑感，绝不会产生"杞人忧天"的心理。

4. 蓝色代表平静

偏爱蓝色的人，向往平静、无忧无虑的生活。这类人心态平和、有责任感、遇事极有主见，但往往个性固执，难以接受他人观点。

（三）通过肢体语言透析客户心理

肢体语言通常是一个人下意识的行为，它比语言更诚实。细心观察客户的肢体语言，更有利于我们了解对方的心理变化和情绪感受。因此，我们需要通过肢体语言透析对方的心理动态。

资源 2-1-12 客户心理的判断——从吸烟的动作判断客户心理

资源 2-1-13 通过肢体语言透析客户心理

1. 从动作表情看心理

（1）对方双唇紧闭，眉头皱起，翘起嘴角，时而摇头，表示他开始怀疑。

（2）对方双臂交叉，身体正面相对，眼神却避开，呼吸加快，闭口不语，表示心怀敌意。

（3）对方脸部发红，双唇紧闭，说话快速，姿势僵硬，握紧拳头，表示生气。

（4）对方不停用手指抚摸或梳理自己的头发，表示压力非常大。

资源 2-1-14 通过动作判断客户心理（漫画 1）

资源 2-1-15 通过动作判断客户心理（漫画 2）

2. 从坐姿看心理

表 2-1-2　从坐姿看心理

坐姿及心理特征	图　例
两腿交叉的坐姿带有自我防卫、拒绝对方的意味，代表怀疑、抗拒、不信任的态度	
跷二郎腿，表示直率，这类人性格开朗，说话爽快，不喜欢拐弯抹角	
把手置于臀部下方，即坐在自己手上，表示其内心非常不安，正在竭力控制自己，以免不经意间说了不该说的话	

资源 2-1-16 通过口头禅判断客户心理

在线测验

通过课前预习，了解"中国人行为心理特征"，掌握"汽车消费者消费心理特征""汽车消费者心理的判断"等知识和技能点，并能熟练运用进行客户接待。

扫描下方"测验二维码"进入资源库平台的在线测验页面。

在线测验

任务实施

要全面理解"汽车消费者的个性心理"所涉及的基础知识，并很好地解决本项目任务中所描述的汽车销售人员遇到的情况，建议采取如下活动开展学习和训练。

（一）从动作、表情、言语判断客户心理模拟训练

1. 任务实施目标

能从客户的动作、表情、言语等方面发现客户心理的变化，能正确判断客户的购车心理。

2. 任务实施准备

形式：假定自己是销售顾问，与学习小组成员商讨和训练如何通过动作、表情、言语等判断客户心理，并采用角色扮演法在课堂上展示。

时间：30 分钟

材料及场地：轿车一辆，接待吧台一张，客户洽谈区安排洽谈桌椅，文件夹，客户档案资料，名片，签字笔，记录夹，汽车宣传资料，茶水，计算器，学生必须着正装（衬衣、领带、皮鞋等）。

3. 任务实施步骤

（1）学生以小组为单位，两人一组，每组分为两类角色，销售顾问和客户。关键是销售顾问要能从客户的动作、表情、言语等中准确地分析出客户心理的变化，越具体越好。

（2）各小组在上台表演前，要设计好主要情节。扮演客户的同学设计好相应的动作、表情、语言，要有明显的心理变化特征。一组在前边表演时，其他组要认真看，仔细听，并适当做笔记，最后打分。

特别提示

销售顾问在解读客户肢体语言时,不能凭一时观察断章取义,而应充分考虑到各方面因素的影响来综合推断对方的心理。具体要注意以下3点。

(1)不要忽略客户的文化背景。客户的动作、语气、表情等都跟他所处的地域风俗、文化背景和个人受教育程度有着不可分割的关系,所以销售顾问绝不能忽略这一点,要了解客户的背景,并根据不同的文化背景对客户的肢体语言作出不同的解读。

(2)结合语言,全面了解。销售顾问在观察客户时,不能因为单一的信息而轻易下结论。因为人是最复杂的动物,任何人都有可能出现会错意和表错情的情况。所以我们应该运用各种信息,尝试总结出一套比较适合自己使用的解读肢体语言的方法。有时我们很难对一种身体语言所揭示出来的情绪作出百分之百的肯定,而语言沟通不可能跟一个人的动作完全分开,所以如果我们能将肢体语言和口头表达的话语相结合,就能更好地了解对方的心理。

(3)识破客户肢体语言的伪装。有许多经验丰富、精于世故的客户,特别会隐藏自己的情感,如果我们仍按正常的思维去解读对方的肢体语言,便可能得出截然相反的结论。此时,销售顾问一定要注意识破对方的伪装,并力争从现有的信息中辨别真伪。

销售顾问观察客户的动作不可太明显,以免让客户发现,引起对方的不快。销售顾问在与客户沟通的时候,不但要观察对方的姿势动作,而且要注意自己的行为表现,千万不要因为一个不经意的动作而引起客户的不满。

(二)相关任务成果提交

小组成员共同完成该任务,并拍摄微视频上传至资源库平台(或空间)。

成果提交

 **拓展提升**

一、拓展任务

某天,汽车服务人员小张接待了一位男性客户,这位客户上个月刚从店里购置了一台新车,客户反映,高速行车时车辆 ABS 灯常亮,询问是否出现了问题。小张通过对其动作、表情、语言的观察,发现客户有以下特征。

1. 客户40岁左右,讲话很快,音量比较大;
2. 表情严肃和冷淡,讨厌浪费时间;
3. 喜欢刁难人,会以质问的语气问:"你告诉我这件事到底该如何解决?"以显示他的权威。

请结合客户表现出来的特征,对这类客户的心理做一定的分析,并说明应对这类客户的技巧,提交分析报告。

"拓展任务"提交页面二维码

二、拓展训练

1. 中国人的行为心理主要包括哪些特征?
2. 如何从服装、款式洞悉客户?
3. 客户购车时,站姿表现为曲背弯腰、站立姿势略显佝偻,判断此类客户的心理特征。

任务 2-2　汽车消费者的群体心理

任务引入

群体与个体是一般与个别，共性与个性的关系。汽车服务人员除了能够正确判断每个客户的个性心理之外，还要能够根据不同年龄、不同性别、不同职业群体的消费心理特点，采取不同的销售措施，并且掌握家庭消费心理特点。

本任务就是为大家介绍汽车消费者的群体心理。

任务描述

展厅门开了，进来了一对夫妇，年龄40岁左右，穿着很得体。当客户对展厅里的一辆A41.8T尊贵型轿车产生兴趣的时候，小瞿已经站在了离客户4米的安全距离（这个距离不会让客户感到压力）。"您好！欢迎光临我们店，我是销售顾问小瞿，这是我的名片。请问怎么称呼您？"这个时候正在发愁怎么打开后备厢的客户注意到了小瞿。当一个人需要帮助的时候，是你最容易接近他的时候。"哦，你好，我姓陈，这位是我的爱人。"他指着旁边那位非常有气质的女士说："我们打算买辆新车，主要给我爱人开。她刚获得了驾照。我们都很喜欢A4这部车，所以专门来看一下。""陈先生，您真的很有眼光。A4是一款非常棒的汽车，她拥有时尚动感的外形，动力性和安全性都非常出色，真的特别适合您太太的气质。"小瞿的这番话使陈先生和他太太露出了满意的表情。后来，小瞿又了解到客户的详细的信息：陈先生是一位成功的房地产商人，爱人是公务员。他们都很喜欢开车。这次买车的预算在40万元以内。小瞿根据客户的需求给他们介绍了一款33.5万元的A4豪华型车。

"王女士，您刚才说非常喜欢A4的外形。是的，它的外形设计非常符合您的气质。您知道为什么它的侧玻璃比较小吗？""不太清楚，好像真的比咱们家的老皇冠3.0的玻璃小，是吧，老陈？""就是小，我也不太清楚。""其实，这种设计是为了增加车辆侧面的安全性，给客户更多的保护。"30分钟的试驾体验在客户意犹未尽中结束了。再次来到展厅的时候，陈先生不出所料地询问了付款方式，车子质保等成交的信号。"价格能优惠吗？你看小瞿，我们相处得很好，你的业务知识很棒，咱们是朋友不是吗？而且我还有好多朋友都打算买车,你想办法给我多优惠一点儿,没问题吧?"小瞿接过话茬说:"谢谢陈总的夸奖。其实,我真的特想给你们优惠,可是我们的车确实是全国统一售价,价格确实没办法,但以后您的车子有什么问题都可以来找我,我就是您爱车的保姆。"在一片笑声中,小瞿与陈先生确定了交车的时间和其他细节,这时候,一直沉默的女士说话了:"老陈,我们先回去考虑一下,看看找找别人能不能优惠,再说这么贵的东西也不能就这么定下来呀。"

没过几天,客户拿着小瞿的名片来到展厅,点名找小瞿买车。整个交车过程非常愉快,因为小瞿和客户已经成了朋友。在陈先生离开展厅前,他神秘地对小瞿说:"当有人拿着你的名片来展厅找你的时候,就表明这个客户已经认可你了。谁动了你的名片,相信那一定是接受你及你的产品的用户。"

思考:
(1)家庭购车有几种决策形式?本案中的属于哪一种?
(2)小瞿为什么会成功?如果您是小瞿,您将如何根据家庭消费心理特点把握客户心理?

学习目标

- **专业能力**

1. 能够掌握不同年龄、不同性别、不同职业群体的消费心理特点,从而采取相应的销售策略;
2. 掌握"年龄因素对汽车消费者的影响""性别因素对汽车消费者的影响""家庭因素对汽车消费者的影响"的知识和技能点。

- **社会能力**

1. 善于捕捉消费者的群体心理,对客户购车的共性心理具有敏感性;
2. 塑造良好的形象,扩大汽车生产商和销售商的知名度、认可度;
3. 能够根据消费心理特点预测消费行为。

- **方法能力**

1. 通过查询资料,提高自主学习的能力;
2. 通过相关知识学习,学会对不同年龄、不同性别、不同职业的消费者采取不同的销售策略;
3. 准确的自我评价能力和接受他人评价的能力;
4. 通过完成学习任务,提高运用多方资源和新的方法解决实际问题的能力。

一、社会群体概论

（一）群体的概念和特征

1. 群体的概念

群体是指在共同目标的基础上，由两个以上的人所组成相互依存、相互作用的有机组合体。怎么理解这一概念？

第一，群体由两个人以上组成。

第二，群体有共同的目标。

第三，群体中的人相互依存、相互作用。

第四，群体是有机组合体，不是一盘散沙。

2. 群体的特征

（1）成员们的目标共同性

群体之所以能够形成，是以若干人的共同的活动目标为基础的，正是有了共同的目标，他们才能走到一起并彼此合作，以己之长，补他人之短，以他人之长，弥自己之短，使群体爆发出超出单个个体之和的能量。群体的这一特性，也是群体建立和维系的基本条件。

（2）群体自身的相对独立性

群体虽然是由单个的个体所构成的，但一个群体又有自己相对独立的一面。它有着自身的行为规范、行动计划，有自己的舆论，而这些规范、计划和舆论，不会因为个别成员的去留而改变。

（3）群体成员的群体意识性

作为一个群体，它之所以能对各个成员发生影响，并能产生出巨大的动力，就是因为群体中的每个成员都意识到自己是生活在某一个群体里，在这个群体中，成员之间在行为上相互作用，互相影响，互相依存，互相制约。在心理上，彼此之间都意识到对方的存在，也意识到自己是群体中的成员。

（4）群体的有机组合性

群体不是个体的简单组合，而是一个有机的整体，每个成员都在这个群体中扮演一定的角色，有一定的职务，负一定的责任，以做好自己的工作而配合他人的活动，使群体成为一个聚集着强大动力的活动体。

（二）群体的分类

1. 平面群体和立体群体

这是就参加群体的人员成分而言的。所谓平面集体，是指参加这一群体的人员，在年龄特征上、知识结构上、能力层次上及专业水平上基本大同小异，属于同一类型。这样的群体，活动比较单一，服务面也比较窄。而立体群体，则是由四种基本维度水平相差较大的成员所组成，他们虽有差异，但各有所长，它既可以做到发挥各自优势，又可进行相互弥补，使群体成为一个可以进行复杂活动且服务面非常宽的群体。这种群体有着强大的活力。例如，有的单位，由于人员素质好，各具所长，所以，当活动需要转向时，很容易就能转过去，而且很快就能站住脚，像这样的群体，就属立体型群体。

2. 大群体和小群体

这是根据群体人数的多少而划分的。所谓小群体，是成员之间能够直接在心理上相互沟通，在行为上相互接触和影响的群体。这种群体一般以5~9人为最佳，但也有人认为，可以有十几个或二三十人，但上限不能超过40人。具体地说，这种群体包括部队的班排、学校的班级、工人的班组、机关的科室、行政领导班子等。而大群体，人员较多，成员之间的接触联系就不太直接了，相对来说，在这种群体里，人与人之间关系的维系，社会因素占的成分比心理因素大。具体来说，大群体可以大到阶级群体、阶层群体、民族群体和区域群体，也可以小到一个厂、一个公司等。

3. 假设群体和实际群体

这是就群体是否实际存在而言的。所谓假设群体，是指虽有其名，而无其实，在实际中并不存在的一种群体。它是为了某种需要，人为地将人群按不同的方式加以划分。例如，社会上把一类年轻人称为月光族，他们与父辈勤俭节约的消费观念不同，喜欢追逐新潮，只要吃得开心，穿得漂亮，想买就买，根本不在乎钱财。他们是指把每个月的收入全部消费光的一个群体。再比如，白领，是指有较高教育背景和工作经验的人士，是西方社会对企业中不需做大量体力劳动的工作人员的统称，经常拿来代表领较多薪水的专业人士。这些群体都属假设群体，因为这些人从没有自觉地聚集在一起，也没有直接交往，甚至根本就不认识，只是因为他们在某些方面具有共同点而已，如共同的经历，共同的年龄特征，职业特征，典型的社会心理特征等。由此可见，这些群体实际并不存在，只是为了研究的方便而创设的，故称之为假设群体。

实际群体则是现实生活中实际存在的，其成员之间有着各种各样的联系，如工厂中的车间、班组，行政机构中的科室，等等，都是实际群体。

4. 参照群体和一般群体

这是就群体在人们心目中的地位而言的。参照群体也叫标准群体，所谓参照群体是指这类群体的行动规范和目标会成为人们行动的指南，成为人们所想要达到的标准。个人会自觉地把自己的行业与这种群体的标准相对照，如果不符合这些标准，就会立即修正。这种群体对人的影响很大，美国心理学家米德认为，这种群体的行为标准和行为目标会成为个人的"内在中心"。例如，某些先进的班组、科室和连队，它们的规范自然而然地变为每个成员的行为准则，在现实生活中，各人所参加的群体不一定是心目中的参照群体，往往有这样的情况，一个人参加了某一群体，却把另一群体作为自己的参照群体。在这种情况下，如果处理不好，往往会造成对自己所处的群体感情淡薄，有的甚至会走向反面。

一般群体则是指参照群体以外的群体。消费心理学里所说的群体，主要就是参照群体。

5. 正式群体和非正式群体

这是针对群体的构成形式而言的。这种划分最早来自美国心理学家梅约的霍桑实验。

所谓正式群体，是指由官方正式文件明文规定的群体。群体的规格严格按官方的规定建设，有固定的成员编制，有规定的权力和义务，有明确的职责分工。为了保证组织目标的实现，有统一的规章制度、组织纪律和行为准则。我们平时所见到的工厂的车间、班组，学校的班级、教研室、党团、行政组织，部队的班、排，等等，都属于正式群体。

非正式群体则是未经官方正式规定而自发形成的群体。它是人们在共同的活动中，以共同利益、爱好、友谊及"两缘"（血缘、地缘）为基础自然形成的群体。它没有人员的规定，没有明文规定各个成员的职责，它追求的是人与人之间的平等，活动的目的是为了使每个成员的社会需求得到满足。它的"领袖"人物是自然产生的，他们的行为受群体的不成文的"规范"来调节。例如，"棋友""球友"等同样爱好的友好伙伴或某种具有反社会倾向的团伙等都属于非正式群体。非正式群体在某种情况下具有特殊的作用，有时甚至比正式群体的作用还大。

除了上述群体外，在我们的生活中还存在着以成员的相互关系的程度和发展水平而进行划分的群体，如松散群体、联合式群体等。

二、参照群体对汽车消费者的心理影响

（一）参照群体概述

1. 参照群体的概念

参照群体是个体在形成其购买或消费决策时，用以作为参照比较的个人或群体。如同从行为科学里借用的其他概念一样，参照群体的含义也在随着时代的变化而变化。参照群体最初是指家庭、朋友等个体与之具有直接互动的群体，但现在它不仅包括了这些具有互动基础的群体，而且涵盖了与个体没有直接面对面接触但对个体行为产生影响的个人和群体。

2. 参照群体为什么会有"参照"作用

（1）名人效应

名人或公众人物，他们作为参照群体会对公众尤其是对崇拜他们的受众具有巨大的影响力和感召力。对很多人来说，名人代表了一种理想化的生活模式，正因为如此，企业花巨额费用来聘请名人来促销其产品。研究发现，用名人作支持的广告较不用名人的广告评价更正面和积极。这一点在青少年群体上体现得更为明显，运用名人效应的方式多种多样，例如，可以用名人作为产品或公司代言人，即将名人与产品或公司联系起来，使其在媒体上频频亮相，也可以用名人做证词广告，即在广告中引述广告产品或服务的优点和长处，或介绍其使用该产品或服务的体验，还可以采用将名人的名字使用于产品或包装上等做法。

（2）专家效应

专家是指在某一专业领域受过专门训练，具有专门知识、经验和特长的人。医生、律师、营养学家等均是各自领域的专家。专家所具有的丰富知识和经验，使其在介绍、推荐

产品与服务时较一般人更具权威性,从而产生专家所特有的公信力和影响力。当然,在运用专家效应时,一方面应注意法律的限制,如有的国家不允许医生为药品做证词广告;另一方面,应避免公众对专家的公正性、客观性产生怀疑。

(3) "普通人"效应

运用满意顾客的证词证言来宣传企业的产品,是广告中常用的方法之一。由于出现在荧屏上或画面上的证人或代言人是和潜在顾客一样的普通消费者,这会使受众感到亲近,从而使广告诉求更容易引起共鸣。像宝洁公司、北京大宝化妆品公司都曾运用过"普通人"证词广告,应当说效果还是不错的。还有一些公司在电视广告中展示普通消费者或普通家庭如何用广告中的产品解决其遇到的问题,如何从产品的消费中获得乐趣等。由于这类广告贴近消费者,反映了消费者的现实生活,因此,它们可能更容易获得认可。

(4) 经理型代言人

越来越多的企业在广告中用公司总裁或总经理作代言人。例如,克莱斯勒汽车公司的老总李·艾柯卡在广告中对消费者极尽劝说,获得很大成功。同样,雷明顿公司的老总维克多·凯恩,马休特连锁旅店的老总比尔·马休特均在广告中促销其产品。我国广西三金药业集团公司,在其生产的桂林西瓜霜上使用公司总经理和产品发明人邹节明的名字和图像,也是这种经理型代言人的运用。

(二) 参照群体对汽车消费者的心理影响

参照群体对汽车消费者的心理影响,主要体现在谁来影响(影响主体)、怎么影响(影响途径)和影响什么(影响内容)三个方面。

1. 影响主体

(1) 名人

这里所说的名人,主要就是各种明星,即歌星、笑星、球星、影星等。这些明星都有其追随者,所以,许多厂家、商家都看好了这一点。我们可以细数一下电视里的汽车广告,其中就有不少是明星参与的,我们暂且不去探讨他们对汽车消费者的影响有多大,总之,他们是影响主体之一。

(2) 专家

这里的专家,不是泛指,仅指汽车方面的专家。由于一般消费者对汽车方面的专家不是很熟,所以,尽管他们也是影响主体之一,但是他们的影响远远没有前面所分析的名人的影响大。

(3) 普通人

这个普通人,是指汽车消费者身边的亲戚、朋友、同学、同事、邻居等普普通通的人。他们看似普通,但他们离消费者最近,就在他们的生活里,就在他们身边。他们买的什么车、什么价、什么配置、什么颜色、什么外形、是否费油、质量如何、性能如何等信息,消费者会迅速地、真实地、准确地掌握。所以说,厂家、商家可不要小看了这些"普通人"。

(4) 经理型代言人

经理型代言人是指那些出现在广告里的公司总裁或总经理。这些年,各类广告里虽然出现了一些这样的代言人，但是不多，原因是多方面的。一是那些老总们忙；二是他们不想在公众面前曝光，以减少麻烦；三是他们觉得得不偿失。

2. 影响途径

参照群体对汽车消费者的影响途径主要有两种。

（1）媒体

在各类媒体中，参照群体对汽车消费者的影响随处可见：报纸、广播、杂志电视、网络，到处都能看到广告，在广告里也能看到那些参照群体在影响着汽车消费者。只要有广告，就有汽车广告；只要有汽车广告，参照群体就会出现。

（2）人际

亲戚、朋友、同学、同事、邻居等对汽车消费者的参照影响，都是通过这一途径实现的。他们也许一个电话，也许连电话都不用，就把这种影响传导过去了。因为他们离得很近，就在身边，在生活圈子里，在工作圈子里，在交际圈子里。

3. 影响内容

（1）车价

消费者想买一辆什么价位的车，心里可能有个"谱"，但他还在犹豫，还不能最后"拍板"。往往这个时候，他身边可信赖的朋友、同事、亲戚等，就能帮他拿主意。比如，他原本想买辆七八万的捷达就行了，朋友帮他分析利弊，最后，加了几万元，上了个台阶。车到手之后，他会觉得："对呀，我就是要买这样的车呀。亏得我听了朋友的话了，要不然后悔死了。"

（2）性能

安全性、舒适性、动力性、稳定性等性能，主要考虑哪一个？舒适性第一，还是安全性第一？在你摇摆不定的时候，可能你的朋友会帮你参考。

（3）品牌

好的品牌，意味着产品过硬的质量、优秀的服务、客户忠诚度，意味着一笔无形资产。如果不差那几万块钱，就应首先考虑品牌。你的朋友会这么劝你，你的同事也会跟你这么说。

（4）服务

可不要小看了服务，服务不好，就算客户已经进了你的4S店，照样可以转身出去；服务不好，客户可以投诉你，使你名声扫地。别忘了"250定律"。海尔、联想的成功，主要在他们的服务；那些败走"麦城"的公司，原因也恰好在服务。服务好了，他可以推荐他的朋友、同事、亲属、甚至邻居来你的店；服务得不好，他可以不惜时间和精力，去告诉他所有认识的人，可千万别去某某店！

（5）配置

有些消费者很注重车的配置，愿意为这些配置花费更多的钱。但有些时候，听听朋友、同事的说法，也能使你眼前一亮：对呀，我怎么就没想到呢。现阶段该有的配置，要有；可有可无的，就不需要配置它。另外，性别与年龄因素对配置的偏爱也有所不同。从性别来看，女性消费者对车载 MP3、倒车雷达、前防撞雷达、加热除雾外后视镜、电动座椅调节、多功能方向盘、多方向可调方向盘、带雨量传感器的雨刷、全自动空调、GPS 导航和侧面安全气囊等 11 项配置的偏好均高于男性消费者。而男性消费者仅在 ABS 和 OBD 车载诊断系统这些技术型配置方面的偏好高于女性消费者。不同年龄段的配置偏好也有差别，30 岁以下的消费者对 ABS、车载 MP3、电动天窗和侧面安全气囊有明显偏好；30～39 岁消费者对真皮座椅、电动天窗和侧面安全气囊有明显偏好；40～49 岁消费者对多碟 CD、倒车雷达、加热除雾外后视镜、防炫目内后视镜、多功能方向盘、多方向可调节方向盘、全自动空调和侧面安全气囊有明显偏好；50 岁及以上消费者对加热除雾外后视镜、OBD 车载诊断系统有明显偏好。从消费者收入和预购车价位来看，收入水平越高的消费者对汽车主要配置的关注程度就越高，预购价位越高，对各项配置的偏好越明显。

（6）时机、方式、地点

这是说，什么时候买车、以什么方式买车、在哪儿买车。是在商家竞相降价时买，还是汽车"涨声一片"时买？是借钱买车，贷款买车，还是自己攒足了钱再买？到口碑好的 4S 店去买，还是朋友领着，到他们消费过的店去买？应当说，这些方面，也都是参照群体对汽车消费者影响的内容。

三、年龄因素对汽车消费者的实际影响

（一）不同年龄阶段的消费心理特点

1. 青年消费心理

特点：年龄为 20～30 岁，较容易接受新事物，没有太多陈旧观念的约束。追求生活享受，喜欢购买自己喜爱的产品。

购买心理：追求档次、品牌、求新、求美、对时尚反应敏感。

购买动机：容易冲动消费，易受外界特别是广告、朋友的影响。

销售顾问应对策略：迎合其求新求美的时尚心理，推介产品的流行元素，并突出产品的新特点、新功能、新用途。

2. 中年消费心理

特点：年龄为 30～50 岁的客户群，一般都有了一定的事业基础和较为丰富的人生阅历，既有传统的观念，对新时尚也有一定追求，有着较强的购买力，但多属于理智消费，购买时比较相信自己的判断。

购买心理：改善生活条件，节约时间，一般会选择既经济实惠又品质优良的产品，对带有装饰效果的产品很感兴趣。

购买动机：一般已经成家立业，有一定的经济能力。喜欢购买已经被证明有使用价值的新产品，价值观念较强。

销售顾问应对策略：以亲切、诚恳、专业的态度对待客户的各种提问并耐心细致地回答。突出品牌效应能与其身份及地位匹配；突出使用产品能给其带来家庭生活的美好享受，

符合家庭成员的生活习惯、操作习惯等,让家庭生活舒适与方便。

3. 老年消费心理

特点:年龄在 55 岁以上的客户群,表现为理性、成熟、冷静,一般喜欢购买常用的商品,有一套自己长期积累的经验模式,对于新事物往往会持审慎和怀疑的态度。

购买心理:心理稳定,一般不太容易受广告宣传影响。

购买动机:购买动作缓慢,仔细挑选,多方面比较分析。

销售顾问应对策略:耐心并细心地认真讲解产品的各种实用功能,并转化成能给消费者带来的好处和方便来打动客户;对于客户关注的产品价格、品质、售后服务等其他问题要做好分析与说明,做到让客户喜欢、感动,从而争取成交。

(二)年龄因素对汽车消费者的实际影响

1. 买车的人群年龄逐渐降低,前几年,购车群体主要集中在有一定经济基础、年龄在 35 岁以上的人士。如今,顾客的年龄逐渐降低,"80 后"的购车人呈上升趋势,这部分人以贷款购车为主。前几年,贷款购车并不被大家认可,现在却越来越普遍。购买高档车多数都是一次性付款居多,而中低档车按揭购买的则比较多。一种根据个人的还款能力,宽余时多还、资金紧张时可少还的弹性贷款,也在一定程度了拉动了汽车购买。另外,股市的赚钱效应,也是汽车销量增加的一个原因。

2. 汽车消费市场的目标消费群体有各自不同特点:60 年代的人比较内敛中庸,在成功的道路上他们大多是刻苦加实干,机遇加诚信;"70 后"比较包容开放,他们的消费更注重轿车的驾驶乐趣;"80 后"比较开放独立,他们有自己的行为处事方法,他们的价值观念非常超前,对新生事物了解和接受能力都非常强,在选择轿车的时候,他们更喜欢选择有个性的车型。不同于 70 后、80 后的集体生活,信息时代给 90 后带来了新的社交方式,他们更向往"圈子和部落"文化。对于 90 后消费者来说,一个重要的购车驱动原因是为了与朋友交际与出行。作为与互联网共同发展的一代人,他们生活在一个网络环境当中,非常热衷于各种新型的社交。

数据显示,90 后群体往往非常关注颜值,包括外观颜色、外观造型设计、内饰颜色等,他们对座椅材质、交互配置、车载智能多媒体都有较高需求。同时,90 后有各自的审美标准,传统的词语已经无法与他们产生共鸣,他们拥有自己的语言。

3. 中高档车还是以中年人消费为主。有报道说,广州本田的新雅阁和丰田的凯美瑞也不约而同地将年龄层锁定在 35~45 岁的中高收入者。但总的趋势是:汽车市场主流消费者的年龄在不断走低,而其购买汽车的档次在走高。目前的情况却不容忽视,虽然年轻人的购车欲望很强,但对高档车的购买力不强。

四、性别因素对汽车消费者的客观影响

(一)不同性别的消费心理

1. 男性消费心理

(1)购买商品有果断性。男性顾客在购物上,独立性较强,对所购买的商品性能和商

品知识了解得较多，一般不受外界购买行为的影响。

（2）在购买商品的范围上，多属于"硬性商品"，如家具、电视机、洗衣机、电脑等大宗商品，一般很少承担家庭生活中日用消费品的购买任务。

（3）挑选商品迅速，购买决策快。

（4）男性顾客在购买行为上体现出的自尊心比较强，特别是稍有社会地位的男性顾客所表现出的自尊心就更强。

（5）当男性消费者发现了自己的购买目标时，就想迅速选购，如果售货员没有马上接待，或表现出不理睬的态度，会使顾客放弃购买，如果售货员服务态度很好，顾客也会表现得大方、富有男性风度。

（6）具有怕麻烦的购买心理。一般男性顾客都有一种怕麻烦的购买心理，力求方便，特别是在购买低档的生活消费品的时候。

2. 女性消费心理

（1）注重商品的外表和情感因素。男性消费者在购物时，特别是购买生活日用品、家用电器时，较多地注意商品的基本功能、实际效用，在购置大件贵重商品时有较强的理性支配能力；而女性消费者对商品外观、形状，特别是其中表现的情感因素十分重视，往往在情感因素作用下产生购买动机。商品品牌的寓意、款式色彩产生的联想、商品形状带来的美感或环境气氛形成的温馨感觉等都可以使女性消费者产生购买动机，有时甚至是冲动型购买行为。购物现场的环境和促销人员的讲解和劝说在很大程度上会左右女性消费者的购买行为，有时甚至能够改变她们之前已经做好的消费决定，使其转为购买促销的产品。

（2）注重商品的实用性和细节设计。女性消费者心思细腻，追求完美，购买的商品主要是日常用品和装饰品，如服装鞋帽等，她们购买商品时比男性更注重商品细节，通常会花费更多的时间在不同厂家的不同产品之间进行比较，更关心商品带来的具体利益。同样的产品比性能，同样的性能比价格，同样的价格比服务，甚至一些小的促销礼品和服务人员热情的态度都会影响女性消费者的购买决定。这就要求商家对产品的细节做到尽善尽美，避免明显的缺陷。

（3）注重商品的便利性和生活的创造性。目前，我国中青年女性就业率较高，城镇高于农村。她们既要工作，又要做家务劳动，所以迫切希望减轻家务劳动量，缩短家务劳动时间，能更好地娱乐和休息。为此，她们对日常消费品和主副食的方便性有更强烈的要求。新的方便消费品会诱使女性消费者首先尝试，富于创造性的事物更使女性消费者充满热情，以此显示自己独特的个性。

（二）性别对汽车消费者的客观影响

1. "汽车消费性别换位"

按常理说，男性和女性的汽车偏好，与他们的外型、性格等因素应当是一致的。可是，现在有一种趋势，有人把它叫作"汽车消费性别换位"，驾驶色彩鲜艳两厢车的不是窈窕的女士们，更多的是男士们，相反，开丰田霸道这类SUV或越野车的很多是女士。正如有的

4S店负责人分析得那样：颜色明快、造型新颖是消费者选车的重要因素，如今"80后"已成为社会新的消费力量，他们的消费观念前卫，越是新鲜的颜色他们越喜欢，所以现在男士钟爱颜色靓丽的汽车也就不足为奇了。相反，狮跑、RAV4、途胜这样的城市SUV的车主很多是女性，还有些女士喜爱驾驶保时捷卡宴、大众途锐、奔驰ML350、路虎这样更大型号的SUV。女车主表示，驾驶越野车有一种高高在上的感觉，感觉特别安全，同时众多先进装备也方便驾驶，驾驶SUV出行有底气、有自信。有人士分析认为，现在十几万、二十几万元就能买一辆很好的轿车，而同价位的SUV也不在少数，所以部分女性消费者买车时就索性买辆"个子"大的SUV。

2. 男性重性能，女性爱舒适

有人做过一项调查，男性车主中78.21%首选性能，女性车主中68.3%首选舒适度。虽然只是一次调查，但它有普遍意义，这是不分国度、肤色、职业、年龄等因素的。

3. 车内装饰是女性强项

调查显示，47.65%的女性车主喜欢在车内增加装饰性较强的小摆设，如香水、挂饰等，但只有14.48%的男性车主尝试过类似做法。至于一些实用性比较强的装饰，如座椅套、防滑垫等，则性别差异不大。车内装饰不同于汽车改装，不需要求助于专业人士，难度小、个性表达更加多样化。这为很多喜欢花心思的车主提供了自己动手的便利。如今，国内汽车精品市场越来越大，各种汽车装饰产品也非常齐全，车主的选择空间非常大。而在这方面，女性车主的关注度总体高于男性车主。

4. 男性车主更关注油耗

在油耗问题的调查上，结果显示，"经常关注油耗"的男性车主占了54.03%，而女性车主仅占35.08%；选择"没怎么注意过油耗"者，男性车主占4.96%，女性车主占20.58%。油耗直接关系到环保问题，目前，国内的汽车厂家都很重视油耗问题，节能型汽车不断推陈出新。从实际使用上来说，在出售的汽车产品中，同级车的油耗差异基本都在车主可负担的范围内。然而，越来越多的消费者更愿意选择节油车型，并且经常关注油耗，这是环保理念深入人心的结果。分析人士也认为，虽然女性车主对油耗的关注度总体上比男性车主低，但这并不能说明女性车主不重视环保。环保的方式有很多种，用车只是其中之一。因此，这种差异来自其他方面，比如对爱车的感情，或者对汽车的感兴趣程度等。尽管如此，业内人士依然提醒所有车主都关心车的油耗，一方面是提倡购买节油产品，提倡节能的驾驶习惯；另一方面，从油耗中有时也能发现车的部分故障问题，这对保障安全用车具有重要的意义。

五、家庭因素对汽车消费者的常规影响

（一）家庭中的权威模式

1. 父权家庭

父权家庭是历史上大多数家庭的模式，即家庭中最年长的男性拥有大部分权威，女性负责家务和照顾孩子。

2. 母权家庭

母权家庭即家庭中最年长的女性拥有大部分权威的家庭。至今没有确凿证据表明妇女曾同样拥有过现在男性所具有的权威。父系社会里，个别家庭也可能由于没有最年长的男性而由女性领导。

3. 母主家庭

母主家庭是一位妇女成为家庭的核心和最主要成员的家庭，常发生在男性由于战争、外出、离婚、非婚生育等时候。但不在家的丈夫、前夫、同居男友依然行使相当的权利。

4. 平权家庭

现代社会出现了向平权家庭发展的趋势，即丈夫和妻子在权利和义务上基本平等。但许多重要决定还是由丈夫作出。

（二）家庭因素对汽车消费者的影响

1. 家庭因素决定对汽车的支付能力

一个家庭的经济收入及其存款的多少，决定了这个家庭近期能否买车。有愿望，没有支付能力，买车也只能是美好的空想。所以，从这个角度出发，就目前中国的家庭收入状况看，许多家庭其实都具备了买车的实力。买不起中高档的车，还买不起十万元以下的车吗？可是，有相当一部分家庭，那仅有的一点点储蓄，是留着给孩子上大学的，以防万一的。

总之，家庭的经济收入决定汽车消费的支付能力，这是"能否买得起"的问题。

2. 家庭因素还决定了汽车消费的档次问题

这就不仅仅是家庭经济收入的问题了，还有家庭成员各自的意见、家庭重大问题的决策权等因素。而所有这些，直接决定了家庭汽车消费的档次，具体说，是品牌、价格、配置、性能等一系列问题。如果家庭很民主，而且能尊重妇女与儿童的意见，那么妻子与孩子的意见将左右这个家庭汽车消费的最后决策；如果这个家庭是男性绝对权威，男主人将最终说了算。当然，买什么档次的车，还要看买车的用途。不同的用途，买车的档次当然也不一样。

3. 家庭因素决定了汽车消费的具体时间

如果家里急需用车，又有足够的钱，那么买车是马上可以做到的。如果家里不那么急需，又没有凑够钱，那买车就可以拖一拖。就目前中国人的"钱袋子"来看，有不少家庭有买车这笔钱。但是，怎么把这"潜在的消费"变成"现实的消费"，这是汽车厂家、商家要研究的问题。对于那类"不那么急需，又没有凑够钱"的消费者，要想办法使他们认识到现在买车的好处。

4. 家庭因素决定着汽车消费的方式

汽车消费的方式，就是说用自己的钱一次性付款，还是分期付款购买。在这一点上，多数家庭是一次性付款，且都是用自己的钱。只有少部分人分期付款，贷款买车。每个家庭的收入情况不同，家庭的具体情况有所差别。所以在汽车消费的方式上，必然要反映出差别来。可以肯定地说，随着人们生活水平的进一步提高，会有越来越多的家庭一次性付款购车，且不用贷款。

通过课前预习，了解"参照群体对消费心理的影响"，掌握"不同年龄、不同性别、不同职业群体的消费心理特点"等知识和技能点，并能熟练运用不同的销售策略进行客户接待。

扫描下方"测验二维码"进入资源库平台的在线测验页面。

在线测验

要全面理解"汽车消费者的群体心理"所涉及的基础知识，并很好地解决本项目任务中所描述的销售顾问遇到的情况，建议采取如下活动开展学习和训练。

（一）判断客户群体心理模拟训练

1. 任务实施目标

能正确掌握消费者的群体心理；能根据不同年龄、家庭消费心理特点，采取不同的营销措施。

2. 任务实施准备

形式：假定自己是销售顾问，与学习小组成员商讨和训练如何接待不同年龄、不同家庭消费心理特点的客户，判断客户购买心理，并采用角色扮演法在课堂上展示。

时间：30 分钟

材料及场地：轿车一辆，接待吧台一张，客户洽谈区安排洽谈桌椅，文件夹，客户档案资料，名片，签字笔，记录夹，汽车宣传资料，茶水，计算器，学生必须着正装（衬衣、领带、皮鞋等）

3. 任务实施步骤

（1）学生以小组为单位，3~5 人一组，每组分为两类角色，销售顾问和客户。客户可以是 1 人或多人，采取不同的家庭结构，客户可扮演不同年龄阶段，例如青年、中年、老年客户，1 名销售顾问。关键是销售顾问要能根据不同年龄、不同家庭结构的客户，准确地判断出客户的购车心理，越具体越好。

（2）各小组在上台表演前，要准备好主要情节与台词。扮演客户的同学，其台词的表达，要表现出不同年龄阶段、不同家庭消费心理的特点。一组在前边表演时，其他组要认真看，仔细听，并适当做笔记，最后打分。

 特别提示

不同年龄及家庭结构的客户在选购产品时的考虑因素与购买心理、购买动机都不太一样，因此销售顾问应针对不同年龄、不同家庭结构类型的客户采取针对性的方法，才能得到客户的认同，从而促成销售交易。

（二）相关任务成果提交

小组成员共同完成该任务，并拍摄微视频上传至资源库平台（或空间）。

成果提交

一、拓展任务

张先生和刘女士经朋友的介绍和极力推荐，在一家4S店订购了一台迈腾。二人又来到一家奥迪店，销售顾问小董接待了他们。交谈中，小董了解到现在张先生家有辆别克，刘女士使用较多，主要在市区开，感觉此车太大，不好停车，开起来很累。所以，想换台小一点的，油耗低一些的，价位在25万元左右的。朋友给他们介绍了迈腾，他们觉得非常符合他们的要求，就去订了一辆。小董脑子里闪了一个念头：A4也很符合他们的要求，只是价格高，便问："有没有兴趣看看专门为客户设计的驾驶者之车，它采用了新技术。""新技术？你们这车有什么新技术？"张先生对这个很感兴趣。"那这样吧，我给您做个全面的介绍。"说着小董引导客户来到了A4车前，详细地跟客户讲起了该车的新技术与新配置。然后又邀请二位试车。在试车中，女士反复说"加速真好，制动真灵，方向盘也比较轻，果真没有换挡感觉。"女士满意极了。当先生试车时，重点体会了加速时变速箱的情况，而且在湿滑路面上制动时，车稳稳停住了，这令先生非常满意。二人连说比迈腾强多了，内饰做工精细，加速好，制动也好，更好的就是变速器。"小伙子，你讲得没错，我都体会到了，车不错，这款多少钱？有现车吗？"小董知道夫妻俩改主意了，就说："现在有，不知您打算什么时间购买？""价格合适，我现在就能和你定。"先生话说得非常坚决，小董知道关键时候到了,但心理犯起了难,因为这款车确实要比迈腾贵一些,如何满足客户的需求,并接近客户的预算,成为现在最关键的问题。如果您是小董,您将如何在客户先入为主的情况下成功完成交易。

1. 请结合不同性别客户的消费心理特点,试想小董是如何在客户先入为主的情况下成功扭转局面的,并说明应对技巧。

2. 小组课后运用角色扮演法模拟训练该场景,并拍摄微视频上传至资源库平台(或空间)。

"拓展任务"提交页面二维码

二、拓展训练

1. 青年消费的心理特征有哪些?
2. 男性消费的心理特点是什么?

项目三

汽车消费者的认知心理分析

　　在汽车销售过程中，相当一部分客户决定购买汽车是出于对销售人员的好感、信任和尊重。所以，汽车销售人员要学会推销自己，才能让客户接纳自己，了解汽车消费者的感觉和知觉是非常重要的。同时，销售人员要时时掌握主动权，才能步步为营，获得成交机会，这就需要引导客户的注意力，掌握常见的心理效应。

　　本项目主要是掌握"汽车消费者的认知心理分析"的相关分析技巧"，包括"汽车消费者的感知与营销""汽车消费者的注意与营销""汽车消费者的认知心理"三个任务，通过学习和训练，将有助于掌握被客户喜欢的技巧，从而实现销售目的。

任务 3-1　汽车消费者的感知与营销

任务引入

汽车服务人员在接待客户的过程中，给客户留下良好的第一印象是非常重要的，感觉和知觉是消费者对商品、服务产生某种情感的依据。如何感知客户心理，给客户树立积极的第一印象，也就是"汽车消费者认知"的心理分析问题。

本任务就是和大家一起探讨"汽车消费者感知与营销"的基本知识及技巧。

任务描述

李军是 XD 汽车销售服务公司的一名销售顾问，某天中午一名男性客户来到店里看车，客户个子很矮，穿着一身沾满油渍的工作服，直接去看某型号的车型。李军见这位客户比较年轻，穿着又不怎么讲究，估计买不起车。于是与客户寒暄了几句，就为客户简单做了一个车型介绍，大概有哪些配置，两驱和四驱，2.4 和 2.0 T 两个排量的发动机，李军随后请客户到休息区，提供免费的白水，便对客户不理不睬，径直离开去迎接新的客户。

过了几日，李军得知这位男性客户实际上是某建筑工地的老板，并从自己的同事那里购得了一辆 30 万元左右的新车，李军后悔不已。如果您是李军，您将如何接待该客户？

学习目标

● 专业能力

1. 能够正确把握客户的感觉和知觉，从而制定相应的营销策略；

2. 掌握"感觉的概念与特性""知觉的概念与特性""汽车消费者的社会认知"等知识和技能点。

● 社会能力
1. 善于捕捉客户传递的信息，对客户感觉、知觉的变化具有敏感性；
2. 树立高尚的职业道德，提供优质的服务；
3. 塑造良好的形象，扩大汽车生产商和销售商的知名度、认可度；
4. 维护组织目标实现的大局意识和团队能力。
● 方法能力
1. 通过查询资料，提高自主学习的能力；
2. 通过相关知识学习，能把握感觉和知觉的特性，正确判断客户的心理；
3. 准确的自我评价能力和接受他人评价的能力；
4. 通过完成学习任务，增强感知客户心理及处理实际问题的能力。

一、感知概述

（一）感觉的概念与特性

通常客户在进入展厅时所体验到的第一印象会影响客户的决定，例如商品的陈列布局、展厅的颜色搭配、汽车服务人员的仪容仪表和语言等都会给客户带来不同的感觉。而此时汽车服务人员要做的就是在整个过程中以热情、专业的接待，建立客户的信心，消除客户的疑虑，使客户感觉到舒适，这些对于客户最后是否接受我们的产品，是否买单成交都有举足轻重的作用。给客户带来良好的感觉需要汽车服务人员体现在行动上，给客户留下诚恳、真实的印象。

资源 3-1-1 感觉的概念与特性（微课）

1. 感觉的概念与分类

感觉是人脑对直接作用于感觉器官的客观事物的个别属性的反映。怎么理解这个概念？

第一，感觉也符合心理学的两大基本规律：是人脑的机能；是客观现实的反映。

第二，感觉是客观事物个别属性的反映。

第三，感觉的产生离不开"直接作用"。

心理学上将人的感觉分为五类，分别是根据人的五种感觉器官而划分的：视觉、听觉、嗅觉、味觉、触觉；换个角度，又有外部感觉与内部感觉之分。外部感觉就是前面说的那五类；内部感觉包括：运动觉、平衡觉和内脏觉。

2. 感觉的基本特性

感觉的基本特性如表 3-1-1 所示。

表 3-1-1　感觉的基本特性

适宜刺激	所谓适宜刺激，是指特定感觉器官只接受特定性质的刺激。例如颜色只能通过视觉器官而不能通过听觉器官产生刺激
感受性	所谓感受性，是指感觉器官对于外界刺激强度及其变化的感受能力。它说明引起感觉不仅要有适宜刺激，而且要有一定的强度要求
适应性	所谓适应性，是指由于外界刺激物持续作用于人的感受器官而使其发生感受性变化的现象。所谓"入芝兰之室，久而不闻其香；入鲍鱼之肆，久而不闻其臭"就是这个道理。还有暗适应、光适应等
关联性	人的感觉并不是彼此孤立的，而是相互联系、相互制约的。这就使得各种感觉的感受性在一定条件下出现此消彼长的现象。例如，在黑暗中，人的听觉会得到加强；在音乐声中，人的疲劳感会降低

3. 把握客户感觉需要注意的问题

第一，感觉使客户获得对商品的第一印象。如图 3-1-1 所示，良好的展厅环境是非常重要的，营业环境布置的优劣，商品陈列布局和颜色搭配会使客户获得对商品的第一印象。感觉是客户认识商品的起点，客户只有在感觉的基础上，才能获得对商品的全面认识。购买商品时，客户首先相信的是自己的感觉。

资源 3-1-2 展厅接待—新客户接待

图 3-1-1　良好的展厅环境

第二，感觉是客户对客观事物产生某种情感的依据。如图 3-1-2 所示，汽车服务人员的仪表仪容，语言及态度都会让客户产生不同的感觉，从而引起不同的心境，进而影响购买的可能性。因此，汽车服务人员需要具有良好的个人形象和服务态度。

资源 3-1-3 清晰服务事项与流程

项目三
汽车消费者的认知心理分析

图 3-1-2　良好的个人形象

第三，对客户发出的刺激信号要适应人的感觉阈限。不同的人感觉阈限是不同的，有的感觉器官灵敏，感受性高；有的迟钝，感受性差。如图 3-1-3 所示，有的客户喜欢热情直爽的服务，而有的客户喜欢温和细腻。汽车服务人员在接待客户时，向客户发出的刺激信号强度，就应当适应他们的感觉阈限。

资源 3-1-4　借助基盘客户获得潜在客户资料

（a）热情直爽的服务

（b）温和细腻的服务

图 3-1-3　感觉阈限

（二）知觉的概念与特性

应用案例 3-1-1

【案例】
　　一位安徽客户要买一辆车。经过货比三家，他到某 4S 店里购买了一台车，当别人询问

071

他为何选择在此买车时,他的回答是他认为这家店在感觉上让他耳目一新。当时他说:"我想听听这辆车的音响效果怎么样?"销售人员就问他:"您喜欢听哪方面的音乐?"这位客户笑起来了:"怎么?我想要的音乐你有吗?"销售人员说:"您说说看。"客户说:"我想听黄梅戏。"

大家想想看,大多数汽车公司里面有黄梅戏的 CD 吗?可能 99% 的回答是没有。但是这家店就有。销售人员立刻到总台把黄梅戏碟调出来,放进去给客户听。客户非常感动,当时就说:"不用试了,我们下面就办手续吧。"通过这一件小小的事情,客户说:"你们公司能把事情考虑得这么细,买车以后,我还有什么不能相信你们的地方呢?"

【案例解析】

这件事情告诉我们,知觉的特性在营销的过程中具有重要的作用,知觉的选择性告诉所有的营销者:关键是在尽可能短的时间里尽可能准确地抓准客户的需要与兴趣。只有这样,那个被选择的对象才能从背景中分离出来。

资源 3-1-5 知觉的概念与特性

知觉具有选择性、恒常性、整体性、理解性。在与客户交流中,明确客户的知觉是非常必要的,要注意细节,尽量将服务考虑的更加周到。上述案例中,销售人员正是把握住了客户知觉的选择性,才成功地赢得了交易。

1. 知觉的概念与分类

知觉是人脑对直接作用于感觉器官的客观事物的整体属性的反映。怎么理解这个概念?

第一,知觉也符合心理学两大基本规律:是人脑的机能;是客观现实的反映。

第二,知觉是"整体属性"的反映,这也正是它与感觉的差别。

第三,知觉也离不开"直接作用"感觉器官。

根据知觉所反映的事物特征,可分为空间知觉、时间知觉、运动知觉。根据某个感觉器官所起的优势作用,可分为视知觉、听知觉、触知觉等。

2. 知觉的特性

知觉的基本特性如表 3-1-2 所示。

资源 3-1-6 知觉的概念与特性(微课)

表 3-1-2 知觉的基本特性

选择性	知觉的选择性是指个体根据自己的需要与兴趣,有目的地把某些刺激信息作为知觉对象而把其他实物作为背景进行组织加工的过程
整体性	知觉的整体性是指人在过去经验的基础上,把由许多属性构成的事物知觉为一个统一的整体的特性。知觉的整体性不仅与刺激物的特性有关,而且与个体的主观状态有关,过去的知识、经验可对当前知觉活动提供补充信息

续表

恒常性	当知觉的客观条件在一定范围内改变时，我们的知觉映象在相当程度上仍保持着它的稳定性，这就是知觉的恒常性。如形状的恒常性、大小恒常性、明度恒常性、颜色恒常性、对比恒常性等
理解性	人在知觉过程中，不是完全依赖感觉被动地把知觉对象的特点登记下来，而是以过去的知识经验为依据，力求对知觉对象做出某种解释，使它具有一定的意义，这就是知觉的理解性。如医生对病人体态、面色的知觉
错觉	错觉是歪曲的知觉，也就是把实际存在的事物被歪曲地感知为与实际事物完全不相符的事物。错觉是对客观事物的一种不正确的、歪曲的知觉。错觉可以发生在视觉方面，也可以发生在其他知觉方面

3. 把握客户知觉要注意的事项

（1）知觉的选择性

知觉的选择性告诉所有的营销者：关键是在尽可能短的时间里尽可能准确地抓准客户的需要与兴趣。只有这样，那个被选择的对象才能从背景中分离出来。然而不同的人有不同的需求，要抓准客户的需要与兴趣，就要学会观察客户。观察客户要做到五官（眼、耳、口、鼻、心）并用。这里所说的观察客户是双方面的，既包括判断客户的言语、动作所传递的信息，又包括汽车服务人员观察客户时的注意事项。

资源 3-1-7 如何把握客户的知觉

① 观察客户——眼神、动作

各种各样的原因会使客户不愿意把自己的期望说出来，而是通过眼神、身体动作等表达出来，所以观察客户首先应该从客户的眼神和动作开始。当一个客户走进车行的时候，绝大多数的客户首先希望自己（注意，是自己，不需要销售顾问干预）可以先看一下展厅内的汽车。大概看完了，有了明确的问题时，他会表现出若干的动作，我们称之为信号。这个信号就代表销售顾问应该出击的发令枪，如图3-1-4所示。关键的一些信号有眼神，当客户的目光聚焦的不是汽车的时候，他们是在寻找可以提供帮助的销售顾问；动作：他们拉开车门，要开发动机舱，或者他们要开后备厢等，这些都是信号，是需要销售顾问出动的信号。

以上这些行为提示汽车服务人员，在客户刚走进车行的前三分钟还不是接近他们的时候，汽车服务人员可以打招呼、问候，并留下一些时间让客户自己先随便看看，或者留一个口信，"您先看着，有问题我随时过来。"

而作为汽车服务人员，观察客户的眼神也有一定的要求，如图3-1-5所示。观察客户要求目光敏锐、行动迅速。可以从以下这些角度进行：年龄、服饰、语言、身体语言、行为、态度等。观察客户时要表情轻松，不要扭扭捏捏或表情不安，不要表现的太过分，像是在监视客户。

(a) 拉开车门　　　　　　　(b) 开发动机舱　　　　　　(c) 开后备厢

图 3-1-4　客户发出的信号

(a) 扭扭捏捏（错误）　　　(b) 监视客户（错误）　　　(c) 表情轻松（正确）

图 3-1-5　观察客户的方式

② 观察客户——耳

要学会倾听客户的声音，千万不要打断客户的话。为什么要倾听客户的声音？根据统计，一个投诉不满的客户的背后有 25 个不满的客户，若投诉者的问题得到解决，会有 90%～95% 的客户会与公司保持联系，所以肯来投诉的客户是公司的财富保障，汽车服务人员要珍惜他们，而倾听是缓解冲突的润滑剂。

在汽车服务中，倾听有很多需要注意的原则，如表 3-1-3 所示。

表 3-1-3 倾听的三大原则

耐心	（1）不要打断客户的话头。 （2）客户喜欢谈话，尤其喜欢谈他们自己。他们谈的越多，越感到愉快、满意。 （3）人人都喜欢好听众，所以要耐心听，学会克制自己，特别是汽车服务人员想发表高见的时候	资源 3-1-8 倾听的原则——耐心
关心	（1）带着真正的兴趣听客户在说什么，客户的话是藏宝图，顺着它可以找到宝藏。 （2）不要漫不经心地听（左耳进、右耳出），要理解客户说的话，这是汽车服务人员能让客户满意的唯一方式。 （3）始终与客户保持目光接触，观察他的面部表情，注意他的声调变化。 （4）不要以为客户说的都是真的，对他们说的话打个问号，有助于认真地听	资源 3-1-9 倾听的原则——关心
归零	汽车服务人员永远不要假设知道客户要说什么，因为这样的话，会以为自己知道客户的需求，而不去认真地听。在听完之后，问一句："您的意思是……""我没有理解错的话，您需要……"等，以印证所听到的	资源 3-1-10 倾听的原则——归零

③ 观察客户——口

汽车服务人员在引导客户的时候，要运用 CAB 规则，即"特点、优点、利益"。先要说明特点，再解释优点，最后阐述利益。这样才能很好地引导客户。CAB 规则举例及注意事项如表 3-1-4 所示。

表 3-1-4 CAB 规则举例及注意事项

特点	例如："这款车的大灯采用了最新的设计潮流，转向灯设置在大灯的上部。"
优点	用来进一步解释特点的，是用来强化优点的。 例如："比其他的车灯设计更吸引路人。"
利益	客户要的是享受产品和服务后带来的利益，而不是什么特点和优点。 例如："您未来要买的车最好有这样的大灯才不会落伍。"
注意事项	（1）要考虑客户的记忆储存，客户最多只能同时吸收 6 个概念，所以汽车服务人员在说明特点的时候，要注意控制特点的数量，不能太多，否则会引起客户反感。 （2）太过热心可能会引起客户反感，例如多嘴、激动、爱出风头等。 （3）汽车服务人员在说明时如果出现意外，要马上修正错误并道歉，千万不要忽略它，客户也许正在产生怀疑

汽车服务人员除了注意"说"的技巧之外，还要从客户的言语判断客户的需要与兴趣。比如客户在挑剔汽车或汽车的价格，可能会出现两个原因，一个是客户真的对这个车不喜欢，一个是客户想找点东西来压价格。正确的判断方法是：一般如果一个客户比较中意车

子了,对价格就会开始不停地讲,这个时候基本可以判断客户对车辆有兴趣,只不过是在讨价还价,汽车服务人员就可以开始引导客户下订单了。

（2）知觉的整体性

在营销中,知觉的整体性就是客户过去的经验。客户对欲购商品有着丰富的经验,在现场具体感知过程中,许多问题就很容易解决了。

一般情况下,具有较好知觉的整体性的客户,习惯上称其为成熟的"潜在客户"。汽车服务人员要学会判断"潜在客户",所谓"潜在客户",是指对某类产品（或服务）存在需求且具备购买能力的待开发客户,这类客户与企业存在着销售合作机会。经过企业及销售人员的努力,可以把潜在客户转变为现实客户。从需求上来说,如果客户对汽车服务人员的提问,如"什么时候用车""需要多大排量""需要什么颜色""想要什么价位""考虑一次性还是分期"都有比较明确的答案的话,那么这位客户基本上可以判定为成熟的潜在客户。

（3）知觉的恒常性

尽管知觉有恒常性,但汽车服务人员还是要设计好商品的陈列方式,考虑角度、灯光、色彩对比等因素。只有这样,才能使客户清晰地了解和掌握商品的全貌及特性。

（4）知觉的理解性

用在营销中知觉的理解性也是与过去经验有直接关系。消费者对有关商品的知识经验比较多,营销中就少了许多麻烦。没有这方面经验,那营销人员可要耐心讲解了。任何时候都要牢记:把商品卖出去才是硬道理。

二、汽车消费者的感知

汽车消费者的感知主要包括感知形式、感知内容、感知过程几个方面。

1. 感知形式

（1）通过广告感知。现在的广告,几乎是无孔不入。广播、电视有广告;报纸、杂志有广告;手机、网络有广告;住户的报箱里、门缝里还有广告。但是,汽车的广告,还主要集中在电视里、报纸上、网络中。所以,汽车消费者对汽车的感知的第一大形式,就是通过广告感知。

（2）通过自己收集有关信息感知。包括主动在报纸上找,网络里查,大街上、停车场里看,来感知有关车型。

（3）通过同事、朋友感知。有些同事、朋友买了某个品牌的车,一个办公室的,能不说说吗?我这车是什么品牌,多少钱,省不省油,动力性、舒适性如何。朋友、同事离自己很近,是比较可信的参照群体。

2. 感知内容

感知的内容很多,主要有:价格感知、安全感知、风险感知、服务感知、性价感知、品牌感知、经济感知、稳定感知、动力感知、舒适感知、内饰感知、造型感知、色彩感知等。不同国度的人,感知的焦点也有所不同。中国人主要感知价位、外观、配置;欧洲人主要感知安全、性能、性价比。

3. 感知过程

要买车的人都比较主动,他们会很主动地查资料、问朋友、找同事,他们也会去4S店去实际感知，看看有没有自己要买的车，价格咋样，配置如何，有否优惠，等等。汽车消费者的感知过程，要看他们是否最后决定购买。如果能定下来买，接下来的感知过程可能会提速。如果定不下来，那他们即便去了4S店，也还是处于犹豫当中，感知的诚意、细致度都要大打折扣。

 在线测验

通过课前预习，了解"消费者的感知规律"，掌握"感觉与知觉的特性""把握客户感觉、知觉要注意的问题"等知识和技能点，并能熟练运用抓住客户心理。

扫描下方"测验二维码"进入资源库平台的在线测验页面。

在线测验

 任务实施

要全面理解"汽车消费者的感知与营销"所涉及的基础知识，并很好地解决本项目任务中所描述的李军遇到的情况，建议采取如下活动开展学习和训练。

（一）观察力训练

1. 任务实施目标

学会观察客户，把握客户的感觉和知觉，在尽可能短的时间内准确抓住客户的需要与兴趣，并采用适当的方法给客户带来良好的感觉。

2. 任务实施准备

形式：假定自己是销售顾问，与学习小组成员商讨和训练如何观察客户、感知客户，并采用角色扮演法在课堂上展示。

时间：30分钟

材料及场地：轿车一辆，接待吧台一张，客户洽谈区安排洽谈桌椅，文件夹，客户档案资料，名片，签字笔，记录夹，汽车宣传资料，茶水，计算器，学生必须着正装（衬衣、领带、皮鞋等）。

3. 任务实施步骤

（1）学生以小组为单位，2人一组，每组分为两类角色，销售顾问和客户。

扮演销售顾问的同学要认真仔细观察"客户"的一举一动，倾听与分析"客户"说出的每一句话，并采取符合客户感知特性的应对方法。

（2）各小组在上台表演前，要设计好主要情节。扮演客户的同学设计好自己的"举止言谈"。一组在前边表演时，其他组要认真看、仔细听，并适当做笔记，最后打分。此活动

主要是为了训练同学们"捕捉细节"的能力,即敏锐的观察力。

(二)相关任务成果提交

小组成员共同完成该任务,并拍摄微视频上传至资源库平台(或空间)。

成果提交

一、拓展任务

某日,4S 店里来了一位客户赵先生,销售顾问小周接待了他。通过需求分析,小周了解到赵先生是做电动门生意的,平时经常骑摩托车跑业务,近期考虑购买一辆汽车。小周根据赵先生的职业特点及用车需求为其推荐了几款适合的车型,但发现赵先生对购买新车始终犹豫不决。通过交谈,小周了解到赵先生其实还没有想好是否购买,因为生意才刚刚起步,买一辆新车也是一笔不小的开销,所以还在犹豫。客户的态度给小周的销售带来了一定的难度,客户有明确的购车需求,却资金紧张,而自己所销售的车型价位又较高。小周心想,购买一辆款式较好的车对客户拓展业务其实是有很大帮助的,小周想从这个方面说服客户。如果您是小周,您将如何应对呢?

1. 请结合客户表现出来的态度,试想小周如何从客户的感觉和知觉入手,最终赢得交易。

2. 小组课后运用角色扮演法模拟训练该场景,并拍摄微视频上传至资源库平台(或空间)。

"拓展任务"提交页面二维码

二、拓展训练

1. 感觉的基本特性?
2. 把握客户感觉需要注意的问题?
3. 如何观察客户?

项目三 汽车消费者的认知心理分析

任务 3-2　汽车消费者的注意与营销

任务引入

汽车服务人员在接待客户的过程中，如何在最短的时间内，使客户将注意力集中到产品、服务或促销上，是营销取胜的关键。所以，本任务中销售助理赵强首先是面临如何将客户的注意力和兴趣转移到自己的产品和服务上去，留住客户并促成销售，也就是"引导客户注意力"的心理分析问题。本任务就是和大家一起探讨"汽车消费者注意与营销"的基本知识及技巧。

任务描述

赵强毕业后不久，应聘到某专门销售进口品牌汽车的车行担任销售助理，某日一位老板走进店里看车——

客户：宝马730i是不是全铝车身？

赵强：（客户提出的这个问题有点突然，而且他是第一次听说全铝车身的概念）哦，不太清楚，我要查一下资料。（查完资料后告诉客户）不是全铝车身。

客户：刚才我到了某车行看了奥迪A8，他们的销售人员告诉我奥迪A8采用的是全铝车身，是最新的技术，能够提升动力而且省油，我以前开的是宝马530，对宝马车比较了解，现在想换一部车，准备在奥迪和宝马之间做出选择。如果宝马也是全铝车身的话，我就买宝马。

赵强：（经过确认后再次告诉客户）实在对不起，宝马730i不是全铝车身。

结果，客户离开了展厅再也没有回来，据了解后来买了奥迪A8。如果您是赵强，您将如何引导客户注意力，使客户的兴趣转移到宝马车？

学习目标

- 专业能力

1. 会运用注意的规律分析客户的注意状态,利用话术引导客户的思维和注意力;

2. 掌握"注意的概念及特征""注意的种类""汽车消费者的注意"等引导客户注意力的知识和技能点。

- 社会能力

1. 加强交际与沟通的能力;

2. 能运用多种方法增强感染力,让客户对产品产生兴趣,对汽车服务人员产生感觉;

3. 树立高尚的职业道德,提供优质的服务;

4. 维护组织目标实现的大局意识和团队能力;

5. 强化搜集信息、整理信息、使用各种信息的能力。

- 方法能力

1. 通过查询资料,提高自主学习的能力;

2. 通过相关知识学习,学会运用注意的规律分析营销活动中人们的注意状态;

3. 准确的自我评价能力和接受他人评价的能力;

4. 通过完成学习任务,提高运用多方资源和新的方法解决实际问题的能力。

 相关知识

一、注意的概念及特征

汽车服务人员在接待客户的过程中,客户注意力的持续是有限的,因此,不断地抓住和重新抓住客户的注意力是非常必要的。所以,汽车服务人员要经常举一反三,注意细节,尽量比其他 4S 店考虑得更周到。引导客户注意力需要汽车服务人员仔细观察客户的行为,了解客户喜欢什么、关心什么,有的放矢地转移客户的注意力。

资源 3-2-1 注意的概念及特征(微课)

(一)注意的概念

注意是人的心理活动对一定事物的指向与集中,是人脑对特定事物的反映。注意伴随着所有的心理过程。怎么理解这一概念?

第一,注意是心理活动对一定事物的指向与集中;

第二,注意是人脑的反映;

第三,注意是对特定事物的反映;

第四,注意伴随所有的心理过程。

指向性和集中性是注意的两个基本特性。指向性是指心理活动在某一时刻总是有选择地朝向一定对象。因为人不可能在某一时刻同时注意到所有的事物，接收到所有的事物，只能选择一定对象加以反映。

集中性是指心理活动停留在一定对象上的深入加工过程，注意集中时心理活动只关注所指向的事物，抑制了与当前注意对象无关的活动。

（二）注意的特征

 应用案例 3-1-1

【案例】

某天，刘先生来店里买车，接待他的是销售顾问小米。刘先生看中了一款舒适型轿车，并且执意购买黑色。这令小米很为难，因为黑色的舒适型，库存没有了，唯一的一台还是客户预订的，但刘先生坚持要买黑色，并且显得有些不耐烦，起身表示要走。小米立刻安抚刘先生坐下来，小米心想，如果没办法劝说刘先生，那就只有劝说预订的那位客户换别的颜色的车，并要求刘先生支付 20 000 元订金，但刘先生只肯支付 5 000 元，否则就不要了。刘先生再次起身要走。小米："先生，您瞧，买车是喜事，何必那么急匆匆呢，有什么问题我们商量。"当刘先生再次坐下来后，小米没再跟他谈车的事，而是避开话题，问客户老家是哪里，客户说是湖南，小米说他家也是湖南韶山的，这样聊起来，客户放松了心情，谈话的氛围也轻松多了。小米见有了转机，就问客户在上海做什么生意，客户说是雕塑。小米这时候就想起来这客户的矛盾就在车的颜色上，小米："其实，大家都知道做雕塑的，灰尘多，黑色车就显得不耐脏了，而银色的车刚好可以弥补这个缺陷；从另一方面来说，现在冬天到了，天黑的快，银色的车光线穿透力强，容易察觉，在高速上行驶更安全。"客户在听完小米这么诚恳的两点分析后，觉得很有道理，已经动摇了。随后小米又用优惠、赠品及价格商谈技巧俘获了客户的内心。刘先生说："那就银色的吧，我也觉得蛮好的，而且很快可以提车。"

【案例解析】

这件事情告诉我们，汽车服务人员在谈判的过程中，要把握注意的特征，积极转移客户的注意力。要引导好客户，就要站在客户的角度分析问题。

资源 3-2-2 积极转移客户注意力

上述案例中，销售顾问小米就做得非常好，面对困难时，没有呆板地去让客户等，而是通过观察询问客户的职业特点，分析客户的心理，一点点地以专业术语和分析帮助的口气引导客户接受现有的银灰色的车型，结果客户很满意，没有留下遗憾。

注意的特征如表 3-2-1 所示。

表 3-2-1　注意的特征

注意的广度	注意的广度也称注意的范围，是指在同一时间内意识所能清楚把握的对象的数量。知觉活动的任务多，注意广度就小；知觉活动的任务少，注意广度就大。知识经验与注意广度成正比
注意的稳定性	是指注意在一定时间内相对稳定地保持在注意对象上。注意的稳定性是注意在时间上的特征，可以用一定时间内工作效率的变化来表示。 注意的稳定性与注意对象的特点有关。内容丰富的对象比内容单调的对象，活动、变化的对象比静止、固定的对象，更容易使人保持稳定的注意。注意的稳定性与人的主体状态密切相关。如果人对所从事的活动持积极的态度，高度的责任感，坚强的意志和浓厚的兴趣，就容易对对象保持稳定的注意
注意的分配	注意的分配是指人在同时进行两种或几种活动时，能够把注意指向不同的对象。 在一定的条件下，注意的分配是可能的。例如，一边口诵一首熟悉的诗，一边手写另一首熟悉的诗，是可以做到的。在教学活动中，教师一边讲课，一边观察学生听讲的情况；学生一边听课，一边记笔记，一边思考问题也都是可能的，这些都属于注意的分配
注意的转移	注意的转移指根据新任务，主动地把注意从一个对象转移到另一个对象上。注意的转移与分心不同。注意的转移是任务的要求，随着当前的活动，有意识地进行改变；分心则是指注意偏离了当前活动和任务的要求，受无关刺激干扰，被无关事物吸引，使注意中心离开了应当注意的对象

（三）转移客户注意力需要把握的问题

一般情况下，客户都不喜欢被汽车服务人员打扰，甚至一些客户将销售顾问的拜访或电话联系称为"纠缠"，于是"难缠的销售顾问"往往成为从事汽车服务的一个"荣誉称号"。因为客户不喜欢被打扰，所以当销售顾问拜访时，客户们很多时候都将注意力集中在"如何摆脱销售"，而他们更关注自己眼下的时间、工作，他们不希望自己的时间被"浪费"、工作被"耽误"。此时，客户完全处于一种高度警惕和严密防范的状态当中，客户有时会想方设法对销售顾问所销售的汽车产品或者销售顾问本身百般挑剔，有时又会从自身需求或支付能力等方面寻找拒绝理由。

销售顾问在接触客户的初期应该充分了解客户的内在心理。很多时候，正是因为客户不喜欢被打扰，或者存有戒备心理，他们才会将注意力集中到自己有限的时间、等待完成的事情以及汽车产品的缺点上，表现得缺乏耐心或者百般挑剔。

因此，销售顾问要想促成交易，就必须学会巧放烟幕，转移客户的注意力。那么，销售顾问如何转移客户的注意力呢？可以从以下两点做起。

1. 设法让客户愉快地转移注意力

客户的心情好了，销售工作就变得简单了，因此，转移客户的注意力，让客户有一个愉快的心情就显得非常重要了。转移客户注意力，让他们产生愉快的体验，最有效的方法往往不是长驱直入地进攻，而是先退一步，把谈论的话题从销售转移到客户喜欢的内容上，然后再在愉快的客户体验中抓住销售的有利时机。我们常说"退一步海阔天空"，销售也是如此。很多时候，销售顾问越是着重于向客户推介汽车产品或服务，客户就会越集中精力考虑如何拒绝或摆脱这种销售活动。一些销售顾问以为自己的热情推介会引起客户对产品或服务的关注,可是适得其反,客户往往会在销售顾问的"引导"下将注意力集中在产品、公司或者销售顾问或有或无的缺点上。因此,成交的法宝之一就是设法让客户愉快地转移注意力。上述案例中,销售顾问小米避开了车的话题,与客户聊起了家乡,正是消除客户疑虑,让客户先轻松下来的做法。

图 3-2-1 让客户愉快地转移注意力

2. 避免造成不愉快的气氛

在销售中,销售顾问往往是一腔热情瞬时遭遇到一盆冷水,那是因为客户会对销售顾问摆出一副拒绝的神态或者对汽车产品或服务百般挑剔。销售顾问遇到的客户无疑是"难缠的客户"。这就会产生两种对立的心态:一方面在销售顾问看来,客户在努力摆脱他们的"纠缠";另一方面,销售顾问觉得客户刻意地在鸡蛋里边挑骨头。这样,销售人员和客户均会在心里产生了一种隔阂,这样的沟通注定会在不愉快中结束。当然,并不是所有的销售顾问都会面对客户的冷水时热情顿失,有些销售顾问的销售热情就能坚定持久,当他们遭遇到来自客户的一盆冷水时,会不予理会和计较,但这是不是就意味着他们能够让客户愉快地接受呢?事实证明,坚定的销售热情并不一定就是销售成功的敲门砖。事情往往总是这样无奈:客户想方设法地努力防范,精心地在自己周围筑起一道"百毒不侵"的铜墙铁壁;而销售顾问则千方百计地努力进攻,恨不得一下子就将产品的所有特点或优势传达给客户,以期获得客户的认同。结果呢?销售顾问越是表现得急切和热情,客户的防范心理就越严重。

不要企图一下子就打破客户精心筑起的铜墙铁壁,而应该首先想办法让客户产生愉快的体验,然后让客户在愉快的体验中将注意力从拒绝和排斥中转移到自身需求和产品优势上来。至少,销售顾问要做到不要在客户最初的反感和排斥心理中让他们再增加强迫购买的体验。

图 3-2-2 避免造成不愉快的气氛

二、注意的种类

（一）注意的分类

注意是一种很复杂的心理倾向，可以从不同角度对它进行分类。

资源 3-2-3 注意的种类（微课）

具体分类如下：

1. 选择性注意、集中性注意和分配性注意

选择性注意	是指个体在同一时刻只对有限的信息给予注意而忽视其他信息。个体在任何时候都被无数刺激所围绕，他总是不断地关注某些刺激并作出反应，同时忽视或至少弱化某些刺激，对它们不发生反应。选择性注意使我们把注意指向于一项或一些工作和事件而不是许多工作和事件	资源 3-2-4 车辆介绍—产品展示前
集中性注意	是指我们的意识不仅指向于一定的刺激，而且还集中于一定的刺激。集中性注意包含警觉和搜索。警觉是指在相对较长时间内个体对某种或某些试图检测到的特定刺激保持注意。在警觉的时候，个体警惕地注视、倾听着随时可能出现的刺激信号。特别是，在特定刺激很少出现而一旦出现就需要立即注意的情况下，就更需要警觉。在执行高风险的警觉任务时，人们最担心的是漏掉有关的信息。警觉是个体被动地等待特定刺激的出现，而搜索是主动、积极地寻找目标	资源 3-2-5 当客户要求介绍产品时
分配性注意	是指个体能对几项不同的任务给予关注或能操作几项任务。训练有素的驾驶员可以一边驾车，一边谈话，甚至摆弄门把手和吃东西。很多任务通过大量的练习就会使任务变得简单、容易，只需稍加注意就可以，这时任务的操作已经自动化了	

2. 不随意注意和随意注意

不随意注意	不随意注意也称为无意注意，是事先没有预定的目的，也不需要做意志努力的注意。例如，在安静的阅览室内，突然传来一声巨响，大家都不由自主地转过头去注意那个声音。这些都属于无意注意。 资源 3-2-6 新客户接待
随意注意	随意注意也称为有意注意，是服从于预定目的、需要作意志努力的注意。这种注意是人向自己提出一定的任务，且自觉地把某些刺激物区分出来作为注意的对象。当我们决定要做某件事之后，在做这件事的过程中有意地把注意集中在我们认为要干的事情上。这时我们所注意的那个刺激物的特点，不论是否强烈、新异、有趣，我们都必须集中注意，同时排除各种无关刺激的干扰。因此，有意注意必须付出意志努力。 不随意注意和随意注意在活动中是可以互相转化的。例如，一个人偶尔被某种活动所吸引而去从事这种活动，后来才意识到它具有重大的意义，于是自觉地、有目的地去从事这种活动，并且在遇到困难和干扰时仍保持对该活动的注意，这就是无意注意转化为有意注意。 相反，有意注意也可以转化为无意注意。例如，在刚开始做某件工作时，由于对它不熟悉，不感兴趣，往往需要一定的努力才能把自己的注意保持在这件工作上。经过一段时间后，对这件工作熟悉了，有兴趣了，就可以不需要意志努力或不要求有明显的意志努力而继续保持注意。这就是有意注意转化为无意注意。但是，这种不随意注意仍然是自觉的、有目的的，只不过不需要意志努力罢了。 资源 3-2-7 老客户接待 资源 3-2-8 展厅接待—导入销售正题

3. 内源性注意和外源性注意

内源性注意	内源性注意是一种自上而下的、由知觉者控制的注意，也称为目标指向控制注意。内源性注意是根据观察者的行为目标或意图来分配注意，内源性注意的发展是渐进的，一开始是宽泛的注意，然后是狭窄的集中注意
外源性注意	外源性注意则是一种自下而上的、自动发生的、与当前知觉目标无关的注意，称为刺激驱动注意。例如，在实验中，被试者被要求辨认出现在屏幕中央的图形时，他就会注视着屏幕中央，期待目标的出现。这种注意属于内源性注意。此时，如果在屏幕的边缘突然呈现一个刺激，则该刺激会迅速自动地引发被试者的注意。这种注意属于外源性注意

（二）如何将客户的不随意注意转变为随意注意

应用案例 3-2-2

【案例】

某客户经过比较，最终锁定了两个不同品牌的同级车，但由于各款车都有其独到之处，他较难取舍。其中，A品牌为新上市的车型，在同级车中是率先装备了VSA、换挡拨片、雨量感知雨刮等高科技安全与舒适性配置，但这款车外形设计过于时尚，整体视觉效果是车体不够宽大，同时轴距比较短；B品牌为已经在市场上销售一年多的车型，在同级车中销量相当不错，业界的评价也很高，但没有装备VSA，也没有真皮座椅。这天，他来到了A品的展厅，想就这个问题寻求一个最终的答案。

销售顾问：通过刚才您的介绍，两款车都让您心动。说句实在话，购车选择是一件很难的事情，因为没有一款车、也不可能有这样一款车，把所有车型的优点集于一身。只是一款车是否适合自己，最关键的是要看是否能够符合我们的日常生活要求，能否解决我们目前存在的问题。在此，我想向您请教一下，在您过去用车的经历中，您是否有时要在雨雪天气出行呢？

客户：那当然，我做生意也是比较忙的，有时候下大雨还要出门。

销售顾问：我们的雨量感知雨刮正好能解决这个问题。现在让我来给您详细介绍一下……顺便再请问下您，您觉得出席一些商务场合，是否真皮座椅显得档次更高些呢？

客户：是的，但是你们这后排还是比较小啊。

销售顾问：像您这样注重驾驶乐趣的人，也很少有机会在后排乘坐。大部分时间都是自己驾驶。其实我们的后排空间是够用的，您可以坐进去感受一下，我们的座椅强调的是高包裹的舒适性，您觉得舒适吗？

销售顾问：给您介绍了这么多，从实用和时尚的角度看，在您刚才确定的这两款车中，也只有A品牌最符合您的要求了。我再次向您推荐这款车，您看您还有什么疑问吗？

【案例解析】

销售顾问在明确了客户的选择范围后，进行立场转化，提出选车应该考虑的问题与角度，让客户感觉到是站在他们的立场上考虑问题，帮助他们出主意。接着，话题一转，开始导入到A品牌最有优势的部分，寻找客户没有特别注意甚至是忽略掉的问题并进行强化，让客户明白自己需要哪些，哪些是对自己实用的配备。同时，销售顾问要不断地寻求客户的认同，让客户自己说出肯定这款车型的话。

上面的例子可以看出，开场白要达到的目标就是吸引对方的注意力，引起客户的兴趣，使客户乐于与我们继续交谈下去。所以在开场白中陈述能给客户带来什么价值就非常重要，并且要突出客户关心的部分，找出我们即将带给他的产品的结合点。

1. 利用开场白吸引客户的注意力

开场白是销售顾问与客户见面时，前两分钟要说的话，这可以说是客户对销售顾问第一印象的再次定格（与客户见面时，客户对你的第一印象取决于衣着与销售顾问的言行举止）；虽然经常讲不能用第一印象去评判一个人，往往我们的客户却经常用第一印象来评价你，这决定了客户愿不愿意给你机会继续谈下去。

值得一提的是，如果是主动征得客户同意会面的，开场白非常重要，而如果是客户主动约见你，客户的开场白就决定了你的开场。

开场白一般来讲，包括以下几个部分。

（1）感谢客户接见你并寒暄、赞美；

（2）自我介绍或问候；

（3）突出客户价值，吸引对方；

（4）转向探测需求（以问题结束，好让客户开口讲话）

那么如何利用开场白吸引客户的注意力，有几种常用的方法。

（1）提及客户现在可能最关心的问题

您这位朋友说得非常正确。安全系统是这款车的一个重要卖点，除了车身设计外，配备了只有高档轿车才配备的××，同时还配备了××。除此之外，您对配置方面还有什么问题必须考虑呢？另外这款车在其他方面也有自己的优势，现在让我来给您介绍一下。

资源 3-2-9 提及客户最关心的问题（漫画）

资源 3-2-10 提及客户最关心的问题

（2）谈到客户熟悉的第三方

您的朋友×××上个月曾在我们店里买过一款车，他介绍我与您联系的，说您近期想换购一台车。

（3）赞美对方

您真有眼光，凡是来我们展厅的朋友首先都会被这款车吸引，这也是我们这里很有特色的一款车。

资源 3-2-11 谈到客户熟悉的第三方

资源 3-2-12 赞美对方（漫画）

资源 3-2-13 吸引客户注意力—赞美

（4）提起竞品车型

××款车秉承了××公司一贯的优秀品质和扎实工艺，整车沉稳踏实兼具动感时尚。无论在性能还是产品品质方面都领先于其他同类车型，代表了国内同级车的发展方向。

（5）引起客户对某件事情的共鸣（原则上是客户也认同这一观点）

我是××汽车销售公司的客户专员××。听说贵公司最近准备采购一批新车，正好我们公司经销的汽车与你们的采购条件较符合，所以特地打电话向您请教这方面的情况。

（6）用数据来引起客户的兴趣和注意力

您这个问题问的真到位，发动机是您最值得了解的地方，虽然只是 2.0 的排量，但其输出功率达到了 108 kW/h，输出转矩达到了 200 NM，自重比您说的那款车还更轻，所以动力性是无可挑剔的。

资源 3-2-14 提起竞品车型

资源 3-2-15 用数据来引起客户的兴趣和注意力

（7）突出时效性

如果您方便的话，我只要花 20 分钟的时间专门向您做一个介绍，您就可以了解到这款车为什么最受欢迎了。

上面这几种方法，可结合交叉使用，重要的是要根据当时的实际情况。当然我们在与客户交谈的时候，一定要以积极开朗的语气对客户表达与问候。

资源 3-2-16 突出时效性

我们经常会发现，我们去与客户会面时，刚开始 10 分钟气氛很好，可过了一会儿，就不知道和客户谈什么，或者是整个过程只是销售顾问一个人在发表演说。一定要记住，为了使客户开口讲话，一定要以问题结束您的开场白，否则会陷入暂时的僵局，一下子会让我们无话可说。

2. 销售过程中吸引客户的交谈方式

（1）以可获信赖的方式说话

欲得到客户的信赖，要好好活用果断、反复、传染的效果。

① 果断

将事情有信心且直截了当地说出，说"这个绝对是您的利益"要比"大概"或"恐怕"更能令客户接受。如果客户的反驳是错误的，也应该断言说"绝对没有这回事"，只是，要注意别令对方感到太过直接地否定其意见。

② 反复

将一件事反复数次，便会深植于潜在意识中，最后将深信此事，这叫作"反复效果的原则"。销售顾问若反复叙说自己所深信的事，在不知不觉间就会将之当作信念，对客户而言也是同样的道理。反复地说服同一件事，迟早客户也会有同感的，但是切忌唠叨，请在说服的方式上作变化。

③ 传染

销售顾问对自己或汽车产品抱持信念，而使其反复，其信念将会表现在自己的行动或说话方式上，因而给予客户正面的暗示，相反地，若不信任自己或汽车产品，则会将表现在外表，传达给客户，客户亦将不会信任你。

（2）与客户交谈时需要注意的事项

① 说话的进行方式

■是否絮絮叨叨地说话？

■是否突然改变话题？

■是否话说到旁岔去了？

■是否将之归纳要领说明？

■是否按顺序说话？

② 声音、语词

■发声是否清晰明了？

■说话速度是否过快？

■说话声是否太小？

■是否使用正确的措辞？

■是否使用适当的词语？

③ 话题、内容

■说话是否抓住要点？

■有无真实性？

■内容是否太抽象化？

■知识是否丰富？

■目的是否清晰表达出来？

④ 人与人之间的关系

■是否好好地理解对方？

■说话的目的是否共通？

■是否处在友好的气氛？

■是否太过意识到对方的存在？

■是否自以为是地谈话？

⑤ 人品

■是否采取不认真的态度？

■是否并非纯工作的表现？

■是否有不可靠的感觉？

■是否自我意识太强烈？

■是否怕生？

三、汽车消费者的注意

从注意的定义来看，就是心理活动对一定事物的指向与集中。指向性是指心理活动在某一时刻总是有选择地朝向一定对象，集中性是指心理活动停留在一定对象上的深入加工过程。作为汽车消费者，他们在某一时刻，也就是买车的时候，其心理活动指向哪儿呢？以下是绝大多数汽车消费者在买车时"指向"过的"一定对象"。

资源 3-2-17 汽车消费者的注意（微课）

（一）汽车消费者购车时注意的对象

1. 购车目的

作为一个汽车消费者，首先要弄清楚，自己为什么要买车。这方面一般有三种情况：一是用在自己上下班代步、家庭旅游上，那就要考虑实用、经济；二是用在工作（生意）、上下班代步上，那既要考虑便利，又要考虑"面子"；三是纯粹用在生意上，那就得纯粹要"面子"。

2. 品牌因素

买车要看品牌。因为品牌所代表的是企业的实力，它反映了这家企业的造车历史、生产规模、生产管理、设计水平以及零部件采购等诸多因素。

资源 3-2-18 车辆介绍—产品展示中　　资源 3-2-19 巧妙应对客户的拒绝

图 3-2-3　品牌因素

3. 综合性能

汽车的性能是许多购车者非常看重的，要综合考虑汽车的性能。有些性能之间还是相互矛盾的。总的来看，汽车的性能有"几性"：动力性、舒适性、稳定性、经济性、安全性。你强调动力性了，就要费油，经济性就差；你强调舒适性了，空间大了，阻力也就大了，稳定性就差；你强调经济性了，其他几性就跟不上了。

4. 购车时机

在各厂家竞相降价时买，还是"买涨不买跌"？年初买，还是年底买？自己攒足了钱买，还是贷款买？这些问题必须事先想好，免得买了车又后悔。其实，购车时机要是选好了，能省许多钱，还能节省等待的时间，提前享受有车一族的生活。

5. 购车费用

这个包括买车本身花费、上保险等各项手续花费、每年养车花费、性价比问题等。买个什么价位的车、上哪些保险、汽油的价格、买一款新推出的车是否性价比太划不来。所以，汽车费用是绝大多数购车者的注意所"指向"的主要对象之一。

图 3-2-4　购车费用

6. 内外因素

在购买新车时，消费者除了考虑上述因素外，对车的内部和外部都要仔细观察，以免留下遗憾。车的外部，主要看漆，看漆的均匀薄厚；然后还要看车身表面，是否有凹陷与划痕；再看看后备厢里的备件是否齐备。车的内部，看仪表盘上是否缺少部件，里程表为零公里，听听发动机是否有异常响声与噪声，等等。

图 3-2-5　内外因素

（二）针对客户不同的关注点，销售顾问应对的方式

1. 客户提出："你们的手续费太高，不划算。"

回答：先生，您真细心。现在银行很少有直接对客户的大额按揭了，利息方面是全国统一的，不会因是我公司找的银行手续费就会高点，这个您可以放心，您在哪个银行都可以问到的。您要自己找按揭公司也可以，但按揭这个过程很烦琐，会浪费您很多宝贵的时间，您看您是做生意的，一天都不知多忙，再让这些琐碎的事情烦着您不是影响您谈生意吗？而且我司收取的手续费是××元，只要您提供相应资料就可以全帮您办妥，既省了您的时间，又让您少担了风险，让您省心又省力。

资源 3-2-20 针对不同的关注点，销售顾问的应对方式—手续费太高

2. 客户提出："4S 店上保险的费用太贵，自己有亲戚或朋友是做保险的，不在 4S 店买保险。"

回答：其实您在您朋友或亲戚那买保险固然便宜几百块钱，但他们没有我公司做得专业。您看在我公司买保险是一条龙的服务，不用您亲自去跑理赔省下不少烦心事，而且您在我公司买保险还可以享受我公司 VIP 服务，例如：……（举例说明）。并且我们帮您服务是应该的，而您麻烦您的朋友，是不是还要感谢别人，付出的可能还更多，远远不止当初打算省下的几百块钱。

资源 3-2-21 针对不同的关注点，销售顾问的应对方式—保险费用贵

3. 客户提出："此车的 DVD 是厂家原配的吗？"

回答：此车的 DVD 是我们公司专门和厂家定制的专车专用 DVD，质量品质和原车的都是一样的，另外，此车的 DVD 还有几个豪华配置：（1）DVD 影院系统；（2）GPS 卫星导航系统；（3）车载蓝牙系统；（4）倒车可视影像系统；（5）行车安全系统

资源 3-2-22 针对不同的关注点，销售顾问的应对方式—DVD 是厂家原配

4. 客户提出："××车降价幅度小？"

回答：××车降价幅度的确很少，而不像其他车优惠幅度那么大。作为买车的人，您肯定想越优惠越好，但作为一个车主，您愿不愿意看到自己的车一路狂降？我们车子价格较为稳定，其实是对消费者负责任，同时也让您增强了购买的信心，也说明了我们车的高保值率。许多车子买之前都很优惠，但不到几个月价格又会被调整。我之前的一名车主，他和朋友一起买车，他买了××，他朋友买了×××，价格基本相同，当时×××能优惠 2 万元，现在半年的时间，他朋友的车已经折掉六七万了（现在已经降价 4 万元），他的车现在一直都没有掉价，心里都不知道多舒服，拿去卖二手车或是抵账都赚得多呢。

资源 3-2-23 针对不同的关注点，销售顾问的应对方式—车降价幅度小

5. 客户提出"要考虑一下时"，我们该怎么说？

回答：先生，请问您在考虑价格问题还是车型性能问题呢？如果是性能，可能是因

为我的缘故，没有给您讲清楚，我再给您介绍一下。如果是价格原因，今天是本店优惠日，机会难得，买车毕竟是件大事，要不您有空带您的家人一起过来看看车，再好好考虑一下。

6. 客户提出："××车身发动机噪音大，起步慢。"

回答：××车和×××相对比，××车的声音会显得稍微大一些，拿宝马和凌志相对比，宝马的声音也是大一点，这是德国车的造车传统，让您拥有澎湃动力的感受。衡量一个车的好坏，发动机的技术好坏，并不是靠声音来判断的，您觉得大众车的发动机口碑如何？我有个朋友，用的是×××，他还嫌发动机的声音不够大，还特地去把排气管换了，搞到周围的人看过来才够气派。

资源 3-2-24 针对不同的关注点，销售顾问的应对方式—发动机问题

7. 客户提出："这款车好像是市面上没有的，质量能保证吗？其他的选装件能保修吗？"

回答：由于选用的是××原厂的零配件，所以质量您不用担心，可以享受与新车一样的保修服务，胎龄是世界名牌，质量您也没有必要担心。×××选装的 AWS 碰撞预警系统的耐用度和可靠度已经在××车上得到验证了，而且一样可以得到一年的保修期和终身服务。

资源 3-2-25 针对不同的关注点，销售顾问的应对方式—质量问题

以上提问是客户购车时关注的对象，案例中的提问主要侧重的是综合性能、购车费用和内外因素。对于销售顾问，其应对方式首先要从关心客户的心理开始，充分了解他的生活习惯，兴趣爱好，家庭和工作情况，还要多从客户关心的问题入手，如果只谈优惠和价格，没有让客户充分了解你的产品特性，是非常失败的，还要了解如竞争对手的情况、同业的做法，同时多用"请教""汇报"这样的词汇，设法让他们知道你是在真心帮助他们避免购买风险。

通过课前预习，了解"注意的特征"，掌握"注意的种类""如何转变客户注意力"等知识和技能点，并能熟练运用分析营销活动中人们的注意状态。

扫描下方"测验二维码"进入资源库平台的在线测验页面。

在线测验

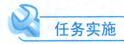 **任务实施**

要全面理解"汽车消费者的注意与营销"所涉及的基础知识,并很好地解决本项目任务中所描述的销售顾问赵强遇到的情况,建议采取如下活动开展学习和训练。

(一)引导客户注意力模拟训练

1. 任务实施目标

快速吸引客户的注意力,让客户在短时间内对你所销售的车型感兴趣。

2. 任务实施准备

形式:假定自己是销售顾问,与学习小组成员商讨和训练如何在接待客户的过程中,将客户的注意力引导到产品上去,并采用角色扮演法在课堂上展示。

时间:30分钟

材料及场地:轿车一辆,接待吧台一张,客户洽谈区安排洽谈桌椅,文件夹,客户档案资料,名片,签字笔,记录夹,汽车宣传资料,茶水,计算器,学生必须着正装(衬衣、领带、皮鞋等)

3. 任务实施步骤

(1)学生以小组为单位,每组分为两类角色,销售顾问和客户。客户可表现出对车辆有兴趣或无兴趣,要有明显的语言或动作表达,关键是销售顾问要能将客户的兴趣点转移到自己销售的车型上去,引导客户注意力。

(2)各小组在上台表演前,要准备好主要情节与台词。一组在前边表演时,其他组要认真看,仔细听,并适当做笔记,最后打分。

 特别提示

客户会对自己想要或需要的车型很感兴趣,如果你能够将客户的注意力转移到你的车型上去,就很容易获得销售的成功。大量销售的关键就是让客户对车型产生想要拥有的欲望。而关键就是,不断地告诉他们你的车型对他们有什么实质的好处,他们会得到什么样的结果。他们对自己可以得到的好处很感兴趣。

(二)相关任务成果提交

小组成员共同完成该任务,并拍摄微视频上传至资源库平台(或空间)。

成果提交

 拓展提升

一、拓展任务

小张在某汽车销售服务公司担任销售顾问。某日，一位年轻男客户来公司看车，对某款车型特别感兴趣，并产生了购买意向。但与小张交流的过程中，发现这款车的变速器是四速手自一体，并且表示曾经听很多人说，四速的不如五速的好，可以看出，影响客户决策的是变速器。如果您是小张，您将如何把握客户的关注点，消除客户疑虑，促成交易。

1. 请试想小张如何把握客户的关注点，成功引导客户的注意力到自身销售的车型上？
2. 小组课后运用角色扮演法模拟训练该场景，并拍摄微视频上传至资源库平台（或空间）。

"拓展任务"提交页面二维码

二、拓展训练

1. 注意的特征有哪些？
2. 如何转移客户的注意力？
3. 利用开场白吸引客户的注意力，有哪几种方法？

任务 3–3　汽车消费者的认知心理过程

任务引入

为什么有些汽车销售人员一见面就能获得客户的好感？为什么有些汽车销售人员一说话就能吸引客户的注意？为什么有些汽车销售人员一微笑就能打动客户的心？这一切都是因为心理效应，也就是消费者的认知心理。因为客户购买汽车不仅仅为了获得物质上的满足，也是为了心理上的满足。那么，通过了解这些心理效应，有助于大家掌握被客户喜欢的技巧，从而实现销售目的。

本任务就是和大家一起探讨"汽车消费者的各种心理效应"的基本知识及技巧。

任务描述

一个新闻系的毕业生正急于寻找工作。一天，他到某报社对总编说："你们需要一个编辑吗？""不需要！""那么记者呢？""不需要！""那么排字工人、校对呢？""不，我们现在什么空缺也没有了。""那么，你们一定需要这个东西。"说着他从公文包中拿出一块精致的小牌子，上面写着"额满，暂不雇用"。总编看了看牌子，微笑着点了点头，说："如果你愿意，可以到我们广告部工作。"

这个大学生通过自己制作的牌子表达了自己的机智和乐观，给总编留下了美好的"第一印象"，引起其极大的兴趣，从而为自己赢得了一份满意的工作。这也是首因效应。

其实首因效应的原则就是自己给别人留下的第一印象，如果第一印象好，那么你就成功了一半。

在汽车销售的过程中，接待一位新的客户，并且能够吸引这位客户购买车辆，除了公司的实力外，刚开始的面谈将起到一个很重要作用。这就需要我们运用首因效应。良好的第一印象将给予客户兴趣与信息，从而提高成交概率。

如果您是销售顾问，将如何利用首因效应顺利进行营销服务？

项目三
汽车消费者的认知心理分析

 学习目标

- 专业能力
1. 会运用社会认知理论去分析认知心理对营销活动中双方的影响；
2. 掌握"社会认知的几种效应"等知识和技能点。
- 社会能力
1. 加强交际与沟通的能力；
2. 能清楚消费者对自己所营销商品的认知心理；
3. 树立高尚的职业道德，提供优质的服务。
- 方法能力
1. 通过查询资料，提高自主学习的能力；
2. 通过相关知识学习，能正确判断消费者对商品的认知心理；
3. 准确的自我评价能力和接受他人评价的能力；
4. 通过完成学习任务，提高运用多方资源和新的方法解决实际问题的能力。

 相关知识

一、汽车消费者的社会认知

 应用案例3-3-1

【案例】

一位客户来到某奔驰4S店想要购买一辆70万元左右的进口车。这位客户开了一辆桑塔纳2 000，那辆车比较旧，也很脏，而这位客户看上去也不像是有钱人。他的服装很普通，皮鞋也根本没擦过。客户来店以后，就向销售人员询问车的情况。此时奔驰店经理看到了这一切，但由于经理要开车到宝马店去，看到客户这一身打扮，当时什么也没想，就走了。

等这位奔驰店经理在宝马店谈完事出来的时候，正好发现刚才那位客户也由宝马店的展厅向外走，而客户的车正好停在了奔驰店经理的旁边，在开车门的时候，经理借着机会跟那位客户讲起了话。

经理："这位先生，刚才您是不是到其他店去看车了？"

客户："是啊，我刚从那个奔驰店过来，现在想要回家了。"

经理："这样吧，您能不能再到奔驰店里去看看？"

客户："不想去了，你是谁啊？"

经理："我是奔驰店的经理。"

客户（想了一下）："那好吧！"

回到了店里，经理与客户展开了交谈。

经理："先生，您刚才看的是哪款车？您有什么不了解的地方，我来给您介绍。"

客户（笑着）："我怎么好意思让你这个老板给我介绍。"

经理："我也不是老板，也是打工的啊！"

这句话使经理与客户拉近了距离，很快进入了交谈，大概不到20分钟，双方就成交了。客户问："我交多少定金？"经理回答："交几万块就可以。"随后客户来到他的桑塔纳后面把后备厢打开，拎个塑料袋出来，"这里面有30万元，我就把30万元全付给你，等提车时，我再把尾款带过来。"

【案例解析】

这件事情告诉我们，汽车服务人员在面对客户时，绝不可以以貌取人，要尊重每一位客户。良好的接待可以让客户树立积极的第一印象，而这个"第一印象效应"就是心理学中的"首因效应"。

资源3-3-1 汽车消费者的社会认知（微课）

上述案例中，汽车服务人员正是把握住了客户社会认知中的"首因效应"，才成功地赢得了交易。

客户的各种心理效应是汽车服务人员接待客户时必须注意的因素。

下面介绍几种典型的心理效应。

（一）首因效应

一位心理学家曾做过这样一个实验，他让两个学生都做对30道题中的一半，但是让学生A做对的题目尽量出现在前15题，而让学生B做对的题目尽量出现在后15道题，然后让一些被试者对两个学生进行评价：两相比较，谁更聪明一些？结果发现，多数被试都认为学生A更聪明。这就是首因效应。首因效应又称"第一印象效应"，

资源3-3-2 首因效应

是指最初接触到的信息所形成的印象对我们以后的行为活动和评价的影响，实际上指的就是"第一印象"的影响。初次印象包括谈吐、相貌、服饰、举止、神态，对于感知者来说都是新的信息，它对感官的刺激也比较强烈，有一种新鲜感，这就如同在一张白纸上，第一笔抹上的色彩总是十分清晰、深刻一样。第一印象效应是一个妇孺皆知的道理，为官者总是很注意烧好上任之初的"三把火"，平民百姓也深知"下马威"的妙用，每个人都力图给别人留下良好的"第一印象"。

首因效应是一种直观的感觉，所形成的第一印象往往不太可靠，如某些青年凭第一次见面时对对方是否有好感，作为能否进一步深交下去的标准。印象好的就交往，印象不好的就不屑交往，导致自己陷入人际交往的误区当中。但首因效应是一种客观存在的心理现象，是不可回避的，它决定交往是否延续，并影响今后的交往质量和结果。所以我们必须要重视人际交往中的首因效应，力求在人际交往中给人留下良好的第一印象。比如在交友、招聘、求职等社交活动中，我们可以利用这种效应，展示给人一种极好的形象，为以后的交流打下良好的基础。

（二）近因效应

近因效应是指最近的信息对人的认知具有强烈的影响，最后留下的印象比较深刻，这就是心理学上的所谓"后摄"作用。认知者在与陌生人交往时，首因效应起的作用较大，而与熟人交往时，近因效应的作用则较为明显。近因效应在人际交往中普遍存在，如某人平时表现很好，可一旦做了一件错事，就容易给别人留下很深的负面印象。特别是平时关系很好的同学，因为一件小事，就闹矛盾，甚至反目为仇，根本不考虑平时两人的深厚友谊。因此，我们在人际交往中应该注意克服近因效应带来的认知偏差，要学会用动态的、发展的、历史的、全面的眼光看待他人，与他人建立良好的人际关系。

近因效应对汽车消费者的影响表现在：原来对某个牌子印象还不错，可是最近听说这款车由于刹车片失灵，在美国、中国等地被召回。这种情况下，消费者十有八九就不会再选择这个品牌了。

（三）晕轮效应

我们第一次与一个年轻人交往，如果他长得眉清目秀，衣冠整洁，举止彬彬有礼，我们就会对他产生一个好印象，并给予他积极肯定的评价，认为他有教养，有才能，工作一定不错，并可能预言他前程似锦。相反，如果这个年轻人衣帽不整，讲话吞吞吐吐，我们就会对他产生不好的印象，还会给予他消极、否定的评价，认为他知识浅薄，缺乏才干，甚至认为他是一个不可信赖的人，将来也不会有什么作为。这就是常发生在我们生活中的"晕轮效应"。晕轮效应是指人们看问题时，像日晕一样，由一个中心点逐步向外扩散成越来越大的圆圈，是一种在突出特征这一晕轮或光环的影响下而产生的以点代面、以偏概全的社会心理效应。因此，晕轮效应是先入为主、凭第一印象一锤定音的结果。人们常说的"情人眼里出西施""爱屋及乌""一好百好""一俊遮百丑"，就是典型的晕轮效应。

晕轮效应所产生的认知偏见是一种明显的从已知推及未知，由片面看全面的认知现象，这往往会歪曲一个人的形象，导致不正确的评价。纠正的方法只能是告诫自己不要以偏概全，不要凭一时主观印象行事。因此，我们在人际交往中应克服晕轮效应，相信人人都有优点和缺点，在交往中多了解对方，避免以点代面，以偏概全。另外，在交往中也可利用晕轮效应，给对方留下良好的印象，这有利于良好人际关系的建立。

（四）刻板印象效应

刻板印象指的是人们对某一类人或事物产生的比较固定、概括而笼统的看法，是我们在认识他人时经常出现的一种相当普遍的现象。法国人是浪漫的，英国人是保守的；女性是温柔的、细心的；男性是理性的、豪爽的、粗心的等，实际上都是"刻板印象"。

刻板印象的形成，主要是由于我们在人际交往过程中没有时间和精力去和某个群体中的每一成员都进行深入的交往，而只能与其中的一部分成员交往，因此，我们只能"由部分推知全部"，由我们所接触到的部分，去推知这个群体的"全体"。

刻板印象一般说来还是有一定道理的。但是，"人心不同，各如其面"，刻板印象毕竟只是一种概括而笼统的看法，并不能代替活生生的个体，因而"以偏概全"的错误总是在所难免。如果不明白这一点，在与人交往时，"唯刻板印象是瞻"，像"削足适履"的郑人，宁可相信"尺寸",也不相信自己的切身经验,就会出现错误,导致人际交往的失败,自然也就无助于我们获得成功。

(五)投射效应

投射效应也叫自我投射效应。自我投射指内在心理的外在化,即以己度人,把自己的情感、意志特征投射到他人身上,强加于人,以为他人也应如此,结果往往对他的情感、意向作出错误评价,歪曲他人愿望,造成人际交往障碍。典型的投射效应就是人们常说的"以小人之心,度君子之腹",认为别人和自己一样有着相同的好恶、相似的观点。这种情况在人际交往中的表现形式是多种多样的,如有的人对别人有成见,总以为别人对他怀有敌意,甚至觉得对方的一举一动都带有挑衅色彩;自己感兴趣的东西,也以为别人同样感兴趣,便高谈阔论,讲个没完;自己喜欢议论别人,就总认为别人也在背后议论他。还有的男生或女生暗恋自己喜欢的异性时,总认为对方也喜欢自己,在观察对方时,总觉得对方对自己有意,对方一个眼神、一个动作、一个友好的表示,甚至一句玩笑话,都会被他(她)误认为是爱的信号。

(六)心理定式效应

心理定式指的是对某一特定活动的准备状态,它使我们在从事某些活动时能够相当熟练,甚至达到自动化,可以节省很多时间和精力;但同时,心理定式的存在也会束缚我们的思维,使我们只用常规方法去解决问题,而不求用其他"捷径"突破,因而也会给解决问题带来一些消极影响。

"心理定式"的影响力不可低估,原因就在于它是"定式"。"定式"就容易把人们的思路"定死",只往一条路走,不往两边看。所谓的经验越丰富,"定式"的可能性就越大。这倒不是说不要经验了,而是提个醒:千万别被"定式"绑住手脚。

二、营销过程中如何应用各种心理效应

(一)首因效应

作为汽车消费者的"首因效应",可能包括:第一次听到某品牌车怎么不好或怎么好,第一次去4S店,第一个销售顾问的接待,第一次试乘试驾某品牌的车,第一次去4S店给自己留下的整体印象,等等。而产生第一印象的时间可能只有1分钟,汽车服务人员只有一次机会去塑造良好的第一印象。

资源3-3-3 汽车消费者的社会认知—首因效应

树立客户良好的第一印象的关键因素包括:

1. 汽车服务人员的仪容仪表、谈吐、服务态度;
2. 汽车服务人员的专业知识素养;
3. 熟悉、理解本品牌车辆的销售流程和客户购车的流程;
4. 自我介绍;
5. 对本特约店的介绍;
6. 对本品牌的介绍。

在不同的接待环节，汽车服务人员可以运用不同的方式给客户带来良好的印象，具体如表 3-3-1 所示。

表 3-3-1 不同环节的接待方法

环节	做什么	如何做	图例
步行来店	为客户开门，面带微笑、目光注视客户、鞠躬 10～15 度并问候："欢迎光临！"	多人来店不可忽视任何人；客户经过任何专营店人员旁边时，汽车服务人员均应面带微笑点头致意；销售顾问应随身携带名片和笔记本便于记录客户信息	
驾车来店	门卫敬礼致敬，引导停车（询问）	销售顾问至停车场迎接；雨天为客户打伞；其他销售顾问帮助开门并面带微笑致意（点头行注目礼）	
在展厅内	向客户做自我介绍	尽一切办法给客户留下好印象，表情一定要愉悦；销售工具的准备，5S	

续表

环节	做什么	如何做	图例
在展厅内	在问候之后就立即询问客户如何才能为他提供帮助	引入舒适区，肢体语言、肢体距离、姿态，按客户需求；听清楚客户的话，不要打岔；抓住客户来意加以确定所需（舒适区的表现：话多、容易接受）	
	在整个过程中主动热情和客户打招呼、适时为客户提供饮料、认真专注地回答客户提出的问题，带给客户愉快的心情	必须根据客户要求提供服务，打破僵局，找到话题，留下深刻的好印象；设身处地为客户着想，产生信任感	
	其他注意事项	续水，询问是否第一次来看车，避免撞单	
客户求助	客户为了寻求帮助（问路、寻厕、修车……）	1. 指引道路；如客户没有马上离去，请至休息区休息并奉茶，如对车有兴趣，伺机介绍；2. 通知并请维修人员处理	
客户找人	将客户带去见那个能够给他提供帮助的人	亲自陪同至被访者办公室，不应仅仅指示；若被访者不在，留下客户相关信息，请被访者尽快与客户联系	
	陪客户直到确认他可以获得他所希望的帮助		

续表

环节	做什么	如何做	图例
客户想自己参观	确认客户只是想一个人随意参观时，递上名片，请客户有需要时随时联系；客户随意参观时，对客户保持视线关注	保持适当距离（注目礼）。让客户来确定他和你之间合适的身体距离。规范地递名片	
客户想看车	询问客户应如何具体地为他提供帮助	如何问，问什么	
客户想看车	能及时、清晰、准确地回答客户提出的问题。用自己的话重复客户所说问题，确认理解正确	给客户留下专业可信赖的感受，表现出亲切、诚恳的态度，让客户有被尊重的感觉	
	客户离店前，向客户递上自己的名片，感谢来店，留下客户资料	你能否留下客户的联系方式甚至更多的客户信息？做好登记和记录	

（二）近因效应

与首因效应相反，近因效应是指在多种刺激一次出现的时候，印象的形成主要取决于后来出现的刺激，即交往过程中，我们对他人最新的认识占了主体地位，掩盖了以往形成的对他人的评价，因此，也称为"新颖效应"。在人与人的交往中，交往的初期，即在延续期还生疏阶段，首因效应的影响重要；而在交往的后期，就是在彼此已经相当熟悉时期，近因效应的影响也同样重要。

作为汽车消费者的"近因效应"主要表现在：客户在购车的时候，对公司及汽车服务人员都很满意，可是在购买车辆之后的售后服务过程中，客户遇到的服务与他的期望相违背，愿望不遂，或感到自己受屈、对服务不满时，其情绪多为激情状态。在激情状态下，客户对自己行为的控制能力，和对周围事物的理解能力，都会有一定程度的降低，容易说出激愤的话，做出过激的事，产生不良后果。因此，对于汽车服务人员来讲，凡事须加忍让，防止激化。待客户心平气和后，再与客户说明原因。

（三）晕轮效应

晕轮效应所产生的认知偏见是一种明显的从已知推及未知，由片面看全面的认知现象，往往会歪曲一个人的形象，导致不正确的评价。纠正的方法只能告诫自己不要以偏概全，凭一时主观印象行事。因此，汽车服务人员在接待客户时应克服晕轮效应，相信人人都有优点和缺点，在交往中多了解客户，避免以点代面，以偏概全。

在汽车销售中，销售顾问常常可以利用客户的晕轮效应促成交易。通常销售的第一阶段是客户开始注意某产品并已进入计划状态；销售的第二阶段是客户的"开心期"，即打开固有理念愿意听销售人员讲解；销售的第三阶段是客户"动念期"，即有购买的念头。客户会不经意地透漏个人工作信息、用途等，此时可利用"晕轮效应"把产品的优点扩散到其他方面，销售顾问的工作重点是辅助客户联想，帮其想象购买后能够带来的好处。

另外，晕轮效应对汽车消费者也有影响。汽车服务人员在与客户交流中也可利用晕轮效应，给客户留下良好的印象。

（四）刻板印象效应

"物以类聚，人以群分"，居住在同一个地区、从事同一种职业、属于同一个种族的人总会有一些共同的特征，例如对走进车行的客户，我们通常会有不同的理解。通常认为知识分子是戴着眼镜、面色苍白的"白面书生"形象；农民是粗手大脚、质朴安分的形象；女性客户是温柔的、细心的；男性客户是理性的、豪爽的；等等。因此，刻板印象一般说来都还是有一定道理的。但汽车消费者毕竟千人千面，简单地把他们归为几类，容易出差错。如果那些内容是汽车服务人员自己在工作中总结出来的，应当可信。如果是书上说的，别人说的，汽车服务人员还要在实践中去检验。

资源 3-3-4 刻板效应（1）　　资源 3-3-5 刻板效应（2）

（五）投射效应

有这样一个例子，一位年轻女士带着三岁左右的儿子来看车，孩子蹦蹦跳跳，东抓西摸，片刻不停，而此时客户也感觉孩子太淘气，有些不好意思。销售顾问对客户说："这孩子真是活泼可爱啊。"客户说："这孩子很淘气的。"销售顾问夸奖道："哦，聪明的孩子都这样！"销售顾问正是利用投射效应巧妙地运用话术回应客户。

资源 3-3-6 汽车消费者的社会认知—投射效应

为什么说上述案例是充分利用客户的投射效应呢？我们知道，每个孩子都是父母心中的"小太阳"，当有人当面夸奖自己的孩子时，世界上所有的父母都会心动的。所以，只要在接待中看到客户的孩子，汽车服务人员都不妨说一句："哇，好可爱的孩子，几岁了？"这样往往更容易打开对方的话匣子，把小宝宝可爱、聪明的故事如数家珍地说上一大堆。如此这般热烈的气氛自能"融化"父母的戒备和借口，顺利地实现客户的情感转移，从而促成交易。

从心理学的角度看，任何父母都会有这种习惯性的思维，自己心目中的"小太阳"是多么可爱活泼，在别人眼中也应该如此。汽车服务人员如能恰到好处地利用客户心理的"投射效应"，帮客户进行情感转移，销售的成功率便会大大提高。事实上，谈论小孩、宠物、花卉、书画、运动、嗜好等，都是在利用客户的"投射心理"，这些方式都可以迅速缩短双方的心理距离，从而对成功销售、拿下订单起到极大的推动作用。

投射效应是一种自我防御的反应，有时会有利于人们相互理解，有利于进行自我心理调节，但与客户交流过程中由于主观猜测，也常常会造成误会和矛盾。"投射效应"应当引起汽车服务人员的重视，尤其是销售顾问，应当对各类客户都有思想准备，运用投射效应来应对客户，防止手忙脚乱，不知所措。

通过课前预习，了解"汽车消费者的社会认知"，掌握"各种心理效应的应用"等知识和技能点，并能熟练运用去分析消费者的认知心理。

扫描下方"测验二维码"进入资源库平台的在线测验页面。

在线测验

105

任务实施

要全面理解"汽车消费者的认知心理"所涉及的基础知识,并很好地解决本项目任务中所描述的情况,建议采取如下活动开展学习和训练。

(一)心理效应模拟训练

1. 任务实施目标

能正确判断汽车消费者常见的心理效应,并能采用适当的技巧利用消费者的心理效应进行营销。

2. 任务实施准备

形式:假定自己是销售顾问,与学习小组成员商讨和训练如何在接待客户的过程中,正确判断客户的心理效应并采用恰当的应对方法,运用角色扮演法在课堂上展示。

时间:30分钟

材料及场地:轿车一辆,接待吧台一张,客户洽谈区安排洽谈桌椅,文件夹,客户档案资料,名片,签字笔,记录夹,汽车宣传资料,茶水,计算器,学生必须着正装(衬衣、领带、皮鞋等)。

3. 任务实施步骤

(1)学生以小组为单位,每组分为两类角色,销售顾问和客户。客户可以是一人或多人,客户可表现出某种典型的认知心理,例如首因效应、投射效应等,要有明显的语言或动作表达,关键是销售顾问要能正确判断客户的认知心理,并采用适当的技巧应对。

(2)各小组在上台表演前,要准备好主要情节与台词。一组在前边表演时,其他组要认真看,仔细听,并适当做笔记,最后打分。

(二)相关任务成果提交

小组成员共同完成该任务,并拍摄微视频上传至资源库平台(或空间)。

成果提交

拓展提升

一、拓展任务

奔驰自从1993年进入中国以来,销售量一直都不怎么出色,特别是2003年"砸奔驰"事件让奔驰的公众形象滑落到了谷底。但是中国作为世界上人口最多的国家,能成为奔驰消费者的潜在客户的数目将是巨大的,而他们所要做的就是怎样把这些潜在客户变成他们自己的客户。

通过调查发现，奔驰进入中国以来之所以迟迟打不开市场，就是因为缺乏人情味。众所周知，奔驰作为一种高档车，在人们心目中的地位是非常高的。也许正是由于这样的原因，导致奔驰在中国出了事之后就采取固执强硬的对抗方式，于是使进入中国不久的奔驰遭受了前所未有的公关危机。

为了改变这种状况，公司总部开始变更政策，使奔驰开始变得有人情味，有亲和力且平易近人，不再是高高在上拒人千里的贵族。同时，奔驰开始改善与政府的关系，提升在公众心目中的形象。并且奔驰在每次的展销会上都能让人们随心所欲地试驾奔驰在中国引进的任何一款车。此外，奔驰把市场瞄准了年轻客户，因为这样的客户群在发展中的中国越来越庞大，于是国产奔驰C级车以最低34.8万元的价格面向客户。这种低价和零手续费政策迅速赢得了年轻客户的信赖。

正是这种一系列具有亲和力的政策，使得奔驰在中国的销售量迅猛增长。这就是亲和力在销售过程中的作用。

亲和力作为一种心理效应，无论是对客户还是对平时的沟通和协调都起着难以估量的促销、吸引、示范和鞭策作用。一个不具亲和力的销售人员，对客户是没有吸引力的，他在客户中的认可度、知名度、影响力都要大打折扣。

对于销售顾问来说，让自己具有亲和力是赢得客户心的重要因素。假定自己是销售顾问，小组成员共同讨论，怎样才能使自己具有亲和力呢？并提交讨论报告。

"拓展任务"提交页面二维码

二、拓展训练

1. 举例说明几种典型的心理效应。
2. 在接待的不同环节，如何利用首因效应给客户带来良好的印象？

项目四

汽车消费者的情绪、情感与态度

消费者有一份好的心情对于汽车营销是有很大好处的。要做好营销，很重要的一点就是了解到底是什么因素影响了消费者的情绪、情感与态度。总的来说，消费者情绪、情感与态度会受到购物环境、商品特性、汽车服务人员的表现、消费者的个人情感等因素的影响。这就需要汽车服务人员掌握好引导客户情绪的方法，掌握改变消费者态度的策略。

本项目主要是掌握"汽车消费者的情绪、情感与态度"的相关分析技巧，包括"汽车消费者的情绪、情感"和"汽车消费者的态度"两个任务，通过学习和训练，将有助于促使消费者形成有利于企业的情绪和态度。

任务 4-1　汽车消费者的情绪、情感

 任务引入

汽车服务人员在接待客户的过程中，往往因为客户的情绪化而乱了手脚。客户过大的情绪化抱怨会影响汽车品牌甚至是企业形象，掌握好引导客户情绪的方法，可以为企业带来良好的口碑，化危为机。

本任务就是和大家一起探讨如何化解客户情绪，消除客户的不满，也就是"引导客户情绪"的心理分析问题。

 任务描述

刘伟是某汽车销售服务公司的一名汽车售后服务顾问，某日刘伟接待了一位迈腾客户，当时客户是由销售顾问带过来的。客户反映车在行驶过程中有抖动，这让是外行的他总是提心吊胆的，他曾多次打电话询问这种情况的原因，但是没有人给他一个满意的准确的回复，因此他对公司的服务很失望，觉得公司对客户非常不负责任。今天车又在行驶过程中发生了抖动，差点发生溜车，遭遇了这些事后客户已经忍无可忍，直接将车开到了店里，情绪激动地要求退车。

客户来店之后气冲冲地找到他的销售顾问，将自己这几个月来的遭遇、自己心中强烈的不满都宣泄了出来。销售顾问耐心地倾听了客户的诉说，对客户的说法表示赞同，但销售顾问也明白，退车只是客户的一时气话，只要通过技术手段解决行车抖动问题，客户应该也是认可的，于是这位客户就被带到了服务顾问刘伟这边。

如果您是刘伟，您将如何化解客户情绪，消除其不满？

 学习目标

● 专业能力

1. 能正确分析客户的情绪、情感，满足客户的感性需求，解决客户的情绪；

2. 掌握"汽车消费者的情绪、情感"等引导客户情绪的知识和技能点。

● 社会能力

1. 加强交际与沟通的能力；
2. 会运用情绪、情感理论来分析消费者的情绪、情感；
3. 具备敏捷缜密的思维体系，强化谈判运筹能力；
4. 树立高尚的职业道德，提供优质的服务；
5. 培养真诚、积极、从容的心态。

● 方法能力

1. 科学地思维模式、合理进行自主学习的能力；
2. 能处理好自己的情感与消费者的情感的关系；
3. 运用多方资源和新的方法解决实际问题的能力；
4. 准确的自我评价能力和接受他人评价的能力。

相关知识

一、情绪、情感概述

（一）情绪、情感的概念与基本特性

情绪和情感是人对客观事物是否符合自己的需要而产生的内心体验，是人脑对客观事物与人的需要的对应状态的反映。

怎么理解这个概念？

第一，情绪、情感的定义也是符合心理学两大基本规律的：是人脑的机能；是客观现实的反映。

第二，情绪、情感是人的内心体验。

第三，情绪、情感的产生与人的需要的满足状态有直接联系。

情绪的主要特点是外显性、冲动性、短暂性、情境性，情感的主要特点是含蓄性、稳定性、持久性、深刻性。情绪是情感的外在表现，情感是情绪的本质内容。在每个人身上，它们是相互依存、融为一体的。

资源4-1-1 汽车消费者的情绪、情感（微课）

情绪、情感的基本特性，就是它的两极性。情绪、情感不同于其他心理过程的一个重要性质是其两极性，即人的多种多样的情绪、情感都可找到与其恰好相反的情绪、情感。这些对立的情绪、情感形成两极。用三个维度研究分析情绪，那就是积极和消极，强度，紧张度，如表4-1-1所示。

表 4-1-1　情绪、情感的基本特性

积极和消极	从愉快到不愉快。每种情绪都可从非常愉快——愉快——一般——不愉快——非常不愉快这一连续体中找到位置。情绪的积极与否决定于个体需要的满足程度，凡是满足个体的需要，就会产生愉快的积极情绪，反之产生不愉快的消极情绪
强度	从激动到平静。任何情绪、情感都有从弱到强的等级变化
紧张度	从紧张到轻松。紧张情绪常发生在人活动最关键的时刻。紧张的程度既决定于当时情景的紧迫性，又决定于人的应变能力及心理的准备状态。通常紧张状态能导致人积极的行动，但过度紧张也会使人不知所措，甚至使人的精神瓦解、行动停止

（二）情绪、情感的种类

1. 情绪的种类

根据情绪发生的强度、持续时间和紧张度，可以将情绪分为心境、激情和应激。

（1）心境

心境是一种比较微弱而持久的情绪状态。心境也称为心情，如心情舒畅或忧郁，平静或烦躁，等等。心境具有渲染性和弥散性，它不是指向某一特定对象，而是在某一时段内，作为人的情绪的总背景将人的言行举止、心理活动都染上相应的情绪色彩，如愉快、喜悦的心境，往往使人感到"山笑水笑人欢笑"，悲伤的心情又会使人垂泪伤心。所谓"忧者见之则忧，喜者见之则喜"，就是指人的心境。一般来说，心境持续的时间较长，有时持续几小时，有时可能几周、几个月或更长时间。这主要取决于引起心境的各种刺激的特点和个性差异。

引起心境的原因是多方面的，如工作的成败、生活的顺逆、人际关系的好坏、个人健康及自然环境的变化，以及过去的片断回忆等都可能导致人的不同心境状态，而情绪中的认知因素是心境持续的主要原因。我们的思想通过对各种引起我们情绪体验的刺激进行评价和鉴定而产生情绪。如果对某种产生情绪的刺激过于强调，这种强调的结果就可能导致某种心境。比如，个体失败后若能认识到失败的原因并知道应该继续努力，其失望情绪会很快消失。但如果太强调这次失败，把它看成是一次不可饶恕的错误，那么其失望情绪就会持续，使他处于一种不愉快的心境之中。愉快的心境也一样，主要是由我们的认知因素所决定的。

心境对人的生活、工作、学习和健康有很大的影响。首先，心境影响个体的动机。一个人心境好的时候，他将对事物有积极的态度，对工作有较大的兴趣。我们常说，一个人心境不好，饭也不想吃，不愿意跟别人说话，什么事都不想干，凡事感到枯燥乏味。也就是说，在心境不好的时候，一个人的各种积极的动机都是很低的。其次，心境影响人们记忆的选择性。我们常有这样的经验，即心情不好的时候，往往会回忆起不愉快的事情，而心情好的时候，往往会回忆起愉快的事情。再次，心境也影响利他行为。在日常生活中，我们可看到各种利他行为，比如，你在路上自行车坏了，有人主动帮助你把它修好；在陌生的地方有人主动为你带路；学校中成绩好的学生帮助后进的学生温习功课；为社会福利募捐；等等。国外有些研究试图找出心境与利他行为之间的关系。艾森曾作过这方面的实验研究，他指出，处于好心境中的人比处于坏心境中的人更愿意帮助别人。

保持良好心境的主要条件是：消除过重的自私心理，保持适度的名利欲望，建立积极的认知模式，建立良好的人际关系，善于宽容别人和自己，学会宣泄不良的情绪。

（2）激情

激情是一种迅速强烈地爆发而时间短暂的情绪状态，如狂喜、绝望、暴怒等。激情具有爆发性和冲动性的特点，即激情产生的过程十分猛烈，强度很大，并使人体内部突然发生剧烈的生理变化，有明显的外部表现，如咬牙切齿、面红耳赤、拍案叫骂、捶胸顿足等，有时还会出现痉挛性的动作或言语紊乱。同时，当个体处于激情状态时，往往会失去意志对行为的控制，有一种情不自禁、身不由己的感受。

激情常常是由对个体具有重大意义的强烈刺激或突如其来的意外事件所引起的，此外，过度的抑制或兴奋，相互对立的意向或愿望的冲突也容易产生激情。

激情有积极和消极两种。消极的激情常常对机体活动具有抑制的作用，或引起过分的冲动，做出不适当的行为。积极的激情往往与冷静的理智和坚强的意志相联系，成为激发人的正确行动的巨大动力。例如，在战场上为保卫祖国领土，为战友复仇所激起的对敌人怒不可遏的无比仇恨，会激励战士英勇杀敌。在重大的国际比赛中，为祖国争光所激起的拼搏精神，会激励运动员们克服重重难关去夺取金牌。在这些激情状态中，饱含着爱国主义、集体主义、英雄主义的情感，都是积极的激情状态。

控制激情的方法是：激情爆发前，尽量将注意转移到无关的行为上去。在激情状态中，在做或说某件事时尽量使自己的行为平缓、镇定下来。例如，合理释放、转移环境、言语宽慰等都是较好的调节方式。像找人谈心、痛哭、喊叫，可以释放怒气和怨气；下棋、散步、听音乐等可以转移当时的状态，减弱激情爆发的程度和注意力，所以不能以激情爆发为由替自己的错误开脱。当然，控制和调节激情的最可靠的办法还在于端正自己的认知，加强自身修养和加强意志品质的锻炼。

（3）应激

应激是由出乎意料的紧急状况引起的高度紧张的情绪状态。人在突如其来或十分危急的情况下，在必须迅速果断地做出反应的时刻往往会出现应激状态。例如，司机遇到险情，人们遇到突然发生的水灾、火灾、地震等自然灾害时，刹那间人的身心都处于高度紧张状态之中，这时，人所产生的特殊、紧张的情绪体验就是应激状态。

应激具有超压性和超负荷性，即个体在应激状态中常常会在心理上感受到超乎寻常的压力，在生理上承受超乎平常的负荷，以充分调动体内各种机能资源去应付紧急、重大的变故。

应激的产生与个体面临的情境及其对自己能力的估计有关。当新异的情境对个体提出的要求是其从未经历过的、与以往的经验不一致，且意识到已有的经验难以应付当前情境而感觉无能为力时，就会处于应激状态。

人处在应激状态下，可能会有两种表现，一种是动员身体各种潜能，使活动积极起来，表现为情急生智、沉着果断，思维特别清晰、明确，以至能超乎寻常地应付危急局面。一种是使活动抑制或完全紊乱，处于惊慌失措，甚至发生临时性休克的境地。应激状态中，人的行为究竟如何表现，取决于个体的适应能力、个性特征、知识经验，特别是意识水平。只要有意识地提高思想觉悟，注意在实践中锻炼，人们的应激水平就能逐渐得到提高。

应激的积极状态是可以训练的。通过训练，可以培养思维的敏捷性，提高意志的果断性，增强动作的灵活性，强化技能的熟练性，提高在意外情境下的决策水平，这样，碰到新的变故时便能当机立断，摆脱困难，转危为安，如军人的实战训练、学生的模拟考试等，目的都在于促成应激状态下的积极反应。

2. 情感的种类

情感是与人的社会性需要相联系的体验。情感的种类繁多，它渗透到社会生活的各个领域中，按情感的社会内容可将其分为道德感、理智感、美感。

（1）道德感

道德感是个体根据社会道德行为准则评价别人或自己的言行时所产生的情感体验。它是客观现实与主体的道德需要之间的关系在人脑中的反映。如果自己的思想、意图、行为举止符合社会公认的行为标准，就会产生愉快、满意、自豪等情感体验，感到心安理得，反之，则感到自责、羞愧、痛苦不堪。当别人的言行符合这些准则时，他就会产生爱慕、崇敬、钦佩等情感，反之，则感到厌恶、蔑视、愤怒等。因此，道德感也是对比自己和他人的言行是否符合道德需要所产生的情感。

道德感是在人的社会实践中形成与发展的，也受到社会历史条件的制约。由于不同的阶级、社会、历史时期有着不同的道德行为准则，因而也就有不同的道德感。一个人的信念、理想、世界观在人的道德感中起着决定性的作用。道德感的内容非常丰富，主要包括爱国主义与国际主义情感，集体主义情感，对公共事业的责任感、义务感，同事间的友谊感、同情感，以及正义感、是非感等。

（2）理智感

理智感是在智力活动过程中，人的认识和追求真理的需要是否得到满足而产生的情感体验。它与能否满足人的求知欲、认识兴趣、解决问题的需要相联系。对新奇事物所产生的好奇心、力求认识某事物的求知欲、遇到与某种规律相矛盾的事实产生的疑惑感或惊讶感、解决了难题或有了新发现的喜悦感，以及对真理的热爱、对偏见和谬误的鄙视、憎恨等，都是理智感。

理智感是人认识世界和改造世界的动力之一，它在认识过程中产生与发展并推动人的认识进一步深入。只有在人的思想中渗透着深厚的情感时，才能激励积极的思考与探索。伟大的波兰科学家哥白尼说，他对天文的深思产生于"不可思议的情感的高涨和鼓舞"。这种情感就是在他观察和探索天体的奥秘时产生的理智感，也正是这种情感推动他创立了"日心"说。所以，理智感是激励人的智力活动的重要心理条件之一。

学生的理智感主要表现在对他们所学课程的兴趣、喜爱和好奇心上，并能体验到获得知识的乐趣，这种对科学知识爱好的情感，是在学习过程中经常获得愉快的体验中逐渐形成与发展起来的。心理学的实验表明,当学生经过努力,成绩有所提高时,经常受到称赞与表扬会使他们更热爱学习。如果经常受到批评与惩罚,就会使他们感到失败和不愉快,甚至厌恶或放弃学习。因此,为了唤起学生对科学的热爱,在学生学习的过程中,教师应满腔热情地鼓励和满足他们的求知欲和探求真理的意向,尽量避免使他们产生不愉快的体验。

（3）美感

美感是人的审美需要得到满足时产生的情感体验,这种体验是个人根据所掌握的美的标准评价客观事物时产生的。美感可以由自然景物、社会生活及艺术作品等方面引起。例如,秀丽的山水、绚丽的色彩、名胜古迹、历史文物、艺术珍品等都能引起人们的美感,在社会生活中,纯朴、真诚的人际关系,自我牺牲、舍己为公的良好道德品质和行为也能使人产生美的体验。总之,凡是符合人们美的需要的一切对象都能引起人的美感。

美感总是由一定对象引起的。引起美感的可以是事物的外部特点,如颜色、形状等,也可以是事物的内容。电影或文学作品《巴黎圣母院》中的神父、军官,他们表面上衣冠楚楚,却是假、恶、丑的化身；而面貌丑陋、衣衫褴褛的敲钟人,却是品德高尚,真、善、美的代表。这说明,作为美感发生的源泉,并不只限于事物的外部特点,起决定作用的应是事物的内容。同时,形式上的美应当服从于内容上的美。所以一个人的真挚、诚实和助人为乐会给人以美感,身残心不残的人也会给人以美感,如中国达人秀第一季冠军无臂小伙子刘伟。这是形式美和内容美的统一。

美感具有社会性和民族性。不同时代、不同社会制度和不同民族,对客观事物美的评价往往具有不同的标准,因而,对美的体验也会不相同。一般说来,不涉及阶级利害关系的自然现象,如体形的健美、绚丽的花卉、优雅的音韵、宏伟的建筑等都可能引起人们共同的美感。而和阶级利害关系相联系的美的感受和体验,却有明显的阶级差异。

二、影响汽车消费者情绪、情感的因素

分析消费者情绪、情感的思路应当是：首先,他们是人,人的需要他们都有；其次,他们是消费者,消费者的需要他们都具备；再次,他们是特殊的消费者——汽车消费者。他们的情绪、情感应当与车（价格、性能等）,买车（服务）以及与消费者自身的因素有直接关系。

资源 4-1-2 热情交车——再次提升客户满意度

（一）4S 店的环境因素

首先,是 4S 店的选址。店址既不能太偏远,又不能太中心。太偏远了,购车的人不方便去；太中心了,地价又太高,寸土寸金。很重要的一点是,所选地址要在主要干路旁。

其次,4S 店内的小环境也非常重要。一是温度,过冷了令人情绪低落,过热了又令人烦躁,适宜温度为 20 ℃～22 ℃。二是音乐,轻松优美的背景音乐能让人流连忘返,并在潜移默化中影响人的心境。当然要考虑音乐的内容、音量、节奏、音响的质量等因素。三是色彩,暖色调能够使人情绪兴奋,消费者的行为在兴奋的情绪支配下比较容易进行；而

冷色调能够抑制人的情绪兴奋，不利于消费行为的进行。四是空间，4S店空间不能太小，小了会使人们产生拥挤感。

（二）汽车因素

消费者最终还是要通过商品来满足需要。汽车消费者就要通过汽车来满足自己的需要。影响汽车消费者情绪、情感变化的主要商品因素有：汽车广告、汽车造型、汽车性能、汽车质量、汽车价格等。在这里，后三个因素更突出些。价格问题还稍好些，讨价还价之后，最终以双方都能接受的价格成交，价格问题就解决了。可要是汽车质量出问题，情况就比较严重了，如果解决不好，势必会影响人的情绪。

（三）服务因素

应当说，这是汽车消费者最头疼的事。这方面问题，我们在电视新闻里，在报纸上，在网络中，已经屡见不鲜了。有些消费者，买了车，不久就出现这样或那样的问题。其实就是质量问题。但如果4S店推来推去，不解决问题让消费者满意的话，那得罪了一个人，其实就是得罪了250人，因为他身后，还有同学、朋友、同事、亲属等。

（四）汽车消费者自身因素

由于汽车消费者个人的兴趣、爱好不同，来4S店自然会有不同的情感体验。这种情感体验要受他们个人经历、教育程度、年龄、性别、性格、气质等因素的制约。比如，胆汁质的消费者走进4S店，说话快、走路快、嗓门大、性子急、容易"点火就着"；多血质的消费者热情、爱说话、好交际、自来熟；黏液质的消费者说话少、走路慢而稳、沉着冷静、控制语言和情绪的能力极强；抑郁质的消费者多疑敏感、多愁善感、腼腆孤僻。

资源4-1-3 汽车消费者的情绪、情感

三、汽车消费者心理活动的情绪过程

> 应用案例 4-1-1

【案例】

有位客户十分想购买一辆小轿车，经过一段时间的观察，他发现春天刚过的时候，汽车价格有所攀升。而身边的亲友告诉他，全国汽车的价格总体来说应该会有比较大的降价空间。对此，这位顾客犹豫不决，始终下不了买车的决定。

请问，这位客户目前处于何种情绪过程？这种情绪的产生与哪些因素有关？当客户来店时，为了促使其购买行为的完成，汽车服务人员应该采取什么样的措施？

【案例解析】

这位客户有购买轿车的欲望，但汽车价格的浮动又阻碍了其购买行为的实现，所以客户目前正处于双重情绪过程（积极和消极并存）。这种情绪的产生首先来源于客户自身所具备的强大内驱力，表现为强烈的购买热情；其次来源于周边群体影响造成其举棋不定。为了促成购买行为的完成，汽车服务人员首先可以通过绕车介绍展示产品的特性、功能，最重要的是能给客户带来的利益，挖掘出客户内心的真正需求。其次，建立客户对汽车服务人员及产品的信任，化解客户的消极情绪。最后多方诱导客户的购买欲望，例如通过优惠活动、赠品等刺激客户的购买欲望，诱导客户去想象购买产品后的种种好处和不买的种种遗憾，使之回到积极情绪的轨道上。

情绪是人对客观事物需求态度的体验，具有独特的主观体验形式、外部表现形式和极为复杂的神经生理基础。客户在购车时，不但通过感觉、知觉、注意、记忆等认识了汽车，而且对它们表现出一定的态度。就情绪表现的方向和强度而言，客户在购买过程中所形成的情绪，可以分成积极、消极和双重三种类型。

（一）积极情绪

积极情绪是客户采取的一种积极的态度，如喜欢、欣慰、满足、快乐等。积极情绪能够增强客户的购买欲望，促成购买行为。当商家为其设计的某种氛围（如车展）确实对客户产生影响时，客户以积极的反应接纳对他的刺激，表现为强烈的购买热情和对产品的忠诚。

资资源 4-1-4 引导客户情绪——
六方位绕车介绍

资源 4-1-5 持续开发客户需求

积极情绪首先来源于客户自身所具备的强大内驱力。在他选择产品时，只需稍微给一点诱因，他就会采取积极的方式进行回应。汽车服务人员要研究的就是如何强化这种反应，使其成为忠实的老客户。其次汽车服务人员应该挖掘出客户内心真正需要的产品，强调客户自身所享受的价值。在积极情绪的推动下，即使产品的成本远远高于其价值，客户也会乐于购买。

（二）消极情绪

消极情绪包括厌烦、不满、恐惧等。消极情绪会抑制客户的购买欲望，阻碍购买行为的实现。客户产生消极情绪的原因主要有：第一，动机内驱力不强烈，对汽车产品的需求可有可无；第二，市场上存在很多同类车型，客户尚未判断出哪款车型更符合自己的心理期望；第三，群体影响造成客户举棋不定；第四，客户没有感受到购买该产品应该获得的心理享受。

资源 4-1-6 当客户要求
提供资料时

购买力会影响到动机内驱力，进而使客户对购买产生消极情绪。但是，金钱并不是消极情绪产生的决定因素，当客户对汽车产品非常欣赏时，即便借钱也会购买。因此，消极情绪的产生与否，关键在于消费者心理上是否有满足感。

（三）双重情绪

在许多情况下，客户的情绪并不简单地表现为积极和消极两种，如满意或不满意、信任或不信任、喜欢或不喜欢，而经常表现为既喜欢又怀疑、基本满意又不完全称心等双重性。例如，客户对某款车型非常喜爱，但由于价格过高而又感到有些遗憾。又如，由于汽车服务人员十分热情，客户因盛情难却而买下不十分满意的车型。

双重情绪的产生，是由于客户的体验主要来自汽车产品和汽车服务人员两个方面。当两者引起的情绪反应不一致时，就会出现两种相反情绪并存的现象。在营销工作中，汽车服务人员应当注重对客户双重情绪的引导，使之回到积极情绪的轨道上来。

四、汽车消费者情绪的类型

客户的情绪变化对企业的发展具有十分重要的影响，如何与情绪差的客户进行有效的沟通，首先需要了解客户的情绪的类型。如表 4-1-2 所示。

表 4-1-2　客户的情绪类型

情绪类型	特点
刚强型	性格坚毅、个性严肃、正直，决策谨慎、思维缜密
神经质型	反应异常敏感，且耿耿于怀；对自己的决策易反悔，情绪不稳定，易激动
内向型	生活封闭，对事物冷淡，和陌生人保持相当距离
随和型	性格开朗，容易相处，内心防线较弱，对陌生人的戒备心理不如内向型人强
虚荣型	与人交往时喜欢表现，突出自己，不喜欢听别人劝说，任性且嫉妒心较重
好斗型	好胜、顽固，对事物的判断比较专横，又喜欢将自己的想法强加于人，征服欲强
顽固型	不乐于接受新的事物、产品，不轻易改变原有的消费模式与结构
怀疑型	对产品甚至是汽车服务人员的人格都会提出质疑
沉默型	对事物表现消极、冷淡，但实际对其予以关注

不同情绪的客户，其面部表情会表现出一定的特点，如表 4-1-3 所示。

表 4-1-3　不同情绪的面部表情

序号	情绪	面部表情
1	兴趣、兴奋	眉眼朝下、眼睛追迹着看、倾听
2	愉快	笑、嘴唇朝外朝上扩展、眼笑
3	惊奇	眼眉朝上、眨眼
4	轻蔑厌恶	冷笑、嘴唇朝上
5	愤怒	皱眉、咬紧牙关、眼睛变狭窄、面部发红

五、处理消费者不良情绪的方法

【案例】

某客户在4S店买了一辆新车,但客户回到家以后,由于受到家人的影响,对新车的性能产生了误解,以为汽车服务人员骗人或故意没说清楚,跑到营业厅抱怨,情绪非常激动,如果您是汽车服务人员,您将如何处理客户的不良情绪?

【案例解析】

汽车服务人员需要掌握处理客户情绪化抱怨的方法和原则,学会如何从容地处理客户的抱怨。面对客户的满腔怨气,作为汽车服务人员,如何面对这汹涌而来的波涛呢?此时要抓住两个立场,既要维护消费者的合法权益又要维护公司信誉。

(一)处理消费者不良情绪的关键

1. 先处理心情,再处理事情。要先安抚情绪,才有机会回到理性,也才能找到投诉和抱怨的真正原因,对症下药。

2. 在展厅,客户过大的情绪化抱怨,会影响展厅的氛围及其他客户的感觉,最好能引导到独立的空间。

资源4-1-7 处理客户不良情绪

3. 在了解真正的原因和动机后,若为合理要求,理应及时处理;若为不合理要求,则仍要以良好的服务态度予以拒绝。

4. 通过满足客户的感性需求(提供良好服务),可以降低客户的理性要求,安抚客户的情绪,可以提高解决问题的效率。

上述案例具体操作方式如表4-1-4所示。

表4-1-4 处理客户不良情绪的方式

方式	汽车服务人员语言表达
关心、表达的同时引领至独立空间	以"急客户所急"的姿态,引导客户。 "是,您说的的确很重要。嗯,这一定要马上解决,先生/女士,为了尽快帮您处理,麻烦请到我们贵宾室来。"(不要说,"为了不影响其他客户")
以积极性倾听来安抚客户的情绪,让客户发泄,言尽其意,使我们有机会了解其原因和动机	"是——哦——真的。"(重述关键字) "嗯,这我们可以理解。"
待情绪稍微平息后,开始探寻原因及澄清事实	"请问当时的情况是?" "您家人的看法是?"

（二）处理消费者不满的步骤

客户产生不满是正常的现象，汽车服务人员需要化解客户的情绪，可以通过一定的步骤来消除客户的不满，如图 4–1–1 所示。

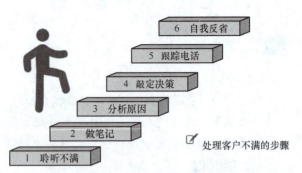

图 4–1–1　处理客户不满的步骤

1. 聆听不满

当客户存在不满的意见时，情绪会比较激动，需要发泄。这时，汽车服务人员就要尝试放线，聆听客户的不满，否则，线紧容易断线，风筝飞走了，客户也就会愤怒离去。汽车服务人员应该以"是的，我懂、我了解、我非常能够体会"的话语，缓解客户的不满情绪。当客户的不满情绪缓解之后，汽车服务人员进一步拉紧线，解释造成客户不满的原因，请教客户满意的问题处理方式。

资源 4–1–8 平息客户不满的说话方式（1）

资源 4–1–9 平息客户不满的说话方式（2）

资源 4–1–10 平息客户不满的说话方式（3）

资源 4–1–11 平息客户不满的说话方式（4）

聆听的方式又可以分为两种方式，如表 4–1–5 所示。

表 4–1–5　聆听的方式

方式	汽车服务人员具体做法
专注地聆听	专注地聆听是指汽车服务人员在倾听的时候，真诚地注视客户的眼睛，与客户的眼光交汇。专注地聆听能够有效化解客户的情绪，只有真诚、专注地聆听，以及"我懂、我了解、我能体会、我能感受"的话语才能够真正缓解客户的不满，与客户达成共识。
设身处地聆听	设身处地聆听是指为引起客户的共鸣，汽车服务人员可以倾诉亲身经历给客户，并赞美客户。因为与客户置于同一立场，这样就比较容易沟通，从而有效地消解客户的怒气。

2. 做笔记

舒缓情绪：汽车服务人员在做笔记记录客户的不满时，容易舒缓自己的情绪，可以适度地转移汽车服务人员的情绪和关注焦点。

表达对客户的尊重：做笔记可以表达汽车服务人员对客户的尊重，从而赢得客户的尊重，是投我以桃，报之以李的道理。一旦开始记录，客户的语言会越来越谨慎小心，反而不会乱说，更不会随便骂人。

避免遗忘：由于汽车服务人员并非能够做到过耳不忘，如果不做笔记记录客户的问题，当遗忘时，再求证会再次引起客户的不满并深化矛盾。

焦点转移，保持理智：在做笔记过程中汽车服务人员还要抓住一个重点，听不懂需要立刻询问。做笔记可以转移客户和汽车服务人员的焦点，汽车服务人员和客户不能同时失去理智，否则结果可能会一发不可收拾。客户都乐意在合理的沟通过程中解决问题。汽车服务人员处理客户不满时，保持自身清醒，才具有处理问题的能力。

3. 分析原因

汽车服务人员只有明确客户的需求才能够找到解决途径。在分析客户需求的过程中，汽车服务人员对于把握不准的问题，一定要再次向客户确认。尤其要注意的是，不能够因为避免撞到客户的枪口上而放弃询问，一时的面子问题会让汽车服务人员付出更大的代价。

4. 敲定决策

敲定决策的方式如表 4-1-6 所示。

表 4-1-6 敲定决策的方式

方式	汽车服务人员具体做法
前例处理方式	对于一些典型的客户不满，汽车服务人员应该有相应的处理方法，并作为一种资料备案，这样以后其他人员在处理具体的客户不满时，可以参照，而不是汽车服务人员凭借自己的发挥，进行现场处理。找到相似不满案例的处理报告，汽车服务人员的销售概率会较大
迅速	应该迅速地处理客户的不满，否则会导致无法挽回的局面。 错误："这件事不是我接手的，跟我无关！"——表明汽车服务人员不愿意负责，不会解决客户的不满。 正确："是的，我马上为您处理……"
书面记录及快速答复	汽车服务人员以书面的形式记录客户的不满，并记录客户最终所认同的处理方式，共同签名，这样可以有效避免客户以后会对解决方式产生的不满。 通过书面形式的记录，可以有效地避免言语承诺上的不可信性。 汽车服务人员承诺客户马上处理问题时，需要给客户期限上的安全感，即确定给予客户最早答复的时间，并且负责地留下自己的姓名和电话，以进一步增强客户的安全感

5. 跟踪电话

跟踪电话不仅仅是确定客户的满意程度，还可以加深客户对产品的印象，从而有利于网点的推广。

资源 4-1-12 跟踪服务——服务事项提醒

如果汽车服务人员没有及时追踪客户，就常常会产生烂苹果效应。烂苹果效应是指一位客户的不满会引发其他客户的不满，在最短的时间内，感染到所有客户，最后造成市场的连锁反应。

这种没有声音的控诉最为恐怖，在于汽车服务人员无法察觉，而且效应一直在延续。

6. 自我反省

不满处理的最终阶段不是打电话确认客户的满意，而是针对每一位客户不满的案例，进行总结，即自我反省。自我反省的内容如图 4-1-2 所示。

 在线测验

通过课前预习，了解"影响消费者情绪、情感变化的因素"，掌握"汽车消费者心理活动的情绪过程""处理消费者不良情绪的方法"等知识和技能点，并能熟练运用处理好消费者的情感。

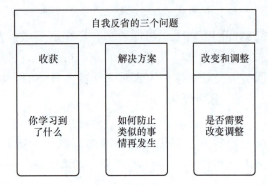

图 4-1-2 自我反省的三个问题

扫描下方"测验二维码"进入资源库平台的在线测验页面。

在线测验

 任务实施

要全面理解"汽车消费者的情绪、情感"所涉及的基础知识，并很好地解决本项目任务中所描述的刘伟遇到的情况，建议采取如下活动开展学习和训练。

（一）引导客户情绪训练

1. 任务实施目标

掌握影响消费者情绪、情感变化的因素，学会引导客户情绪，并会运用情绪、情感理论来分析消费者的情绪、情感。

2. 任务实施准备

形式：假定自己是销售顾问，与学习小组成员商讨和训练，当遇到客户不满情绪的时

候，如何引导客户情绪，并采用角色扮演法在课堂上展示。

时间：30 分钟

材料及场地：轿车一辆，接待吧台一张，客户洽谈区安排洽谈桌椅，文件夹，客户档案资料，名片，签字笔，记录夹，汽车宣传资料，茶水，计算器，学生必须着正装（衬衣、领带、皮鞋等）。

3. 任务实施步骤

（1）学生以小组为单位，3~4 人一组，每组分为两类角色，销售顾问和客户，客户可以是一人或多人，作为销售顾问的同学，要掌握引导客户情绪的具体、有效的方法。

（2）各小组在上台表演前，要设计好主要情节。扮演客户的同学要有情绪的不同表现，可以是愤怒、烦躁、警觉、疑虑、紧张、愉悦等。销售顾问要会分析客户的情绪、情感，正确引导客户情绪。一组在前边表演时，其他组要认真看，仔细听，并适当做笔记，最后打分。评价时，客户最有发言权。此活动主要是为了训练同学们正确判断消费者的当前情感。

（二）相关任务成果提交

小组成员共同完成该任务，并拍摄微视频上传至资源库平台（或空间）。

成果提交

一、拓展任务

小王在某汽车销售服务公司担任服务顾问。某日，一位年轻男客户来公司修车，经过维修人员的诊断后发现是变速器的问题，于是小王为客户开具了维修工单，但客户对维修费用表示不满，并询问小王为什么工时费高于其他维修店？如果您是小王，您将如何消除客户的负面情绪，化解客户的抱怨？

1. 请试想小王如何引导客户情绪，从容处理客户的抱怨？

2. 小组课后运用角色扮演法模拟训练该场景，并拍摄微视频或照片上传至资源库平台（或空间）。

"拓展任务"提交页面二维码

二、拓展训练

1. 情绪、情感的基本特性；
2. 影响汽车消费者情绪、情感的因素；
3. 汽车消费者情绪的类型；
4. 处理客户不良情绪的方式。

任务 4–2　汽车消费者的态度

任务引入

汽车服务人员良好的服务会给客户带来很好的印象，促使他们产生积极肯定的态度最后成为忠诚的客户。由此可见态度对汽车消费者心理和购买行为有着重要的影响。对于汽车产品和服务，是拒绝还是接受，是回避还是购买，在很大程度上取决于消费者的态度。本任务就是和大家一起探讨"汽车消费者的态度"的基本知识及技巧。

任务描述

黄女士决定买一辆车，最初，她定下的目标是一辆日产车，因为她听朋友说日产车质量较好，在看了很多4S店并进行反复的比较后，她却走进了附近一个新开的上海通用汽车特约销售公司。接待她的是一位姓段的销售顾问。一声热情的"你好"，接着是规范地请坐、递茶，让黄女士感觉相当亲切。仔细听完黄女士的想法和要求后，小段陪她参观并仔细介绍了不同型号别克轿车的性能，对于黄女士提出的各种各样的问题，小

项目四
汽车消费者的情绪、情感与态度

段都耐心、形象、深入浅出地给予回答,并根据黄女士的情况与她商讨最佳购车方案。黄女士特别注意到在去停车场看车、试车的路上,天上正下着雨,小段熟练地撑起雨伞为黄女士挡雨,却把自己淋在雨里。在看车、试车的过程中,黄女士不但加深了对别克轿车的了解,而且知道了别克轿车的服务理念,她很快就改变了想法,决定买一辆"别克"。黄女士与小段成了很好的朋友,她经常会接到小段打来询问车辆状况和提供咨询的电话,黄女士逢人便说:别克车好,销售服务更好!

如果您是销售顾问小段,您将如何接待客户,促使他们产生积极肯定的态度?

学习目标

- **专业能力**
1. 掌握促使消费者形成有利于企业的态度的手段,能把消费者的态度正确地归因;
2. 掌握"消费者态度的层次""改变消费者态度的策略"等知识和技能点。

- **社会能力**
1. 加强交际与沟通的能力;
2. 能运用多种方法,激发消费者的正面情感;
3. 树立高尚的职业道德,提供优质的服务;
4. 学会影响消费者的态度,与消费者双向沟通。

- **方法能力**
1. 通过查询资料,提高自主学习的能力;
2. 通过相关知识学习,学会理解消费者的态度,促使消费者形成有利于企业的态度;
3. 准确的自我评价能力和接受他人评价的能力;
4. 通过完成学习任务,提高运用多方资源和新的方法解决实际问题的能力。

相关知识

一、态度概述

汽车服务人员在接待客户的过程中,要让客户感觉温馨、亲切,切实为客户着想,耐心细致地给客户讲解,要与客户保持沟通。汽车服务人员需要用自己的行动成功改变汽车消费者的态度。

(一)态度的概念

态度是主体对对象反应的一种具有内在结构的稳定的心

资源4-2-1 汽车消费者的态度(微课)

理准备状态，它对人的反应具有指导性和动力性的影响，形成人们一定的行为倾向。怎么理解这一概念？

第一，态度是主体对客体反应的一种心理活动。所谓主体，是指态度的持有者，是指意识、情感等心理活动的控制体。态度的主体，不仅有个人，而且有群体。所谓客体，是指主体之外的一切对象，包括外界的一切人、事、物、制度，以及代表具体事件的观点、观念和思想，同时也包括主体自身的各个方面，自我意识就是态度持有者对自身的一种态度。

第二，态度是具有复杂的、稳定的内在结构的心理活动体系。态度的内在结构是由认知、情感和意向三种成分组成的，而且"一个都不能少"。认知因素是态度的主体对对象的了解和评价，是带有评价意义的叙述，包括对外界对象的认识与理解、赞成与反对。情感因素是指主体对于对象的情绪反应。这种反应表现为一种情感体验，即对某一类社会事物喜爱或厌恶的体验程度。意向（意图）因素是指由认知因素、情感因素所决定的对于态度对象的反应倾向。它是行为的直接准备状态，指导人对对象作出某种反应。通常它表现为"做不做""怎样做"的指令，比如，"我要写本书""我准备出去走走"。

在态度的三个因素中，认知因素是基础，情感因素在态度中具有调节作用，意图因素制约人对某一事物的行为方向。

（二）态度的特征

1. 态度的社会性

马斯洛说："同一个母亲或同一种文化，以完全相同的方式对待一只小猫或小狗，不可能把它们制造成人。文化是阳光、食物和水，但它不是种子。""婴儿中的人性和人类特性只是一种潜能，必须由社会使之实现。"任何态度都是后天习得的，这个习得，是在社会环境中实现的。离开了社会，就根本谈不上态度。

2. 态度的双向性

态度具有特定对象，它总是针对某些客观对象，如某一个人、某一群体，或者某一状态。当对象是人时，态度就可能是双向的，态度主体就可以成为态度客体，态度客体也可以成为态度主体。营业员对消费者产生态度，这个消费者也可以对营业员产生态度，这就是态度的双向性。这种情况还有很多，如夫妻之间、师生之间、医患之间、上下级之间、领导与群众之间等。

3. 态度的协调性

这个协调性是指态度的构成要素，即认知因素、情感因素和意向因素通常是协调一致的。有时候，态度内部也可能发生不一致。例如，我们有时候会听到某些同事说，我虽然知道××是个好人，但不知为什么，就是不喜欢他，不想和他来往。在日常生活中，我们也经常会遇到理智与情感不一致的情况。当态度的两种因素发生矛盾时，情感因素就会起主导作用。所以，我们在改变他人态度和平衡自己的态度时，一定要注意情感因素。

4. 态度的恒常性

态度是稳定的，它一经形成就将持续一段时间而不易改变。就是说，一个人的各种态度常常是持久不变的，因而成为其人格的一部分，使同一个人对同一对象形成前后一致的、自然的习惯性反应。

5. 态度的内隐性

态度是存在于人们内心的活动，它与行为虽然有着密切的关系，但绝不是同一概念。态度是一种心理倾向，是行为的准备。因此，它是不能直接被观察的，只能对当事人的言论、表情和行为中间接地进行分析和判断。如果你遇到喜怒不形于色的人，或者内心与外表正好相反的人，就不那么容易判断了。

二、消费者态度的层次

根据消费者购买过程中的态度的三种成分的发生顺序和所起作用，消费者的态度可以分为高参与度、低参与度、经验、行为学习四个层次。

（一）高参与度层次

指消费者会通过积极的搜寻信息过程发展品牌信念，在此基础上评估品牌，形成明确的品牌态度，做出相应的购买决策。消费者对产品的属性和利益信息最为敏感。其假定是"在行动前思考"。

（二）低参与度层次

低参与度层次指消费者在购买某些产品时，并不积极地形成品牌信念，不会积极地搜寻和处理信息，也没有强烈的品牌态度，而是根据被动接受或有限的信息做出购买决策，产生购买行为，品牌评估可能在随后才发生并且很微弱，或者根本没有发生，即购买了产品却没有形成品牌态度（品牌评估）。

（三）经验层次

经验层次指消费者并未事先了解品牌的属性和利益，而是根据自己的情感或想象来对产品做出整体评估，并据此采取购买行动，随后才形成对该品牌属性和利益的认识。

（四）行为学习层次

行为学习层次是指消费者因为环境或情境的因素在未形成情感和信念之前，就采取了行动。具体事例如表4-2-1所示。

表 4-2-1 消费者态度的层次

名称	举例	汽车服务人员具体做法
高度参与层次	例如，某消费者想选择一款日系车，他通过走访4S店，看中了一款国产品牌，但不知道口碑如何。于是他又上网查阅相关资料，再结合车辆的现场感受，最后认为此国产品牌可靠，符合自己需要并对该品牌产生相当的喜爱和信任，决定进行购买	应当通过广告大力宣传产品的属性和影响消费者的信念
低度参与层次	例如，消费者在购买某些低价的汽车附加产品时随意取舍，或者会由于想起了一句广告词而购买。对于低度参与的消费者，品牌态度对于行为没有明显的影响作用	煞费苦心地宣传属性和利益可能毫无意义，广告宣传的重点是以简洁的语言使产品品牌广为人知，而不必涉及产品的具体属性

续表

名称	举例	汽车服务人员具体做法
经验层次	例如，某些明星为汽车品牌做广告，有些人受到明星效应的影响，想象自己开车驰骋的场面，事先并没有对汽车的质量、油耗等各种属性进行了解，在购买和使用后才会对产品特点有具体的感知	可以直接影响消费者的品牌评估或情感过程而不必影响其品牌信念，即可以运用符号和形象激发消费者对产品的积极情感
行为学习层次	例如，消费者使用路边销售的某品牌防冻液	通过车展、试乘试驾、优惠活动等方法，使消费者有机会接触到汽车产品

三、改变消费者态度的策略

消费者对汽车态度的对象，包括汽车的价格、汽车的广告、汽车的性能、汽车的质量、汽车的品牌、汽车的服务、汽车的市场等。

汽车服务人员可以通过测试营销组合因素如产品、价格、渠道、广告、推销、服务等，以确定哪些因素在最有力地影响汽车消费者的购买行为。汽车服务人员也可以直接影响消费者态度成分中的购买意向成分，而不一定要首先作用于态度成分中的认知成分和情感成分。如大幅降价或给予优惠，使消费者有可能购买不太喜欢的车型，但消费者的品牌信念和品牌评估不一定发生改变。

资源 4-2-2 改变营销方案，满足客户需求

（一）改变态度的基本动机功能

改变基本动机功能是通过使态度的某一功能特别突出，从而来调整消费者的态度。态度的基本功能有效用功能、自我防御功能、价值表达功能和知识功能。消费者对同一产品的喜爱，可能是基于不同的理由，因此，可以通过改变态度的基本功能来改变消费者的态度。如果能最大限度地满足他当时的需要，则容易使其改变态度。汽车服务人员要引导消费者的观念，激发其对你所能提供的产品的需要。

（二）改变态度的构成成分

改变态度的构成成分具体方法如表 4-2-2 所示。

表 4-2-2 改变态度的构成成分

改变认知成分	具体有三种方法： （1）促使消费者对产品有新的积极的评价。这种策略往往需要产品有新的形态，如标识、包装、颜色、功能等。例如，汽车服务人员的话术是"这款车的××采用了最新的设计潮流，比其他的车型设计更加吸引路人，您未来要买的车最好有这样的××才不会落伍"。 （2）提高已存在的积极信念的强度。汽车服务人员也可以通过改变消费者已存在的积极信念的强度，来影响消费者的态度。例如，汽车服务人员的话术是"这么说，汽车的××系统是你不得不重点考虑的问题了，特别是该车是否配备了××"。 （3）降低已存在的消极信念的强度。例如，汽车服务人员的话术是"××先生，我还以为是什么大问题呢！您担心的这些都不是问题，您看……我说的没错吧"

续表

改变情感成分	在不直接影响消费者品牌信念和行为的条件下先影响他们的情感,促使他们对产品产生好感。一旦消费者以后对该类产品产生需要,这些好感就会导致购买行为。例如激发对广告本身的情感;增加消费者对品牌的接触,大量的品牌接触也能增加消费者对品牌的好感;对于低度参与的产品,可以通过广告的反复播放提高消费者的喜爱程度 资源 4-2-3 引起客户对某件事情的共鸣
改变行为成分	行为能够直接导致认知和情感的形成。因此,汽车服务人员可以直接引发消费者的行为,然后通过行为来改变他的态度。例如,试乘试驾,免费试用。汽车服务人员的话术是"来,您自己亲自试一下,您更会感觉这是一款非常优秀的车,同时也正是您想要买的那款车"

(三)利用依从技术

依从技术就是使别人的请求得到满足的行为。具体方法如下所示。

1. "登门槛技巧"

泛指在提出较大要求前,先提出较小的要求,通过使别人接受较小的要求,从而改变对较大要求的态度并相应增加其接受性。

2. 附加免费奖励

在消费者拒绝购买前通过主动降低价格取悦消费者,以获得消费者的依从。

图 4-2-1 附加免费奖励

3. 角色扮演技巧

即说服中的换位思考。汽车服务人员话术是"您的心情我非常理解""我明白,这些令您非常不方便"。

图 4-2-2　角色扮演技巧

资源 4-2-4 角色扮演技巧

4. 运用逆反心理

逆反心理泛指个人用反向的态度与行为来对外界的劝导做出反应的现象。逆反心理战术能给消费者提供高人一筹的机会。在某些时候，客户会很厌烦汽车服务人员喋喋不休的介绍，如果汽车服务人员不恰当地转变策略，销售活动可能就会面临失败的境地。这种转变的策略就是利用客户的逆反心理，如采用加压方式、冷淡方式来刺激客户的好奇心理。例如，汽车服务人员话术是"还真没想到，这几天买车的人会那么多，还真有点招架不住了"。

资源 4-2-5 运用逆反心理

5. 实施品位心理战术

实施品位心理战术，就是给消费者创造偏好的机会。每个消费者都有不同的品位追求，恰当的品位宣传会激发顾客意想不到的购买欲望。这就需要销售人员在消费者购买商品时努力发现消费者的个人嗜好及随身饰物，以便满足消费者的个人偏好，从而实现成交。例如汽车服务人员的话术是"您将会发现，当您成为这款车的主人时，将标志着您的事业又上了一个新的高度，同时也会让您的朋友为您而感到自豪"。

资源 4-2-6 品位心理战术

图 4-2-3　品位心理战术

6. 匮乏心理战术

运用匮乏心理战术可以给消费者创造出"饥饿感"。在汽车的整个销售过程中，严格控制其销售量，人为地制造出供不应求的紧张状态,利用客户希望买到紧俏商品的心理来激起其强烈的购买欲。例如，汽车服务人员话术是"这车价平时我们都是不送东西的，今天我们搞活动才破例送出这么多东西啊，最优惠的时机都不买的话，那下次您过来，我们这边再也送不出这么多东西了。如果看好了车型，您就选择最优惠的时机定下来嘛。不要让一两个××、××影响您用车的时间嘛"。

资源 4-2-7 匮乏心理战术

图 4-2-4　匮乏心理战术

7. 求实心理战术

消费者对产品是否信任对营销的成败有重要影响，求实心理战术正是为了培养消费者的"信任感"。求实心理需要的核心是讲求"实用""实惠"。例如，汽车服务人员话术是"其实您在您朋友或亲戚那买保险固然便宜几百块钱，但他们没有我们做得专业。您看在我们这儿买保险是一条龙的服务，不用您亲自去跑理赔省下不少烦心事，而且您在我公司买保险还可以享受我公司 VIP 服务"。

资源 4-2-8 求实心理战术

8. 公益心理战术

现代营销越来越强调把消费者需求与社会公众利益有机结合起来，充分体现企业对社会的高度责任感，以此树立良好的美誉度，以博得客户对其价值观的广泛认同和强烈共鸣，从而巧妙突破用户的心理防线，使之心甘情愿敞开自己的钱袋子。这种公益心理营销能给消费者以"温馨感"。例如，汽车服务人员话术是"这款车采用了先进的发动机技术，高动力、低油耗、更环保"。

资源 4-2-9 公益心理战术

9. 色彩心理战术

色彩心理战术是为了满足不同消费者的色彩嗜好。不同的色彩，不但能吸引消费者的注意，唤起消费者的兴趣，刺激他们的购买欲望，而且能使消费者获得愉悦和美感，以及精神享受。例如，汽车服务人员话术是"在夜间或视线不好的天气下行驶，白色或彩色更好被识别，对于我们的安全驾驶有很大的警示作用"。

资源4-2-10 色彩心理战术

图4-2-5 公益心理战术

通过课前预习，了解"消费者态度的层次""改变消费者态度的策略"等知识和技能点，并能熟练运用，促使消费者形成有利于企业的态度。

扫描下方"测验二维码"进入资源库平台的在线测验页面。

在线测验

要全面理解"汽车消费者的态度"所涉及的基础知识，并很好地解决本项目任务中所描述的销售顾问小段遇到的情况，建议采取如下活动开展学习和训练。

（一）怎样转变不利于销售的态度

1. 任务实施目标

学会理解消费者的态度，掌握转变态度的有效方法。

2. 任务实施准备

形式：假定自己是销售顾问，与学习小组成员商讨和训练如何在接待客户的过程中，学会理解客户，站在客户的角度考虑问题，把那些不利于销售的态度转变过来。

时间：30分钟

材料及场地：轿车一辆，接待吧台一张，客户洽谈区安排洽谈桌椅，文件夹，客户档案资料，名片，签字笔，记录夹，汽车宣传资料，茶水，计算器，学生必须着正装（衬衣、领带、皮鞋等）

3. 任务实施步骤

（1）学生以小组为单位，每组分为两类角色，销售顾问和客户。客户可表现出各种不同的态度，例如，对车辆无兴趣、感觉价格过高或要求优惠等，要有明显的语言或动作表达，关键是销售顾问要通过有效的沟通，缩短与客户的心理距离，利用有效的方法，把那些不利于销售的态度转变过来。

（2）各小组在上台表演前，要准备好主要情节与台词。一组在前边表演时，其他组要认真看，仔细听，并适当做笔记，最后打分。

（二）相关任务成果提交

小组成员共同完成该任务，并拍摄微视频上传至资源库平台（或空间）。

成果提交

一、拓展任务

刘先生来到某4S店购车，销售顾问小邹接待了他，经过了一上午的交流，客户对某款车型很满意并决定购买。新车活动送一个车损险，折现为6 000元左右，相当于优惠现金，但在成交的过程中，客户刘先生还想让4S店送他一套全车真皮（4S店的销售价是5 200元），此外还明确表示不再额外自费加装任何精品。

这对销售顾问小邹来说就比较难办了。这样算下来就优惠了将近1万元。公司肯定不会同意的。

如果您是小邹，您将如何制订营销方案，变相满足客户的需求，又能保证公司利益最大化，促使消费者形成有利于企业的态度。

1. 请试想小邹如何把消费者的态度正确地归因，激发消费者的正面情感，成功完成交易？

2. 小组课后运用角色扮演法模拟训练该场景，并拍摄微视频上传至资源库平台（或空间）。

"拓展任务"提交页面二维码

二、拓展训练

1. 态度的特征有哪些？
2. 依从技术的具体方法有哪些？

项目五

汽车消费者的性格分析

性格是人际交往的第一要素,不同的人有不同的性格,不同性格的人所喜爱的东西不一样,所对应的心理状态不一样,需求也就不一样。在汽车销售的过程中,若不了解客户的性格,想成功赢得客户好感的机会并不大。

每个客户都有各自不同的性格特点,我们要学会分析客户的性格,避实就虚,投其所好,采取他所喜爱的方式与之交往,才能赢得客户的好感。

本项目主要是对汽车消费者的性格进行分析,掌握"汽车消费者性格分析"的相关技巧,包括"汽车消费者性格类型分析""汽车消费者气质类型分析"和"汽车消费者消费观分析"三个任务,通过学习和训练,学会揣摩客户心理,并对不同类型的客户采取不同的措施,做到有的放矢,使整个营销过程达到事半功倍的效果。

任务 5-1 汽车消费者性格类型分析

任务引入

汽车销售的过程中，每个客户都有各自不同的性格特点，了解客户的性格，才能赢得客户的好感。所以，本任务中首先是面临如何分析客户的性格类型，并根据性格类型做出相应的判断和实施相应的技巧，也就是"性格类型分析"的问题。

任务描述

小冉是某汽车销售公司的销售顾问，某日他接到了一位朋友的电话，说自己的老板王先生想要买一款 A6L，朋友向其老板推荐了小冉，约定第二天一早来看车。小冉通过朋友了解到王老板是做房地产生意的，很有成就、很威严，但比较强势，喜欢命令别人，让员工感觉很有压力。

小冉放下电话后对王老板的性格做了一些分析，并查阅了一些资料准备第二天迎接这位客户。如果您是小冉，请分析王老板是属于哪种性格类型的客户？您将采用什么样的技巧应对这类型的客户？

学习目标

- **专业能力**

1. 能正确分析客户的个性、性格，满足客户需求；
2. 掌握"个性理论""性格的类型""汽车消费者的性格特征"等性格类型分析的知识和技能点。

- **社会能力**

1. 加强交际与沟通的能力；
2. 具备敏捷缜密的思维体系，强化谈判运筹能力；
3. 树立高尚的职业道德，提供优质的服务；

4. 维护组织目标实现的大局意识和团队能力；
5. 培养真诚、积极、从容的心态。
- 方法能力

1. 通过查询资料，提高自主学习的能力；
2. 通过相关知识学习，能正确判断客户的个性心理；
3. 准确的自我评价能力和接受他人评价的能力；
4. 通过完成学习任务，增强分析客户个性心理特征及处理实际问题的能力。

一、性格的相关理论

（一）性格的概念

性格是人对现实的稳定的态度以及与之相适应的习惯化的行为方式。怎么理解这一概念？

1. 性格是人的态度（稳定的）；
2. 性格是人的行为方式（习惯化的）；
3. 这里的"态度"与"行为方式"相适应。

资源 5-1-1 个性理论（微课）

（二）个性理论

 应用案例 5-1-1

【案例】

我们先设定一个场景：销售人员即将与不同性格的客户进行电话销售。A（孙悟空），B（猪八戒），C（沙僧），D（唐僧）分别为四种类型的客户性格，四个客户都曾到销售人员所在的4S店买过车，此次销售的产品是本店的4S会员卡，假定这四位客户都有购买意向，请问假如你是电话销售人员，如果分别与这四个客户进行谈判和沟通，估计你会得到这样的回答——

A 客户：这个会员卡听起来还行，但我没有时间同你谈这个事情，你跟我的助理谈吧。然后很快就说：先这样，下次再说。就会很快挂断你的电话。

B 客户：真的哦，这张会员卡假如我去做保养，是不是可以用的？不过好像蛮贵的，有什么特殊的优惠政策吗？

C 客户：行吧，我觉得你们的会员卡还蛮好的，很多地方也可以用，折扣也蛮高，你还是让我先考虑考虑吧，谢谢你啊！

D 客户：你把你们的会员卡说得这么好，那我问你：假如我不能享受这样的折扣，你该怎么解决？你是不是要赔偿我的钱还有时间？因为我肯定会和你联系的。

当我们的产品到了最后阶段，已经同关键人物接触到了，可是在关键时刻我们的促成技巧总是觉得不够用,是哪里出了问题?或许关键人物的性格分析能够帮你找到解决答案。

【案例解析】

A:孙悟空性格的客户,往往是求胜欲望很强的客户,非常坦率直接,具有超强的目标导向思维。所以,这时候客户会把他的真实想法告诉你,你可以同我助理谈。当我们的电话销售人员听到这样的回答的时候往往手足无措,因为他搞不懂客户这样的回答是什么意思,是拒绝还是退让?他想不明白。性格分析告诉了他答案,实际上客户已经在相当程度上认可了他的产品,只需要销售人员再同孙悟空的助理再谈判就能够销售成功了。但是,我们发现很多销售人员听到这样的客户回答,会放弃整个销售,因为他会从心里以为客户已经拒绝了他的产品。

B:猪八戒性格的客户,通常拥有阳光的心态,爱好广泛,乐于助人,他们还喜欢交友。我们在遇到猪八戒性格的客户时,应该是最开心的,他除了会采购你的产品之外,还会带给你好的心情。这样的客户我们一定要珍惜,要有积极的心态和他们沟通。比如他们会问到这张会员卡假如我去做保养,是不是可以用的?你可以跟他谈,你的车曾经都做过哪些保养?你可以告诉客户你可以给他带来的优惠。这样彼此的距离很快就拉近了。因为猪八戒性格的客户是需要真诚的朋友和他们去交往的。

C:沙僧性格的客户,天性宽容,稳定低调,乐天知命,与世无争,作为领导者,会以人为本。如果这样的客户发现你的产品并不是非常能够满足他的需要,他并不会急于拒绝你。他会说:考虑考虑。他们并不会急于拒绝你。如果你能够静下心来和他们谈判,他们会接受你的建议并最终采购你的产品,所以碰上这样的客户,要认真倾听他们的想法,找到解决方案,成功就会越来越近。

D:唐僧性格的客户,思想深邃,成熟稳重,情感细腻,计划周详,考虑非常全面。碰上唐僧性格的客户,通常销售人员会头大,因为唐僧类的客户肯定会从骨头里挑刺,当你把刺解决掉了,他还会再找刺,让你不停地找解决办法。让你感觉非常疲劳,感到这样的销售好像不知道何时是尽头。所以很多人不愿意碰上唐僧性格的客户。通常我建议销售人员碰上唐僧性格的客户,一定要认真地对待,不要轻言放弃,因为每一次挑刺,肯定是有客户感觉到顾虑的地方,这样的客户会帮助你快速成长。这样的客户一定要有做好持久战的心理准备,用不同的产品去引导他,或者去用组合产品来满足他不同的需求。总之,要有必胜的信念,准备攻坚战,一定会取得销售的成功。

每个人都是个性化的主体,针对不同的客户找出不同的解决办法,销售针对性会更强,用左脑和右脑进行全脑博弈,帮助客户的同时也会提升自己的销售能力。所以学习有关的个性理论,对于汽车服务人员来说就显得尤为重要。

有关个性的理论很多,最早可以追溯到希波克拉底的理论,但很多已经不适用了,比如佛兰克的T型论。目前主流的是荣格的内外倾向理论,卡特尔的16PF,艾森克的EPQ,20世纪90年代发展起来的"大五"人格理论,当然国内有王登峰本土化角度提出的"大七"

人格理论（见表 5-1-1）。

表 5-1-1　个性理论

荣格的内外倾向论	荣格根据力比多（libido）的倾向划分性格类型。个体的力比多的活动倾向于外部环境，就是外倾性的人；力比多的活动倾向于自己，就是内倾性的人。外倾意指力比多的外向转移，内倾意味着力比多的内向发展，它表现了一种主体对客体的否定联系。外倾型（外向型）的人，重视外在世界、爱社交、活跃、开朗、自信、勇于进取、对周围一切事物都很感兴趣、容易适应环境的变化。内倾型（内向型）的人，重视主观世界、好沉思、善内省、常常沉浸在自我欣赏和陶醉之中，孤僻、缺乏自信、易害羞、冷漠、寡言、较难适应环境的变化。外倾型和内倾型是性格的两大态度类型，也就是性格反应特有情境的两种态度或方式
卡特尔的16PF	16种人格因素问卷是美国伊利诺伊州立大学人格及能力测验研究所卡特尔教授编制的用于人格检测的一种问卷，简称16PF。卡特尔认为人格的基本结构元素是特质。特质的种类很多，有人类共同的特质，有各人独有的特质。有的特质取决于遗传，有的取决于环境；有的与动机有关，有的则与能力和气质有关。若从向度来分，可分为四种向度。卡特尔在其人格的解释性理论构想的基础上编制了16种人格因素问卷，从16个方面描述个体的人格特征。这16个因素或分量表的名称和符号分别是：乐群性（A）、聪慧性（B）、稳定性（C）、恃强性（E）、兴奋性（F）、有恒性（G）、敢为性（H）、敏感性（I）、怀疑性（L）、幻想性（M）、世故性（N）、忧虑性（O）、实验性（Q1）、独立性（Q2）、自律性（Q3）、紧张性（Q4）
艾森克的EPQ	艾森克以外-内倾、神经质与精神质三种人格维度为基础，于1975年制定了艾森克人格问卷（EPQ）。它是由艾森克早期编制的若干人格量表形成的。EPQ是一种自陈量表，有成人（共90个项目）和少年（共81个项目）两种形式，各包括四个量表：E-外-内倾；N-神经质；P-精神质；L-谎造或自身隐蔽（即效度量表）。由于该问卷具有较高的信度和效度，用其所测得的结果可同时得到多种实验心理学研究的印证，因此它亦是验证人格维度的理论根据
"大五"理论	该理论认为人们用来描述自己和他人的特质时仅有五个基本维度。这五个维度是非常宽泛的，因为在每一个维度中都包含很多特质，这些特质有着各自独特的内涵，但又有一个共同的主题。人格的这五个维度现在被称为"五因素模型"，也就是我们常说的"大五"人格理论。这五个因素包括外向性、和悦性、公正性、情绪性、创造性
"大七"理论	随着文化在心理学领域受重视的程度越来越高，一些华人心理学家对源于西方的"大五"人格理论提出了挑战。王登峰和崔红等人通过系统的研究，提出了中国人人格结构的七因素理论，这七个因素为外向性、善良、行事风格、智慧、情绪性、人际关系和处世态度

二、性格的分类

由于每个人的生活条件不同，所受的文化影响不一，接受的教育不同，从事的社会实践不一，加之个体在遗传素质上存在差异，所以同样的心理活动在每个人身上产生时，又总是带有个人特点。有的人刚毅果敢，有的人优柔寡断；有的人沉静内向，有的人活泼开朗；有的人喜好文艺，有的人爱好科学……这些兴趣、才能、气质、性格等表现就构成了一个人的个性。这些在一个人身上表现出的比较稳定的、经常影响整个行为活动并区别于他人的个人特色，称为个性心理特征。

心理学家们曾经以各自的标准和原则，对性格类型进行了分类，下面是几种有代表性的观点。

（1）从心理机能上划分，性格可分为理智型、情感型和意志型。

（2）从心理活动倾向性上划分，性格可分为内倾型和外倾型。

资源 5-1-2 性格的类型（微课）

（3）从社会生活方式上划分，性格分为理论型、经济型、社会型、审美型、宗教型。

（4）从个体独立性上划分，性格分为独立型、顺从型、反抗型。

而在当代，最具有权威性和准确性的性格分类学说莫过于九型人格学说（如图5-1-1所示），他是根据九种性格的号码特征用于了解职场文化的一种测试，九型人格学说被广泛推广到制造业、服务业、金融业等多个领域，在促进团队协作表现、提升销售业绩、有效沟通等方面都有不凡表现。九型人格学说将人的性格分为九种不同的类型，分别为完美型、助人型、成就型、自我型、理智型、疑惑型、活跃型、领袖型和平和型。

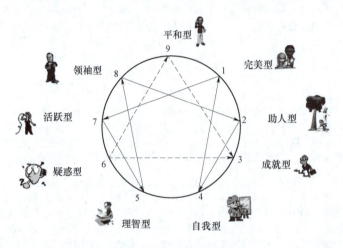

图 5-1-1　九型人格分类

（一）完美型特点

面部表情：变化少，严肃，笑容不多。

讲话方式/语调：

◆ 缺乏幽默感，直接；

◆ 毫不留情，不懂得婉转；

◆ 重复信息多次；

◆ 速度偏慢，声线较尖。

常用词汇：

应该、不应该；对、错；不、不是的；照规矩。

身体语言：

挺、硬，可以长久保持同一姿势。

资源 5-1-3 九型人格—完美型

着装特征：
◆ 非常干净整洁的印象；
◆ 对颜色、饰物的搭配很认真。

（二）助人型特点

面部表情：柔和、多笑容。

讲话方式/语调：

速度倾快，声线较沉，自嘲，有幽默感。

常用词汇：

你坐着，让我来；不要紧，没问题；好，可以；你觉得呢？

身体语言：

柔软而有力，愿意与人有身体接触。

着装特征：

比较没有特点，很普通、朴素、不太引人注意。

资源5-1-4 助人型（漫画）

（三）成就型特点

面部表情：

目光直接、锐利，刻意地不表露感受。

讲话方式/语调：

夸张，喜欢讲笑话，大声，声线不尖不沉。

常用词汇：

可以，没问题；保证；绝对；最、顶、超。

身体语言：

动作快，转变多，大手势。

着装特征：

喜欢名牌，非常时尚，他要让别人在他的外表打扮上一眼就看出他与众不同，时尚且是有财富的。

资源5-1-5 成就型（漫画）

资源5-1-6 九型人格-成就型

（四）自我型特点

面部表情：静态、幽怨。

讲话方式/语调：

分明的抑扬顿挫、小心措辞、语调柔和。

常用词汇：惯性保持静默。

身体语言：

刻意地优雅，没有大动作，慢。

着装特征：

◆ 绝妙，奢华，会注重那些自己认为有品位的衣服；

◆ 会经常穿着自己感觉比较好的衣服。

（五）理智型特点

面部表情：

冷漠，皱起眉头；眼神洞察、抽离。

讲话方式/语调：

平板，刻意表现深度，兜圈，没有感情。

常用词汇：

我想；我认为；我的分析是……；我的意见是……；我的立场是……。

资源5-1-7 九型人格—理智型

身体语言：

双手交叉胸前，上身后倾，跷腿。

着装特征：

简朴。颜色大多比较深、比较沉稳。

（六）疑惑型特点

面部表情：

◆ 慌张，避免眼神接触；

◆ 瞪起眼睛盯着人。

讲话方式/语调：

◆ 声线微带颤抖，游花园，久久不入正题；

◆ 故意粗声粗气、肌肉拉紧，刻意挺起胸膛。

常用词汇：

慢着；等等；让我想一想；不知道；唔……；或者可以的；怎么办。

资源5-1-8 九型人格—疑惑型

身体语言：

肌肉拉紧，双肩向前弯。

着装特征：

无明显特征，很少穿光鲜抢眼的服装，不认为服装能代表任何价值。

（七）活跃型特点

面部表情：

◆ 大笑或不笑，很少微笑；

◆ 有不屑的表情，有时瞪眼望人。

讲话方式/语调：

语不惊人死不休；一针见血，刻薄。

常用词汇：

管他呢、爽、用了；吃了、做了再说。

身体语言：

不断转动自体，坐立不安，手势不大。

着装特征：

◆ 一般比较随意，舒服，不喜欢穿太正式的衣服；

◆ 有时候会通过着装来显示自己的才华。

资源 5-1-9 性格的类型—活跃型　　　资源 5-1-10 九型人格—活跃型

（八）领袖型特点

面部表情：

七情上面，多变化；眼神霸气、威严。

讲话方式/语调：

肯定，有他说没你说；直入主题，声如洪钟。

资源 5-1-11 九型人格—领袖型

常用词汇：

喂，你……；我告诉你……；为什么不能？去；看我的；跟我走。

身体语言：

手指指，教导式，大动作。

着装特征：

着装比较偏正规一点，有时会想通过服装与别人有所不同。

（九）平和型特点

面部表情：

很少笑容，似睡非睡，木然。

讲话方式/语调：

间接、仿佛没有中心思想；声线低沉，慢。

常用词汇：

随便啦/随缘啦；你说呢？让他去吧；不要那么认真嘛。

身体语言：

柔软无力，东歪西倒。

资源 5-1-12 九型人格—平和型

着装特征：

◆ 喜欢色彩、倾向自然纯正的颜色；

◆ 服装随意最好，不买很贵的名牌。

三、汽车消费者的性格特征

> 应用案例 5-1-2

【案例】

汽车销售顾问小陈接待了一位客户廖先生,这一周以来小陈带廖先生看了很多款车,可是感觉廖先生总是不紧不慢的,也不太爱说话,看车时总是小陈主动介绍一句,廖先生才答一句,看完每款车后,也没有明确表态对车型是否满意,也没有谈太多的需求和价格。

小陈:廖先生,您好!您今天想看看什么车型?

廖先生:(思考状)嗯……,随便看看!(在店内不紧不慢地转悠)

小陈:廖先生,经过这么多天的选择,想必在您心目中已经有了理想的车型了吧?例如型号、配置、颜色、价格区间等。

廖先生:我现在也不确定。

小陈:那小陈愿意继续为您介绍,那您看,您最关注车的什么情况呢?例如,在选车的时候,可能要注意车的操纵是否灵活,最好不用手动挡了吧?

廖先生:那是自然,手动挡太累了!

小陈:那除了操控性外,还有什么是您重点考虑的因素呢?

廖先生:安全性,外观还要好。

小陈:综合考虑上述因素,我觉得这款新速腾比较符合您的要求。

廖先生:这么多型号,我也不是很清楚这些技术指标对我有何意义,我还是再看看吧!

请分析廖先生是属于哪种性格类型的客户?您觉得销售顾问小陈如何做会更好些?

【案例解析】

案例中的廖先生是属于平和型的客户,平和型的客户稳定,友善,不大引起别人的注意,相对比较没有主见,针对廖先生此类的客户,不要给客户太多的选择,销售顾问在必要时应多多引导,给予建设性意见,并且在必要的时候帮助对方做些选择或出点主意。

资源 5-1-13 性格的类型—平和型

(一)汽车消费者的性格特征

1. 汽车消费者的态度特征

汽车消费者的态度特征,体现在他们对社会、对集体、对工作、对劳动、对他人、对自己等各个方面。在对社会方面,他们很清楚他们的消费(购买汽车的行为)就是对社会的贡献,正是由于许许多多汽车消费者的购买行为,才支持了汽车企业的生产,也支持了国家的税收。在对集体方面,自己买了车,以后集体里有什么事,自己也能尽一份力。在对工作和劳动方面,自己买了车,更能保证上班不迟到。

资源 5-1-14 汽车消费者的性格特征(微课)

在对他人方面，有了车，谁家有个事，会很方便地去帮忙。在对自己方面，买车可以使自己和全家人更好地享受生活。

2. 汽车消费者的情绪特征

一般来说，汽车消费者的情绪控制能力还是可以的，情绪对他们的购买行为有影响，但还能控制。他们不是心血来潮，脑子一热，就去买车，过后又后悔。如果在4S店，他们没有受到不良情绪的刺激，他们不会改变主意，会完成购买行为。这就给营销人员提出了一个话题：怎样做，才能不使消费者产生消极情绪，从而失去了一次良好的销售机会；怎样做，才能使消费者产生积极的情绪，从而促成购买行为，实现销售任务。

3. 汽车消费者的意志特征

汽车购买者的行为，一般都是有计划的，是独立自主的，不受别人左右的。他们去4S店，很少一个人去，也许一家人，也许跟朋友、同事去。营销人员要想左右他们，最终促成购买行为，是要下一番功夫的。

4. 汽车消费者的理智特征

在购买汽车的认知活动中，他们一般表现为主动观察，而不是被动。在思考问题时，他们是先分析，再综合；在感知方面，他们是快速感知汽车的全貌，再精细感知某一部分；在记忆方面，他们更多的是主动记忆、形象记忆；在思维方面，他们是主动思维与被动思维兼而有之，以主动为主，独立思考与依赖他人兼而有之，以独立思考为主。

（二）各种性格类型的客户的应对方法

在汽车销售过程中，潜在的用户往往会出现各种心理变化，如果销售人员不仔细揣摩客户的心理，不拿出"看家功夫"，就很难摸透对方的真正意图。

如何对不同的客户进行汽车销售，看其属于哪种类型的人而采取不同的措施，做到有的放矢，从而能起到事半功倍的效果。这里总结了几种常见的客户性格类型。

资源 5-1-15 不同性格客户的谈判技巧

1. 从容不迫型

特点：

严肃冷静，遇事沉着，不易为外界事物和广告宣传所影响，他们对销售人员的建议认真聆听，有时还会提出问题和自己的看法，但不会轻易做出购买决定。

从容不迫型的客户对于第一印象恶劣的销售人员绝不会给予第二次见面机会，而总是与之保持距离。

对策：

销售人员必须从熟悉产品特点着手，谨慎地应用层层推进引导的办法，多方分析、比较、举证、提示，使客户全面了解利益所在，以期获得对方理性的支持。和这类客户打交道时，销售建议只有经过对方理智的分析思考，才有被客户接受的可能；反之，拿不出有力的事实依据和耐心的说服讲解，销售是不会成功的。

资源 5-1-16 从容不迫型客户特点及对策

2. 优柔寡断型

特点：

犹豫不决，即使决定购买，对于配置、价格、品牌等也要反复比较，难以取舍。他们外表温和，却总是瞻前顾后，举棋不定。

对策：

销售人员首先要做到不受对方影响，商谈时切忌急于成交，要冷静地引导客户表达出所疑虑的问题，然后根据问题做出说明，并拿出有效例证，以消除客户的犹豫心理。等到对方确定产生购买欲望后，销售人员不妨采取直接行动，促使对方做出决定。比如说："先生，我们现在可以下订单吧！"

资源 5-1-17 优柔寡断型客户应对技巧（漫画）

资源 5-1-18 优柔寡断型客户特点及对策

3. 自我吹嘘型

特点：

喜欢自我夸张，虚荣心很强，总在别人面前炫耀自己见多识广，高谈阔论，不肯接受他人的劝告。例如，他跟你们经理很熟，他如何如何好。

对策：

与这类客户进行销售的要诀是，从他自己熟悉的事物中寻找话题，适当利用请求的语气。在这种人面前，销售人员最好是当一个"忠实的听众"，津津有味地为对方称好道是，且表现出一种羡慕钦佩的神情，彻底满足对方的虚荣心，这样对方较难拒绝销售人员的建议。

资源 5-1-19 自我吹嘘型客户应对技巧

资源 5-1-20 自我吹嘘型客户特点及对策

4. 豪爽干脆型

特点：

乐观开朗，不喜欢婆婆妈妈式的拖泥带水的做法，决断力强，办事干脆豪放，说一不二，慷慨坦诚，但往往缺乏耐心，容易感情用事，有时会轻率马虎。

资源 5-1-21 豪爽干脆型客户特点及对策

对策：

销售人员必须掌握火候，使对方懂得攀亲交友胜于买卖，介绍时干净利落，简明扼要讲清你的销售建议，不必绕弯子，对方基于其性格和所处场合，肯定会干脆爽快地给予回复。

5. 喋喋不休型

特点：

喜欢凭自己的经验和主观意志判断事物，不易接受别人的观点。他们一旦开口，便滔滔不绝，没完没了，口若悬河，常常离题万里，销售人员如不及时加以控制，就会使双方的洽谈成为家常式的闲聊。

对策：

资源 5-1-22 喋喋不休型客户特点及对策

要利用他叙述评论兴致正高时引入销售的话题，使之围绕销售建议展开。当客户情绪激昂，高谈阔论时要给予合理的时间，切不可贸然制止，愈想急切地向对方说明，愈会带来逆反作用。当双方的销售协商进入正题，销售人员就可任其发挥，直至对方接受你的建议为止。

6. 沉默寡言型

特点：

老成持重，稳健不迫，对销售人员的宣传劝说之词虽然认真倾听，但反应冷淡，不轻易表达自己的想法，其内心感受和评价如何，外人难以揣测。

资源 5-1-23 沉默寡言型客户特点及对策

对策：

销售人员应该避免讲得太多，尽量使对方有讲话的机会和体验的时间，要循循善诱，着重以逻辑启发的方式劝说客户，详细说明车型价值和利益所在，并提供相应的资料和证明文件，供对方分析思考、判断比较，加强客户的购买信心，引起对方购买欲望。

7. 吹毛求疵型

特点：

这类客户怀疑心重，片面认为销售人员只会夸张地介绍车型的优点，而尽可能地掩饰缺点与不足，如果相信销售人员的甜言蜜语，可能会上当受骗。所以，这类客户多半不易接受他人的意见，而是喜欢鸡蛋里面挑骨头，一味唱反调、抬杠，争强好胜，喜欢当面与销售人员辩论一番。

资源 5-1-24 吹毛求疵型客户特点及对策

对策：

销售人员要采取迂回战术，先与他交锋几个回合，但必须适可而止，最后故作宣布"投降"，假装败下阵来，表达对对方高见心服口服，并伴赞对方独具慧眼、体察入微，不愧人杰高手。待其吹毛求疵的心态发泄之后，再转入销售的论题。销售人员一定要注意满足对方争强好胜的习惯以发表他的意见和看法。

8. 虚情假意型

特点：

这类客户大部分在表面上十分和蔼友善，欢迎销售人员的介绍。销售人员有所问，他肯定有所答，但唯独对购买缺少诚意。如果销售人员明确提出购买事宜，对方或顾左右而言他，或装聋作哑，不做具体表示。

资源 5-1-25 虚情假意型客户特点及对策

对策：

应对这类客户，销售人员首先要取得对方的完全信赖，"空口白牙"是无法使他们心悦诚服的，必须拿出有力的证据，如关于已购车客户的反馈、权威部门认可的鉴定证明等。在这类客户面前，销售人员应有足够的耐心与之周旋，同时可提出一些优惠条件供对方选择考虑。

9. 情感冲动型

特点：

这类客户或多或少带有神经质：第一，他们对于事物变化的反应敏感，一般人容易忽视的事情，这种人不但注意到了，而且还可能耿耿于怀；第二，他们过于自省，往往对自己所采取的态度与行为产生不必要的顾虑；第三，他们情绪表现不够稳定，容易偏激，即使在临近签约时，也可能忽然变卦。

资源 5-1-26 情感冲动型客户特点及对策

对策：

面对此类客户，销售人员应当采取果断措施，切勿碍于情面，必要时提供有力的说服证据，强调给对方带来的利益与方便。做出成交尝试，不断敦促对方尽快做出购买决定，不给对方留下冲动的机会和变化的理由。

10. 心怀怨恨型

特点：

这类客户对销售活动怀有不满和敌意，若见到销售人员的主动介绍，便不分青红皂白，不问清事实真相，满腹牢骚破口而出，对你的宣传介绍进行无理攻击，给销售人员造成难堪的局面。

对策：

这类客户的抱怨和牢骚中可能有一些是事实，但大部分情况还是由于不明事理或存在误解而产生的；有些则是凭个人的想象力或妄断才对销售人员做出恶意攻击。与这类客户打交道时，销售人员应先查明客户抱怨和牢骚产生的原因，并给予同情和宽慰。

11. 圆滑难缠型

特点：

在洽谈时，他们会毫不客气地指出产品的缺点，且先入为主地评价产品质量与经销商实力，还会声称另找经销商购买，以观销售人员的反应。

对策：

销售人员要预先洞察客户的真实意图和购买动机，在面谈时造成一种紧张气氛，如库存不多，不久要提价，已有人订购等，使对方认为只有当机立断做出购买决定才是明智举动。对方在如此"紧逼"的气氛中，销售人员再强调购买的利益与产品的优势，加以适当的"引诱"，如此双管齐下，客户就没有了纠缠的机会，失去退让的余地。

所有专业销售技能的理论的发展是建立在对人性的透彻了解之上的，所有人最担心的事情是被拒绝，所有人最需要的是被接受。为了更好地服务客户，汽车服务人员必须学会分析客户，任何人都喜欢讨论对他们自己非常重要的事情，人们只能听到他们理解的话。这样，销售人员就要学会从客户的性格去分析客户，对症下药，以不变应万变。

通过课前预习，了解"性格的相关理论""性格的分类""汽车消费者的性格特征"，掌握"常见的消费者性格类型及应对方法"等知识和技能点，并能熟练运用进行客户接待。

扫描下方"测验二维码"进入资源库平台的在线测验页面。

在线测验

要全面理解"汽车消费者性格类型分析"所涉及的基础知识，并很好地解决本项目任务中所描述的汽车销售人员小冉遇到的情况，建议采取如下活动开展学习和训练。

（一）判断客户性格类型模拟训练

1. 任务实施目标

能从客户的面部表情、讲话方式、身体语言等方面判断客户的性格类型。

2. 任务实施准备

形式：假定自己是销售顾问小冉，与学习小组成员商讨和训练如何通过客户的面部表情、讲话方式、身体语言等方面判断客户的性格类型，并采用角色扮演法在课堂上展示。

时间：30分钟

材料及场地：轿车一辆，接待吧台一张，客户洽谈区安排洽谈桌椅，文件夹，客户档案资料，名片，签字笔，记录夹，汽车宣传资料，茶水，计算器，学生必须着正装（衬衣、领带、皮鞋等）。

3. 任务实施步骤

（1）学生以小组为单位，两人一组，每组分为两类角色，销售顾问和客户。关键是销售顾问要能抓住客户的面部表情、讲话方式、身体语言等特点。

（2）各小组在上台表演前，扮演客户的同学要按照情境表演，设计好动作、表情、语言。一组在前边表演时，其他组要认真看，仔细听，并适当做笔记，最后打分。

（二）相关任务成果提交

小组成员共同完成该任务，并拍摄微视频上传至资源库平台（或空间）。

成果提交

一、拓展任务

李先生与销售顾问小张约好今天到公司签订单（小张带客户李先生在这一个月内看了很多车型，李先生最终看中了一款黑色的A4L，这款车前后也谈了好多次，光缴交的税费、保险清单就反复详细了解了三天），客户李先生准时到了公司，看上去精神不太好，显然是昨晚没有休息好，他对小张说："我昨天考虑一个晚上，前天也看了你们公司提供的销售合同和列出缴交的税费、保险清单，我想能不能你把这些资料复印一份给我，我回去再研究一下细节部分。"

1. 请根据上述描述判断李先生是属于哪种性格类型的客户？如果您是小张，您将如何处理？

2. 小组课后运用角色扮演法模拟训练该场景，并拍摄微视频上传至资源库平台（或空间）。

"拓展任务"提交页面二维码

二、拓展训练

1. 九型人格包括哪几种性格？
2. 成就型的人，其特点是什么？
3. 优柔寡断型客户的特点及应对方法有哪些？

任务 5-2　汽车消费者气质类型分析

任务引入

汽车服务人员在接待客户的过程中，往往不能及时根据客户本身气质做出应对方法。通过本次项目任务的学习让学生掌握"气质类型理论""气质类型分类""汽车消费者气质特征"等气质类型分析的知识和技能点，并能熟练运用气质特征、气质类型理论正确判断消费者气质类型，以便做出相应的应对方案。

任务描述

在中国质量万里行活动中，不少制造、销售伪劣商品的工商企业被曝光，消费者感到由衷的高兴。3月15日是世界消费者权益日，某大型零售企业为了改善服务态度、提高服务质量，向消费者发出意见征询函，调查内容是"如果您去商店退换商品，销售员不予退换怎么办？"请被调查者写出自己遇到这种事时怎样做。其中，会有以下几种答案。

（1）耐心诉说。尽自己最大努力，苦口婆心地慢慢解释退换商品原因，直到问题得到解决。

（2）自认倒霉。向商店申诉也没用，商品质量不好又不是商店生产的，自己吃点亏下回长经验。

（3）灵活变通。找好说话的其他售货员申诉，找营业组长或值班经理求情，只要有一人同意退换就有望解决。

（4）据理力争，绝不求情。脸红脖子粗地与售货员争到底，不行就向媒体曝光，再不解决向工商局、消费者协会投诉。

如果您是被调查者，您会选择哪种处理方式？每种方式各反映出消费者哪些气质特征？

项目五 汽车消费者的性格分析

学习目标

- **专业能力**

1. 能正确分析客户的气质类型，了解客户气质特征并做出应对方案，并满足客户的感性需求；
2. 掌握"气质类型理论""气质类型分类""汽车消费者气质特征"等气质类型分析的知识和技能点。

- **社会能力**

1. 能根据消费者言行举止判断其气质类型并预测购买行为；
2. 能客观地分析和认识客户气质特征中的长处和短处，控制其消极方面，发展其积极方面；
3. 使学生把工作内容视为自身需要，养成爱岗敬业的职业道德。

- **方法能力**

1. 通过查询资料，提高自主学习的能力；
2. 对不同气质类型的客户区别对待，发现客户气质中的长处；
3. 准确的自我评价能力和接受他人评价的能力；
4. 通过完成学习任务，提高解决实际问题的能力。

相关知识

一、气质类型相关理论

（一）气质的概念

气质是先天的心理活动的典型的稳定的动力特征。

怎么理解这一概念？

1. 气质是先天的（与日常生活里说的气质是两码事）；
2. 气质是典型的稳定的；
3. 气质是心理活动的动力特征（强度、平衡性、灵活性）。

资源 5-2-1 气质类型理论（微课）

气质是人的个性心理特征之一，它是指在人的认识、情感、言语、行动中，心理活动发生时力量的强弱、变化的快慢和均衡程度等稳定的动力特征。主要表现在情绪体验的快慢、强弱、表现的隐显以及动作的灵敏或迟钝方面，因而它为人的全部心理活动表现染上了一层浓厚的色彩。它与日常生活中人们所说的"脾气""秉性""性情"等含义相近。

（二）气质类型理论

1. 体液说

希波克拉底是古希腊著名的医生，他认为气质的不同是由于人体内不同的液体决定的。他设想人体内有血液、黏液、黄胆汁、黑胆汁四种液体，并根据这些液体混合比例哪一种占优势，把人分为不同的气质类型：体内血液占优势属于多血质，黄胆汁占优势属于胆汁质，黏液占优势属于黏液质，黑胆汁占优势属于抑郁质。可见，他把人的气质分为多血质、胆汁质、黏液质、抑郁质四种类型。

资源 5-2-2 体液说

资源 5-2-3 胆汁质特点（漫画）

资源 5-2-4 多血质特点（漫画）

资源 5-2-5 黏液质特点（漫画）

资源 5-2-6 抑郁质特点（漫画）

2. 体型说

体型说由德国精神病学家克雷奇默提出。他根据对精神病患者的临床观察，认为可以按体型划分人的气质类型。根据体型特点，他把人分成三种类型，即肥满型、瘦长型、筋骨型。例如，肥满型产生躁狂气质，其行动倾向为善交际、表情活泼、热情、平易近人等；瘦长型产生分裂气质，其行动倾向为不善交际、孤僻、神经质、多思虑等；筋骨型产生黏着气质，其行动倾向为迷恋、认真、理解缓慢、行为较冲动等。他认为三种体型与不同精神病的发病率有关。

资源 5-2-7 体型说

3. 激素说

激素说是生理学家柏尔曼提出的。他认为，人的气质特点与内分泌腺的活动有密切关系。此理论根据人体内哪种内分泌腺的活动占优势，把人分成甲状腺型、脑下垂体型、肾上腺分泌活动型等。例如，甲状腺型的人表现为体格健壮，感知灵敏，意志坚强，任性主观，自信心过强；脑下垂体型的人表现为性情温柔，细致忍耐，自制力强。现代生理学研究证明，从神经—体液调节来看，内分泌腺活动对气质影响是不可忽视的。但激素说过分强调了激素的重要性，从而忽视了神经系统，特别是高级神经系统活动特性对气质的重要影响，不乏片面倾向。

资源 5-2-8 激素说

4. 血型说

血型说是日本学者古川竹二等人的观点。他们认为气质是由不同血型决定的，血型有 A 型、B 型、AB 型、O 型，与之相对应气质也可分为 A 型、B 型、AB 型与 O 型四种。A 型气质的特点是温和、老实稳妥、多疑、顺从、依赖他人、感情易冲动。B 型气质的特点是感觉灵敏、镇静、不怕羞、喜社交、好管闲事。AB 型气质特点是上述两者的混合。O 型气质特点是意志坚强、好胜、霸道、喜欢指挥别人、有胆识、不愿吃亏。这种观点也是缺乏科学根据的。

5. 活动特性说

活动特性说是美国心理学家巴斯的观点。他用反应活动的特性，即活动性、情绪性、社交性和冲动性作为划分气质的指标，由此区分出四种气质类型。活动性气质的人总是抢先迎接新任务，爱活动，不知疲倦，婴儿期总是表现出手脚不停乱动，儿童期表现出在教室坐不住，成年时显露出一种强烈的事业心。情绪性气质的人觉醒程

资源 5-2-9 活动特性说

度和反应强度大。婴儿期表现出经常哭闹，儿童期表现出易激动，难以相处，成年时表现出喜怒无常。社交性气质的人渴望与他人建立密切的联系，婴儿期表现出要求母亲与熟人在身旁，孤单时好哭闹，儿童期表现出易接受教育的影响，成年时与周围人相处很融洽。冲动性气质的人缺乏抑制力，婴儿期表现出等不得母亲喂饭等，儿童期表现出经常坐立不安，注意力容易分散，成年时表现为讨厌等待，倾向于不假思索地行动。用活动特性来区分气质类型是近年来出现的一种新动向，不过活动特性的生理基础是什么，却没有揭示出来。

6. 高级神经活动类型说

俄国生理学家巴甫洛夫根据动物实验，得出了高级神经活动的三个特性：这三种基本特性是：① 基本神经过程的强度，即兴奋和抑制过程的强度，大脑神经细胞经受长时间的强有力的兴奋和抑制的能力。② 基本神经过程的平衡性，即兴奋过程和抑制过程强度上的相互关系。③ 基本神经过程的灵活性，即兴奋过程和抑制过程相互交替的容易程度和速度。这三种基本特性的不同组合就构成了高级神经活动的不同类型，其中最常见的是下列四种类型：① 强、不平衡、兴奋过程占优势型。② 强、平衡、灵活型。③ 强、平衡、不灵活型。④ 弱、抑制过程占优势型。他认为，在动物身上发现的高级神经活动的类型差异，在人类身上同样存在。上述四种高级神经活动类型分别与传统的人类四种不同气质中的胆汁质、多血质、黏液质和抑郁质相当。

二、气质类型分类

（一）气质类型及特点

 应用案例 5-2-1

【案例】

某位心理学家做过一项实验，有四个人去戏院看戏，都迟到了 15 分钟，工作人员拦住

他们，"先生，对不起，您已经迟到15分钟，为了不影响他人，您不能进入。"

第一个人：愤怒地与检票员争吵起来，想闯入剧场，"为什么不让我进！你知道我为什么迟到吗？刚才有个老大娘摔倒了，我为了扶她才来晚，我是做好事，怎么能不让我进？——好好好，进去吧。"从第一个人的行为可以判断，他属于胆汁质气质类型，胆汁质的人精力充沛、情绪发生快而强、言语动作急速而难以自制、热情、显得直爽而大胆、易怒、急躁。

资源5-2-10 气质类型及特点

第二个人："听你的口音，你是南阳人吧？我老婆也是，这里有南阳的烟，你来根儿。我是税务局的，以后有什么事情，尽管找我。"——快进去吧。从第二个人的行为可以判断，他属于多血质气质类型，多血质的人活泼好动、敏感、情绪发生快而多变、注意力和兴趣容易转移、思维动作言语敏捷、亲切、善于交往，但往往表现出轻率、不真挚。

第三个人：很理解检票员的做法，并自我安慰"第一场戏总是不太精彩，先去小卖部买点吃的休息一下，等幕间休息再进去不迟"。这种人属于黏液质，安静、沉稳、情绪发生慢而弱、言语动作和思维比较迟缓，显得庄重、坚忍，但往往表现出执拗、淡漠。

第四个人："呀！我确实迟到了，不好意思。"进而想到"我运气不好，如果这场戏看下去，还不知要出什么麻烦呢"。于是，扭身回家去了。这是典型的抑郁质，柔弱易倦、刻板认真、情绪发生慢而强、言行迟缓无力、胆小忸怩、善于觉察别人不易觉察的细小事物，容易变得孤僻。

【案例解析】

结合这个小故事的例子，我们不难发现气质类型的划分为我们了解自己和他人提供了一些参考依据，气质无好坏之分，但每种气质类型都有积极和消极两个方面。消费者的气质体现在其购买行为当中，如果汽车服务人员能够掌握和判断消费者的气质类型特征，就能够有效提高自己的工作效率，在销售中化不利为有利。

资源5-2-11 气质类型分类（微课）

气质类型可以划分为胆汁质、多血质、黏液质、抑郁质。

1. 胆汁质

气质特点：情绪易激动，反应迅速，行动敏捷，暴躁而有力；性急，有一种强烈而迅速燃烧的热情，不能自制；在克服困难上有坚韧不拔的劲头，但不善于考虑能否做到；工作有明显的周期性，能以极大的热情投身于事业，也准备克服且正在克服重重困难和障碍，但当精力消耗殆尽时，便失去信心，情绪顿时转为沮丧而一事无成。

资源5-2-12 胆汁质-张飞

代表人物：张飞、李逵

2. 多血质

气质特点：灵活性高，易于适应环境变化，善于交际，在工作、学习中精力充沛而且效率高；对什么都感兴趣，但情感兴趣易于变化；有些投机取巧，易骄傲，受不了一成不变的生活。

代表人物：贾宝玉、王熙凤

资源 5-2-13 多血质-王熙凤

3. 黏液质

气质特点：反应比较缓慢，坚持而稳健地辛勤工作；动作缓慢而沉着，能克制冲动，严格恪守既定的工作制度和生活秩序；情绪不易激动，也不易流露感情；自制力强，不爱显露自己的才能；固定性有余而灵活性不足。

代表人物：沙僧、林冲

资源 5-2-14 黏液质-林冲

4. 抑郁质

气质特点：高度的情绪易感性，主观上把很弱的刺激当作强作用来感受，常为微不足道的原因而动感情，且有力持久；行动表现上迟缓，有些孤僻；遇到困难时优柔寡断，面临危险时极度恐惧。

代表人物：林黛玉、凡·高

资源 5-2-15 抑郁质-林黛玉

（二）气质与性格的关系

性格与气质的区别主要表现在三个方面：第一，从起源上看，气质是先天的，性格是后天的。第二，从可塑性上看，气质的可塑性小，性格的可塑性大。第三，气质所指的典型行为是它的动力特征，与行为内容无关，所以气质没有好坏之分。性格主要是指行为的内容，它表现为个体与社会环境的关系，有好坏、善恶之分。

两者的联系：第一，气质会影响个人性格的形成。第二，气质可以按照自己的动力方式渲染性格特征，从而使性格特征具有独特的色彩。第三，气质会影响性格特征的形成或改造的速度。第四，性格可以在一定程度上掩盖或改变气质，使它服从于生活实践的要求。

（三）气质的意义

气质不影响活动的性质，但可以影响活动的效率，如果在学习、工作、生活中考虑到这一点，就能够有效提高自己和他人的效率。

人的气质本身无好坏之分，气质类型也无好坏之分。在评定人的气质时不能认为一种气质类型是好的，另一种气质类型是坏的。每一种气质都有积极和消极两个方面，在这种情况下可能具有积极的意义，而在另一种情况下可能具有消极的意义，如胆汁质的人可成为积极、热情的人，也可发展成为任性、粗暴、易发脾气的人；多血质的人情感丰富，工作能力强，易适应新的环境，但注意力不够集中，兴趣容易转移，无恒心等。气质相同的人可有成就的高低和善恶的区别。抑郁质的人工作中耐受能力差，容易感到疲劳，但感情比较细腻，做事审慎小心，观察力敏锐，善于察觉到别人不易察觉的细小事物。气质不能决定人们的行为，是因为人们可以自觉地去调节和控制。

气质不能决定一个人活动的社会价值和成就的高低。据研究，俄国的四位著名作家就是四种气质的代表，普希金（代表作：《上尉的女儿》）具有明显的胆汁质特征，赫尔岑（代表作：《谁之罪》）具有多血质的特征，克雷洛夫（代表作：《会模仿的猴子》）属于黏液质，而果戈理（代表作：《钦差大臣》）属于抑郁质。类型各不相同，却并不影响他们同样在文学上取得杰出的成就。气质只是属于人的各种心理品质的动力方面，它使人的心理活动染上某些独特的色彩，却并不决定一个人性格的倾向性和能力的发展水平。所以气质相同的人可以成为对社会做出重大贡献、品德高尚的人，也可以成为一事无成、品德低劣的人；可以成为先进人物，也可以成为落后人物，甚至反动人物。反之，气质极不相同的人也都可以成为品德高尚的人，成为某一职业领域的能手或专家。

气质虽然在人的实践活动中不起决定作用，但是有一定的影响。气质不仅影响活动进行的性质，而且可能影响活动的效率。例如，要求做出迅速灵活反应的工作对于多血质和胆汁质的人较为合适，而黏液质和抑郁质的人则较难适应。反之，要求持久、细致的工作对黏液质、抑郁质的人较为合适。在一般的学习和劳动活动中，气质的各种特性之间可以起互相补偿的作用，因此对活动效率的影响并不显著。对先进纺织工人所做的研究证明，一些看管多台机床的纺织女工属于黏液质，她们的注意力稳定，工作中很少分心。这在及时发现断头故障等方面是一种积极的特性。注意的这种稳定性弥补了她们从一台机床到另一台机床转移注意较为困难的缺陷。另一些纺织女工属于活泼型，她们的注意比较容易从一台机床转向另一台机床，这样注意易于转移就弥补了注意易于分散的缺陷。

三、汽车消费者的气质特征

 应用案例 5-2-2

【案例】

小陈是某 4S 店的销售顾问，某日，小陈接待了一位中年女士，并给他推荐了一款A4。小陈从车的外形到配置、性能都做了详细介绍，而且带她试车。客户很满意，当场成交。没想到的是，晚上 8 点，小陈接到了女士的电话，说感觉到车的发动机声音很大，她的朋友在旁边也说比别的发动机声音大很多。小陈没做太多解释，只是说 A4 作为一款跑车，强劲均匀的马达声正是它运动性能的体现。客户发了一通牢骚后挂断电话，可是没想到电话却接二连三地打来，一直到凌晨 12 点，客户仍然坚持自己有偏头痛，声音过大无法适应。

第二天一早，客户气冲冲地来到 4S 店找到小陈，小陈先是安抚了客户的情绪，在听客户发牢骚的过程中，小陈细致观察了客户，这位女客户说话很快，走路也很快，急躁且嗓门大，总是以教训人的口吻说："我自己有偏头痛，声音大我真的无法忍受，我要退车，你明不明白！"通过认真观察以及联想到昨晚这位女士不断打来电话的经历，小陈判断这位客户属于胆汁质气质类型，这种类型的客户脾气暴躁、控制不了自己的情绪、点火就着。小陈的头脑中立刻回想起培训时，老师所讲的应对不同类型的客户的技巧，为这类客户提供服务时要头脑冷静，语言简洁动作快速，态度好，急他所急，想他所想，全心全意地为他服务。

小陈立刻把情况向销售经理汇报，并且提出让客户退车的请求。在获得公司支持的情况下，小陈把客户约到大厅，与她进行了沟通："对不起，给您带来了麻烦，我们公司同意原价收回那辆车。"客户听了，也渐渐平缓了自己的情绪，说话的语气也变得好了起来，"A4 我非常喜欢，但偏头痛的毛病让我与它无缘，昨晚打扰你一晚上，真不好意思。"

没想到一个月后，那位女士又来了，"小陈，我又来了，我老公要换车，本来开广本，我推荐他来买 A6，你给讲讲吧！"于是整个成交过程就是在轻松愉快的气氛种进行的，小陈与这位客户成了很好的朋友。

【案例解析】

这个案例告诉我们，产品需求是最容易满足且可以替代的，只有心理需求的满足是不可替代的。销售人员不能改变客户曾经的经历，但可以满足客户过往及现在形成的心理需求。

任何客户都有自己的弱点，因此汽车服务人员必须了解自己的客户，而前提条件是学会判断客户的气质类型，并掌握相应的应对方法。只有这样才能满足客户的心理需求，为客户提供超出预期的服务。

资源 5-2-16 汽车消费者的气质特征—胆汁质

（一）汽车消费者的气质类型及特征

走进 4S 店，汽车消费者们主要有以下四种类型。

1. 胆汁质（现实生活中一般为 O 型血）

这类消费者的主要特点是：说话快，走路快，性子急，嗓门大，说话还爱以教训人的口吻说"你知道不""你明白不"。这类人的精力充沛，好像有使不完的劲儿。他们做事容易粗枝大叶，马虎。作为 4S 店的销售顾问，只要细心观察，就会准确地把他们从人群中区分开来。

资源 5-2-17 汽车消费者的气质特征（微课）

他们来了，不管是几个人，首先听到的，是他们的大嗓门。他们走起路来都有风。他们不但说话快，走路快，还控制不了情绪，属于点火就着。他们在 4S 店里观察汽车，没有黏液质和抑郁质两类人那么仔细认真。

资源 5-2-18 胆汁质客户特征

2. 多血质（现实生活中一般为 B 型血）

这类消费者比较外向，爱说话，好交际，适应能力强。他们比较热情，爱帮助人。走到哪儿都有说有笑。他们是到4S店里最爱说话和最先说话的一类人。他们也有自己的弱点，注意力很难在一件事情上保持很长时间，他们的情感也容易转移。他们虽然与胆汁质都属于外向，却不像胆汁质那么急，那么快，那么大嗓门。由于他们爱交际，适应力强，所以，不管他们走到哪儿，都是最先适应环境的人。由于他们爱交往，所以，他们比较容易与别人搞好关系。在4S店里，跟别人发生争执的，是胆汁质的人，而不是他们。

资源 5-2-19 多血质客户特征

3. 黏液质（现实生活中属于 A 型血的那类）

这类人的主要特征是：内向好静，稳重，三思后行，交际适度，克制力强。他们说话慢，走路慢，总的来说不爱说话，话少。脸上的表情也很少。一般想琢磨他们，很难。他们的弱项是：因循守旧，固执己见，爱钻牛角尖。

他们进4S店，跟平时一样，话少，他们从不主动跟营销人员搭讪，不容易受别人的影响。

资源 5-2-20 黏液质客户特征

4. 抑郁质（现实生活中一般属于 AB 型血偏 A 的那类）

这类人也内向，但与黏液质那种内向是截然不同的两种类型。他们腼腆孤僻，敏感多疑，不善交际，适应力差。他们感情丰富，细腻，多愁善感。他们主要属于"敏感型"和"多疑型"。在4S店里，问题最多的，是他们；对什么都不相信的，是他们；好脸红，要面子的，是他们。

资源 5-2-21 抑郁质客户特征

（二）四种气质类型的客户在电话中的特征

万事开头难，只有能找出潜在客户，才能进行下一步的工作。客户开发是汽车销售流程中的第一步，通过电话预约与潜在客户建立联系就显得非常重要。而要想顺利见到潜在客户，就要学会在电话中通过客户的声音、行为特征判断客户气质类型，采用恰当的方法引导客户来店看车。客户在电话中的声音、行为特征如表5-2-1所示。

表 5-2-1 客户在电话中的声音、行为特征

类型	声音特征	行为特征	图例
胆汁质	● 讲话快、音量大 ● 音调变化不大 ● 可能面无表情	● 急不可待地想知道销售人员的目的 ● 可能会严肃或者冷淡 ● 喜欢与人竞争，可能会刁难销售人员以显示他们的权威 ● 他们喜欢讲而不是听，会主动提出自己的看法	

续表

类型	声音特征	行为特征	图例
多血质	● 讲话很快 ● 音量也会比较大 ● 讲话时音调富有变化、热情 ● 表情丰富	● 主动提出自己的看法 ● 反应迅速 ● 可能有时会打断销售人员	
黏液质	● 讲话不快、音量不大 ● 音调会有些变化，但不像多血质那么明显 ● 表情平静安详、起伏不大	● 基本配合 ● 感觉从容、反应不快 ● 不主动表达看法 ● 是很好的倾听者	
抑郁质	● 讲话不快、音量不大 ● 音调变化不大 ● 边听边做沉思状	● 不太配合销售人员 ● 经常会"嗯，嗯" ● 不喜欢讲话，不主动表达看法	

四、应对不同气质类型消费者的方法

正确判断客户气质类型，可以对客户的消费行为进行分析，也可以对顾客的消费心理进行分析，汽车服务人员可以针对不同的客户提供不同的产品内容，针对不同消费心理的客户提供不同的促销手段等。而恰当的应对方法可以让客户始终对产品消费过程感觉满意，从而锁定持续购买的行为模式。

1. 胆汁质

要求汽车服务人员在提供服务时要头脑冷静、充满自信、语言简洁、动作快速、准确明了、热情接待，态度和蔼可亲。使客户感到汽车服务人员急他所急，想他所想，全心全意地为他服务。对这种气质特征的人，一定要以诚换诚，绝不能欺骗误导，特别是在这类型客户不愿或无意购买时完全不必反复介绍，应当尊重其选择，切不能出言不敬，挖苦或施加压力，而应当给其留下好印象，以期他成为你下一

资源 5-2-22 胆汁质客户应对方法

个客户。

2. 多血质

要求汽车服务人员在提供服务时要热情周到，尽可能为客户提供多种信息，为客户当好参谋，取得客户的信任与好感，从而促进购买行为的顺利完成。对这种气质特征的人，汽车服务人员不妨反复介绍使之心动，尤其需要站在客户的角度为客户着想，因为此类型客户大多心地善良，富有同情心，善于替对方着想。所以在向多血质型人销售应当时时牢记"以情动人"的宗旨。

3. 黏液质

要求汽车服务人员在提供服务时要注意掌握"火候"，如不要过早接触客户，过于热情会影响客户观察商品的情绪，也不要过早阐述自己的观点，应尽可能让客户自己了解商品，并注意提供心理服务。对此类型客户一定要多从理性的角度去介绍产品和强调购买利益，多采用暗示的方法，但一定要尊重客户选择，不可过于啰唆。

4. 抑郁质

要求汽车服务人员在提供服务时要耐心，体现出细致、体贴、周到，要熟知商品的性能、特点，及时正确地回答各种提问。此类型客户往往因对购买后果考虑过多而做不出决定，但又不愿询问和请教。所以，对这类型的客户只能反复进行正面介绍和展示，增强他们购买的信心，并考虑其可能存在的顾虑，在介绍途中为其一并解决掉。

具体方法如表 5-2-2 所示。

表 5-2-2　应对不同气质类型消费者的方法

类型	如何把握	你要做什么	你不能做什么
胆汁质	● 直入主题 ● 速度快一些 ● 高度自信	● 集中在他们的目标 ● 简介、具体 ● 有准备、有组织 ● 以结果为导向 ● 提出问题 ● 预先为异议做准备	● 浪费他们的时间 ● 毫无目的 ● 过度关注细节 ● 太感情化
多血质	● 快速、有激情	● 了解他们 ● 让人觉得有趣 ● 谈论人 ● 支持他们的想法	● 太关注工作 ● 询问他们对某人或某事的评价 ● 冷漠
黏液质	● 稍慢一些 ● 温和、真诚	● 逐步了解客户 ● 开始聊会儿天 ● 表示对他感兴趣 ● 听，并做出反应	● 直接谈到业务 ● 严肃地谈生意 ● 向对方下命令

项目五
汽车消费者的性格分析

续表

类型	如何把握	你要做什么	你不能做什么
抑郁质	• 慢一些	• 显得有条不紊 • 经过详细考虑，系统化 • 详细准备 • 强调准确和事实 • 提供证据、数据	• 杂乱无章 • 太随意 • 用主观来判断 • 用个人吸引力

 在线测验

通过课前预习，了解"气质类型相关理论""气质类型分类""汽车消费者的气质特征"，掌握"应对不同气质类型的消费者的方法"等知识和技能点，并能正确判断消费者的气质类型，预测购买行为。

扫描下方"测验二维码"进入资源库平台的在线测验页面。

在线测验

 任务实施

要全面理解"汽车消费者气质类型分析"所涉及的基础知识，并很好地解决本项目任务中所描述的情况，建议采取如下活动开展学习和训练。

(一) 如何判断和掌握不同的气质类型

1. 任务实施目标

能根据不同消费者的特点，正确判断其气质类型，采取不同的营销措施。

2. 任务实施准备

形式：假定自己是案例中的被调查者，选择自己的处理方式，并与学习小组成员商讨每一种处理方式各反映出消费者的哪些气质特征。对于每一种气质类型的客户，销售人员应如何应对。

时间：30 分钟

材料及场地：多媒体教室、海报纸、记号笔（多种颜色）

3. 任务实施步骤

（1）学生以小组为单位，3~5人一组，小组成员共同商讨案例中的情境，以海报纸的形式提交分析结论，并做小组汇报。

（2）每个小组汇报时，其他各组同学也要认真看，仔细听，做出自己的判断，并给汇报的同学打出公正的分数。采取以同学们互评与自评相结合的方法为主，以老师的评价为辅的评价方式。

特别提示

了解自己和他人的气质在人际交往中有重要意义。在工作中，针对不同气质类型的客户应提供满足其所需要的服务。如向黏液质者提出要求，应让他有时间考虑，对抑郁质者应多给予关心和鼓励，与胆汁质者打交道应避免发生冲突等。当然，这都是从一般意义上来说的，不可有先入之见。拿消费者来说，消费者是具有不同气质类型的个体，在购买活动中的表现各具特色购买行为形式多样。因此，把握不同气质类型的特征，恰当地开展营销服务，对提升服务质量至关重要。

（二）相关任务成果提交

小组成员共同完成该任务，并将海报纸拍照上传至资源库平台（或空间）。

成果提交

拓展提升

一、拓展任务

陈磊在某汽车销售公司担任销售顾问。某日，陈磊接待了一位中年客户王女士，在交谈的过程中，陈磊发现王女士说话速度比较慢，外部表现少，沉着冷静，对于陈磊的提问总是经过深思熟虑后才回答。交流的过程中，陈磊还发现王女士比较固执，总是坚持自己的想法，对于陈磊推荐的车型不屑一顾，内心很少外露。

1. 请根据上述描述判断王女士的气质类型，并做出应对方案。

2. 小组课后运用角色扮演法模拟训练该场景，并拍摄微视频上传至资源库平台（或空间）。

"拓展任务"提交页面二维码

二、拓展训练

1. 气质类型分类及各种气质类型的特点？
2. 胆汁质的客户在电话中的声音、行为特征？
3. 应对不同气质类型客户的方法？

任务 5-3 汽车消费者消费观分析

 任务引入

汽车服务人员在准备与客户打交道的过程中，经常因为准备不充分判断不好消费观而流失了相当多的客户。所以，本任务中新入职的徐雯雯首先是掌握影响消费观的因素对顾客有哪些影响，也就是"消费观分析"的问题。

 任务描述

徐雯雯大学毕业后，应聘到 DZ 汽车销售服务公司担任销售助理，上班第一天就接到一位女性客户打电话到公司预约时间看车。徐雯雯在电话沟通中了解到该顾客是李女士，为了接送孩子上下学，打算购买一台 10 万元左右的紧凑型轿车，提到有没有优惠活动以及售后服务问题。电话中徐雯雯推荐了一款价格在 9 万元到 11 万元的紧凑型车型，安全性很高，特别适合接送孩子上下学，李女士很感兴趣，双方约定本周六上午 9 点来公司，同时该客户与丈夫一起前来看车。

徐雯雯放下电话之后，私下里做了很多功课，首先就是如何分析该客户的消费观念，因为她清楚，正确判断消费者的消费观、消费习惯能够激发其购买欲望，引起其购买行为。如果您是徐雯雯，您将如何分析该客户的消费观？

 学习目标

● 专业能力
1. 掌握消费观的类型；
2. 影响消费观的因素；
3. 熟练掌握影响汽车消费者消费观的因素。

● 社会能力
1. 能根据消费观、消费习惯来判断消费者的消费行为；

2. 掌握消费者的自我意识、生活方式对消费行为的影响。
- 方法能力
1. 通过查询资料，提高自主学习的能力；
2. 通过相关知识学习，能正确判断消费者的消费观；
3. 准确的自我评价能力和接受他人评价的能力；
4. 通过完成学习任务，增强分析客户消费观及处理实际问题的能力。

一、消费观概述

（一）消费观的概念

消费观是人们的价值观在消费活动中的具体表现形式，是指人们对消费水平、消费方式等问题的总的态度和总的看法。

怎么理解这个概念？

第一，消费观是价值观的组成部分。

第二，消费观与消费水平、消费方式不可分。

第三，消费观是对消费问题的态度。

（二）消费观的类型

 应用案例 5-3-1

【案例】

桑塔纳轿车系列中被俗称为"普桑"的老车型，虽然属于淘汰车型，但现在每年仍然可以销售 10 万辆左右，市场占有率甚大。这就是具有实用型消费观的消费群体的消费区域。"普桑"的价格已经降低了一半多，生产成熟，品质稳定，而且买中级车享受经济车的消费，维修市场零配件充足适宜，维修工对车型最为熟悉，另外车型老、不起眼，用得安心、放心。

【案例解析】

实用型消费观念体现在注重产品本身的质量和功能，讲求产品的实用性和科学性。这类消费者在购买过程中盲目性较少，购买动机与购买行为表现出一定的成熟性。大多数人常持实用型消费观念，实用型消费观念将长期成为主流的消费观念。因此对企业而言，品牌的实用型定位任何时候都有市场，注重提高产品质量和实用价值，任何时候都必须给予高度重视。

我国古代有三种消费观——节俭消费观、侈靡消费观和适度消费观。

节俭消费观就是主张人们在消费时应最大限度地节约物质财富，减少甚至杜绝浪费的一种消费观。

侈靡消费观主张消费者大量地、无节制地占有和消耗物质财富，以满足自身的需求和欲望。

适度消费观汲取了前两种消费观的合理营养，摒弃了其中的不合理因素，是我们应该坚持奉行的消费观。

当代常见的消费观主要有以下几种。

第一，实用型消费观。这一类消费者在消费商品时，十分注重商品本身的实用价值。他们会把商品的实用性放在第一位来考虑，但他们不一定是出于经济能力的限制而注重商品的实用性。

第二，个性化消费观。这一类消费者在消费商品时，十分注重商品的内涵能否突出自己与众不同的个性特征、审美情趣和品位。

资源 5-3-1 实用型消费观

资源 5-3-2 个性化消费观

第三，炫耀型消费观。这一类消费者十分注重消费商品时别人的评价，购买商品时首先把别人的评价放在第一位，期望能得到别人的赞美。

第四，攀比型消费观。这一类消费者购买商品时往往并不是出于迫切需要，而是由于不甘落后，想胜过别人的攀比思想而去购买商品。他们不从自身财力出发，盲目追求高档、名牌商品，以求得心理上的一种平衡。

资源 5-3-3 炫耀型消费观

资源 5-3-4 攀比型消费观

（三）影响消费观的因素

1. 传统价值观

早就流传于各本营销方面教科书里的一个案例，说的是一位中国老太太和一位美国老太太的差别，其实是在说中美两种不同的价值观、不同的消费观。中国老太太攒了一辈子钱，总算买了一套房子，她很满意，很知足，很幸福，她终于可以让自己的子孙享福了。美国老太太分期付款买的房子，到老了，终于还清了贷款，她也很幸福，因为她住在这所房子里已经几十年了。对于这一案例，很多中国的青年人表示不愿意走两个极端：既不想当中国老太太，一辈

资源 5-3-5 影响消费观的因素（微课）

子没住过属于自己的房子，也不想当美国老太太，当了一辈子房奴。同学们认为，最好是两个人都攒一点，双方的父母再给一点，实在不够，再少贷点儿款，这就是我们当代中国大学生的消费观。他们身上的价值观，也有我们中国传统价值观的影子，但又不是对过去的简单"复制"与"粘贴"。

2. 经济发展水平

一个国家的经济发展水平，与这个国家的消费观念是直接联系的，是同步变化的。我们国家是1999年，也就是改革开放二十一年之后，才达到了汽车消费起步的水平。开始拥有私家车，大概也就是从那个时候开始的。到2010年年底，我国人均GDP水平达到4 000美元。这也是汽车消费从起步到高潮的一个标志。

3. 收入水平

收入水平是消费的基础和前提。在其他条件不变的情况下，人们当前可支配收入越多，对各种商品和服务的消费量就越大。收入增长较快的时期，消费增长也较快。

4. 物价总体水平

物价总体水平是影响消费观的重要因素。物价的变动会影响人们的购买能力。一般说来，物价上涨，人们的购买力普遍降低，会减少对商品的消费量；物价下跌，则购买力普遍提高，会增加对商品的消费量。

5. 人口数量

当其他条件为既定时，人口规模和市场消费需求是正相关关系：人口规模较大，消费者数量较多，市场消费需求较高；反之，人口规模较小，消费者数量较少，市场消费需求较低。

6. 性别

不同的性别，消费观是有差异的。有人总结了女性消费的三大特点：一是"消费非理性，氛围心情是主导"，表现是受到打折、促销、广告等市场氛围的影响，受到人为气氛影响的情绪化消费；二是"买了不言悔，情绪消费最值得"；三是"逛街是享受，特征各不同"。女性在汽车方面的消费上，认为安全最重要，价格在10万~15万元。最爱的汽车颜色是红色。女性消费还有了一些新特点：消费更加追求"自我满足"；消费清单多了学习和社交支出；新消费观折射女性新追求。

资源5-3-6 影响消费观的因素—性别

7. 年龄

青年人的消费观与中老年人有很大的差异。比如，"80后"的青年人在汽车方面的消费观是租别人的房，开自己的车。他们认为，买房太贵，尤其是在北京等大城市，买不如租。但有了自己的车，会让他心情愉快，工作、生活会更出彩。有了车，很多时候会方便很多。在中老年人身上，中国文化的"崇俭"消费观的印迹十分明显。他们在消费上，能不买则不买，能买便宜的就不买贵的。虽然随着改革开放的日益深入，中老年人的消费观发生些变化，但传统文化的影响，传统消

资源5-3-7 影响消费观的因素—年龄

费观的根深蒂固，使得今天的中老年人身上都有"中国老太太"的影子。

8. 受教育程度

受教育程度，与消费观也有密切的关系。一般来说，受教育程度越高，接受新事物、新观念就越容易，消费观也就越容易与世界接轨。虽然有传统因素的影响，但毕竟接受了多年的教育，在认知因素方面已经不抵制新消费观。当然，要想完全摆脱传统因素的影响，也是不现实的。

二、汽车消费者的消费观

从两个视角看这个问题：一是影响因素；二是类型。

（一）影响汽车消费者的消费观的因素

1. 支付能力

汽车消费者的消费观，会受到支付能力的影响与制约。消费者的支付能力直接影响了他的消费观。

2. 内在需要

内在需要对人的消费观影响很大，很直接。人如果没有内在需要，消费欲望不那么强烈，那么就不会把全部心思都用在那上面。买汽车也是如此。如果家离单位不远，孩子上学、妻子上班也不远，那么，从某种意义上说，车就离他很远。

3. 购车用途

购车一般有以下几种用途：自己上下班、送接孩子、自家做生意用等。做的生意大了，买的车得讲究些，尽可能买辆好车。若纯粹是自己上下班，得看自己的支付能力等。其实，这个时候，心理因素也在发生作用，从众心理、攀比心理、面子心理等，都有可能影响他的消费观。

4. 价格因素

如果说支付能力是主观的话，那么价格因素就是客观的了。中国目前汽车的价格总的来说偏高，换句话说，就是利润空间大。有些 4S 店对某些紧俏车型还加价销售。这种行为对消费者影响很大。人们有种很强的逆反心理，汽车价高，他们就不买了，越是加价越去买的消费者还是少数。所以说，汽车的厂家、商家都要慎重运用价格杠杆来抬高车价。

5. 政策优惠

国家的相关优惠政策大大地刺激了我国的汽车市场。比如说由于汽车下乡、以旧换新、小排量购置税减征等优惠政策的出台及实施，汽车市场空前的好，产销量都居世界第一。这些政策优惠，不能不影响到人们买车的观念，即消费观。

6. 售后服务

有的人买车，先要解决后顾之忧，即售后服务问题。这种消费观也好理解，车本身价格昂贵，每年要养车还得花上万元左右，要是售后服务不方便、不及时、不快捷，那不买也罢。

（二）汽车消费者消费观的类型

> 应用案例 5-3-1

【案例】

一直以来，跑车为大多数消费者特别是年轻人所青睐，但由于跑车价格不菲，所以许多消费者难以实现其消费愿望。1964 年福特公司推出了一种经济型轿跑车"野马"，该品牌车上市价格仅为豪华跑车价格的 1/3 左右，一时赢得了消费者的认可，取得了甚好的销售成绩。之后，通用、克莱斯勒公司均以多款轿跑车陆续投放市场，但福特的"野马"车 40 年来一直是领军品牌，至今仍雄踞全球跑车单品牌车销售量的榜首。

我国同样有不少酷爱跑车的消费者，进口跑车价值十分昂贵，对此吉利汽车公司推出了经济型跑车。这种跑车具有相当低的价位，性价比甚高，具有找空隙进入市场的营销思路和满足这类消费群体意愿的服务理念，因此也受到了消费者的喜爱。

【案例解析】

经济型消费观念指消费者购买时特别重视价格，对于价格的反应特别灵敏。购买无论是选择高档商品，还是中低档商品，首选的是价格。这种类型的消费者习惯于讨价还价，把对方的让步看作自己的胜利，有的人根据以往的经验，知道讨价还价会得到好处；有的人想到另外一家店购买，他设法让服务人员削价，只是为了向第三者施加压力；还有的人根本不想消费，而以价格太贵作为借口。他们一般购买价位低，有质量保障的商品。

资源 5-3-8 汽车消费者消费观的类型（微课）

中国汽车消费者的消费观，主要有以下几种类型：经济型、安全型、环保型、品牌型、生活型、平衡型、合适型。

1. 经济型

目前，中国多数家庭买车，主要是考虑经济型的。有的是买 10 万元以下的；有的是买 10 万～15 万元的。这两类加在一起，能达到 65%～70%。

2. 安全型

不少家庭开始注意到安全的重要性了，没有保险杠的不要，没有安全气囊的不买，自从有了私家车以后，的确是方便了，快捷了，风光了，但出的事故也不少。所以买安全型汽车的人越来越多。

资源 5-3-9 经济型消费观

3. 环保型

现在，全世界都在关注环保问题，汽车的生产与消费也存在环保问题。大排量与小排量对环境的污染差别很大。原来，我们国家对大小排量一样收取汽车消费税。现在，新的消费税对小排量汽车的减征是个信号，许多家庭在买车的时候，把这个问题放在了第一位。

4. 品牌型

品牌型又可以称为品质型、质量型，这类消费者买车，注重的是品牌，是质量。在全国乘用车的销量数据上，我们往往会发现：一般在广东、深圳等地区，日系车卖得比较好，像卡罗拉、凯美瑞和雅阁都是城市道路上随处可见的车型，而在一些东部沿海地区，像上海、浙江，德系车卖得比较多。

5. 生活型

有不少家庭买车，其实就一个动机，即享受生活。毫无疑问，有了私家车以后，可以使家庭生活更加舒适、方便，更能让人们享受生活的乐趣。

6. 平衡型

有些人买车，可能就为找个心理平衡，周围同事有车了，自己的同学有车了，邻居有车了，这些对自己都是个刺激。所以，为了心理平衡，自己也买辆车。

7. 合适型

现在，越来越多的人意识到，要买的车，只要适合自己就好。所以，买辆对自己合适的车，就成了许多人的汽车消费观。

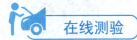

通过课前预习，了解"消费观的类型""影响消费观的因素"，掌握"汽车消费者消费观的类型"等知识和技能点，并能根据消费观、消费习惯来判断消费者的消费行为。

扫描下方"测验二维码"进入资源库平台的在线测验页面。

在线测验

要全面理解"汽车消费者的消费观"所涉及的基础知识，并很好地解决本项目任务中所描述的徐雯雯遇到的情况，建议采取如下活动开展学习和训练。

（一）判断汽车消费者消费观的类型

1. 任务实施目标

能根据不同消费者的消费习惯，正确判断其消费观类型，采取适当的营销措施。

2. 任务实施准备

形式：学习小组成员共同商讨，该案例反映了消费者什么样的消费观。如果您是企业的营销人员，您将采取怎样的营销措施来应对此种消费观类型的客户。

时间：30分钟

材料及场地：多媒体教室、海报纸、记号笔（多种颜色）

3. 任务实施步骤

（1）学生以小组为单位，3~5人一组，小组成员共同商讨任务中的案例情境。

（2）提交分析结论及应对措施，将分析结论及营销措施以海报的形式展现，并做小组汇报。

（3）每个小组汇报时，其他各组同学也要认真看、仔细听，做出自己的判断，并给汇报的同学打出公正的分数。采取以同学们互评与自评相结合的方法为主，以老师评价为辅的评价方式。

（二）相关任务成果提交

小组成员共同完成该任务，并将海报拍照上传至资源库平台（或空间）。

成果提交

一、拓展任务

李晓明大学毕业后在AB汽车销售服务公司担任销售顾问。某日，李晓明的一位老顾客丁先生带着他的老板李总来公司看车。如果您是李晓明，您觉得影响李总购买的因素有哪些？李总会对汽车的哪些方面有兴趣？

1. 请列举影响李总消费观的因素及李总兴趣的关注点？

2. 小组课后运用角色扮演法模拟训练该场景，并拍摄微视频上传至资源库平台（或空间）。

"拓展任务"提交页面二维码

二、拓展训练

1. 当代常见的消费观类型有哪些?
2. 影响汽车消费者消费观的因素?
3. 汽车消费者消费观的类型?

项目六

汽车销售沟通心理分析

　　汽车销售是一份直面客户，以交流为主的工作。在与客户交流的过程中，销售人员需要对汽车知识与汽车性能进行详细介绍，并从中了解客户的需求和忧虑，逐步攻破客户的心理防线，让客户对自身所言产生强烈的认同感，最终促成客户与车行之间的交易。在汽车销售这一职位上，勤奋努力虽然重要，但有效的沟通技巧才是取得优异业绩的关键所在。因此，作为汽车销售人员，掌握与客户的沟通技巧是从事这份工作的必修课程。

　　本项目主要是针对汽车销售各环节，对消费者进行心理分析，掌握"汽车销售沟通心理分析"的相关技巧，包括"接待过程中客户的心理分析""产品介绍过程中客户的心理分析""试乘试驾过程中客户的心理分析"和"议价过程中客户的心理分析"四个任务，通过学习和训练，了解客户在销售各个环节中的心理，掌握与客户沟通的技巧，提升工作能力。

任务 6-1　接待过程中客户的心理分析

任务引入

在汽车销售中，虽然有标准化的流程，但每个销售顾问也有一些灵活的方法。客户类型、心理特征也是多种多样的，不可能用一种方法对待所有的客户。客户类型、心理特征虽然多种多样，但也是根据一些标准进行分类。不同类型的客户应对方法有一定的区别，需要销售顾问掌握一些技巧。

所以，本任务主要是介绍接待过程中客户的心理分析，即在标准化的服务中，针对不同的客户进行灵活的处理。

任务描述

李杰大学毕业后，应聘到某汽车销售服务公司担任销售助理，上班第一天就接到一位男性客户打电话到公司预约时间看车。李杰在电话沟通中了解到该客户姓王，要买一辆10万~15万元的汽车，平时上下班开，假期会自驾游，注重汽车的动力性、安全性、经济性。双方约定第二天上午9点来公司，同时该客户将偕夫人前来看车。

李杰放下电话之后有些不知所措，客户偕夫人来看车，应该是具有明确购车意向的客户，一定要好好把握机会。但不知道该客户是什么类型的，该用什么样的方法来应对该客户呢？如果您是李杰，您将如何根据客户类型接待该客户？

学习目标

● 专业能力
1. 能够根据客户类型进行客户接待；
2. 掌握客户归类方法、不同类型客户切入交谈技巧，能熟练运用进行客户接待。

● 社会能力
1. 树立服务意识、效率意识、规范意识；

2. 强化人际沟通、客户关系维护能力；
3. 维护组织目标实现的大局意识和团队能力；
4. 爱岗敬业的职业道德和严谨务实勤快的工作作风；
5. 自我管理自我修正的能力。

● 方法能力

1. 通过查询资料，提高自主学习的能力；
2. 通过相关知识学习，能在接待的过程中正确分析客户心理；
3. 准确的自我评价能力和接受他人评价的能力；
4. 通过完成学习任务，加强沟通技巧及处理实际问题的能力。

一、客户归类

应用案例 6-1-1

【案例】

某日一位中年客户张先生来到店里看车，接待他的是销售顾问小李，经过礼节性的接待、寒暄，小李与客户聊起了车型。在需求分析的过程中，小李发现张先生性格随和，但少言寡语，眼神飘忽，比较畏惧与销售人员接触。小李根据客户的行为初步判断张先生应该是属于友善型客户，小李通过耐心的引导，使张先生放松了下来。在随后的车辆展示中张先生在小李的介绍下看中了某款车型。当小李询问张先生是否决定购买时，张先生却表现出了犹豫不决。小李知道，做决定时犹豫不决正是友善型客户最典型的一个特征。最好的做法就是坚定客户的信心，尽量让客户兴奋起来，要让客户说话，让对方开口说出自己的诉求。

小李："张先生，不知道您还要考虑什么问题呢？如果您有什么疑虑，可以说出来我们帮您解决。"

张先生："我还是想回去与太太商量后再决定。"

小李："您有这种想法我很理解，现在越是成功的男士就越懂得尊重自己的家人，您在家里肯定是个模范丈夫！买车确实是一件大事，与太太商量一下，多做一些考虑，这样买了才不会后悔。不过这款车确实很抢手，名额有限，最多可以保留三天，我有几个客户都是先预交500元订金，然后把订单带回去与太太商量，三天之内如果太太同意就回来补办手续提车，如果太太反对，就回来把订金拿回去，我的几个客户都觉得这是个两全其美的解决办法，您觉得怎么样？"

张先生确实比较中意这款车，并且觉得小李是比较真诚和值得信任的，很高兴地听从了小李的建议。

【案例解析】

通过这个例子，我们可以看到汽车销售人员小李先是正确判断了客户的类型，随后采取了恰当的应对方法，帮助客户克服购买的恐惧心理，鼓励客户，慢慢使其放松。当客户犹豫时，从对方家人的角度出发与客户交流，对客户认同和赞美的同时，逐步转移话题，导入签约阶段。由于正确地对客户进行归类，并采用了恰当的应对方法，小李才成功地进行了交易。

（一）根据性格等特征进行分类

在汽车销售中，虽然有标准化的流程，但每个销售顾问也有一些灵活的方法。客户也是多种多样的，不可能用一种方法对待所有的客户，因此我们需要在标准化的服务中，针对不同的客户进行灵活的处理。客户虽然各式各样，但可以根据客户的外表特征、语言、语音与动作，性格特征进行分类。比如我们经常会把客户分为以下四种类型。

资源 6-1-1 客户归类（微课）

资源 6-1-2 传统定义的客户分类

1. 支配型客户。支配型客户的特点是做事非常果断，而且一般做出决定以后不容易再改变。我们往往可以通过一些细节来判断对方是否是支配型的客户，比如，支配型客户喜欢用祈使句，每句话都较短、声音大、动作有力量且幅度大。

2. 友善型客户。友善型人的特点是做决定时非常迟疑，不愿意轻易做决定，不会明显说出自己的意愿。判断这类客户类型的细节是说话吞吞吐吐，态度温和，说话反复，眼神飘忽。

资源 6-1-3 客户归类-友善型客户

资源 6-1-4 根据性别对客户进行归类

3. 情感型客户。这类客户的类型是做事情非常果断，要么买，要么不买，但过于喜欢表达、表现、容易冲动、受外界影响较大。判断这类客户的细节主要体现在表情丰富，感情外露，语言流畅，且充满亲和力。

4. 分析型客户。这类客户的特征是喜欢分析各种因素，做决定时间长，感情不外露。这类客户的细节特征是面部缺乏表情，情感不外露，不喜欢别人夸夸其谈，但会问问题，希望能从销售顾问那里得到准确的数据，而且问题会遍及车辆的各个细节上。

项目六 汽车销售沟通心理分析

表 6-1-1 根据性格等对客户归类

类型	识别要素
支配型客户	外表特征： 衣着相对考究；眼神犀利，有威慑力
支配型客户	语言、语音与动作： 祈使句，命令式口吻；说话语气较大；每句话都较短、声音大、动作有力量
支配型客户	性格特征： 爱憎分明、有话直说；做事非常果断
友善型客户	外表特征： 衣着平实；眼神躲闪
友善型客户	语言、语音与动作： 语调平淡；语言含糊吞吐；动作柔和反复
友善型客户	性格特征： 不够主动直接；不愿意轻易做决定
情感型客户	外表特征： 着装较为随意；喜怒溢于言表
情感型客户	语言、语音与动作： 语音、语调丰富；动作幅度较大且夸张
情感型客户	性格特征： 条理性较差、追求新意
分析型客户	外表特征： 衣着较正式；眼神坚定；面部缺乏表情
分析型客户	语言、语音与动作： 用词严谨准确；语速属于中慢，语调平缓；动作幅度不大，拘谨、细腻
分析型客户	性格特征： 利益导向，沉稳严谨，有些自负；喜欢分析各种因素

（二）根据年龄进行分类

按年龄分为老年客户、中年客户、青年客户。

1. 老年客户

识别要素：处于人生的最后一个阶段，所以有他的特点。收入有限，注重产品的实用性；时间充足，有相当的做事经验，能做大量的前期调查、比较工作。

资源 6-1-5 不同年龄客户的应对方式

应对方式：始终保持热情，对他们提出的问题，销售人员不宜有太多游说之词，更不能对于他们的问题避而不答，以免客户产生反感。同时，主动聊天，了解他们的需求，拉近与客户的距离，让他们首先信任你。他们很多人经历过艰苦，深知钱来之不易，所以价格是他们最关心的，这时就要让他们转变观念，让他们由价格转变到性能、质量等，报价

179

时价格不能报高,产品以介绍实用性强的为主。

2. 中年客户

识别要素:家里的主要经济来源,有做主的权力,购买产品时更有前瞻性,更能接受一些新事物,比较注重产品的实用性。

应对方式:可以讲一些新的功能,对将来的一些影响,对家人的影响。

资源 6-1-6 应对老年客户(漫画)　　资源 6-1-7 应对中年客户(漫画)

3. 青年客户

识别要素:多以年轻人或新婚的夫妇为主,他们自己已赚钱,并且父母也会留些钱给他们,所以他们有足够的钱来做选择,要自己喜欢的。

应对方式:可以多讲外观,很流行,新增的一些功能。

(三)根据群体数量进行分类

万事开头难,只有能找出潜在的客户,才能进行下一步的工作。潜在客户必须具备三个基本条件:一是有需要;二是有购买能力;三是有购买的决策权。如果只有一个条件满足,就不是潜在的客户;前两个条件满足的客户,也算作潜在客户,但不是重点(因为他有建议权)。

我们可以通过客户的群体数量来对客户进行归类,判断潜在客户。由于前来购车客户的群体数量不同,其购买欲望也不同,可以就此对客户进行归类。

资源 6-1-8 应对青年客户(漫画)　　资源 6-1-9 根据群体数量进行分类

表 6-1-2　根据群体数量对客户进行归类

类型	识别要素	应对方式	图例
第一类	单个男人来看车,衣着一般,游离浪荡	这类人一般是来初探或来吹空调的,普通礼节性接待,留或不留电话皆可	

续表

类型	识别要素	应对方式	图例
第二类	单个男人来看车，衣着整齐，神情专注	这类人一般是有心买车，但还需要再比较和了解，可作为发展对象予以礼节性接待并留名片	
第三类	男人来看车，并偕同女人（夫人或女友）	这类人一般是基本确定买车，带女人来认可并有可能拍板的，可作为重点热情接待并加以游说，力争拿下	
第四类	男人来看车，偕同女人，以及家人特别是女人的母亲	这类一般是来真正买车的，带女人来认可，带丈母娘来拍板的，需作为贵宾热情接待并游说，并务必拿下。应当说，以上的分类实践性强、可操作性强、可信度高	

资源 6-1-10 按客户所在区域对客户进行归类

资源 6-1-11 按工作性质对客户进行归类

资源 6-1-12 根据购买意愿的强烈程度对客户进行归类

资源 6-1-13 根据车龄对客户进行归类

二、切入交谈

(一)针对不同类型的客户切入交谈的方法

> 应用案例 6-1-2

【案例】

一个普通的工作日,王先生夫妇带着两个孩子走进了 4S 店。凭着做了 5 年汽车销售的直觉,销售顾问小张认为这对夫妻是真实的买家。小张热情地上前打招呼,并用目光与包括两个孩子在内的所有人交流,目光交流的同时,他作了自我介绍,并与夫妻分别握手。交流的过程中,客户说他们对越野车非常感兴趣。

资源 6-1-14 切入交谈的方法

小张发现王先生在不经意地抱怨天空逐渐积累起来的云层,以及周末可能来的雷雨天气,并且自言自语地说,也许周末的郊游计划要泡汤了。

凭着直觉,小张觉得王先生应该是一位享受生活型客户,这类客户平时比较喜欢郊游,而且会有很多的兴趣爱好。小张顺势询问王先生:"看来王先生一家比较喜欢郊游啊,那您平日里还有什么兴趣爱好呢?"王先生说:"嗯……,还比较喜欢钓鱼。"小张赞同地说:"钓鱼是一项修身养性的活动,我也非常喜欢,可是我们平时太忙了,真是羡慕您一家呢。"小张与客户一家借着话题非常愉快地交谈了下去,最后,这位客户也满意地订购了一台越野型轿车。

【案例解析】

通过这个例子,我们可以看到一个汽车销售人员不仅需要有一个流程性的销售技能表现,而且需要掌握个人素质方面的技能,如沟通的细节问题,切入交谈、拉近距离的方法,发现客户个人兴趣方面的能力,以及协商能力。

上述案例中,小张展现出自己也对钓鱼感兴趣,至少可以获得一个与客户有共同兴趣的话题,从而建立起与客户在汽车采购以外的谈资。正是由于掌握了切入交谈的方法,小张才成功地进行了交易。

以客户为导向的沟通,针对四种不同类型的客户需要对待的方法有一定的区别,下面会介绍一些技巧。

1. 支配型客户。支配型客户要求得到尊重,同时也希望与自己同水平的人打交道,强调身份。遇到这样的客户,尽量找级别较高且具有一定决定权的人来接待。既要体现对对方身份的尊重,也可以与对方站在相近的水平线上沟通,避免对方提出较为过分的要求。同时也可以通过自身的权力比较迅速地满足对方的要求。支配型客户更加看重自己的感觉,而对待价格等关注度比较低,因此只要是对方觉得自身得到了充分的尊重,在价格与装饰方面都比较容易谈判。因此看起来支配型客户趾高气扬,却是最容易谈判成功的客户。

资源6-1-15 切入交谈的方法（微课）

资源6-1-16 支配型客户切入交谈的方法

2. 友善型客户。对待友善型客户，我们要坚定对方的信心，尽量让客户兴奋起来，要让客户说话。可选择从对方亲友的角度出发与客户交流，因为这类客户比较关注自己身边的家人或者朋友，从这个方面比较能找到突破口，让对方开口说出自己的诉求。然后从对方的角度分析这辆车的优点，多讲故事，要强调这辆车对于家庭的好处，如安全性、舒适性等。不要给这类客户太长的单独考虑时间，尽量能够在客户的兴奋点促成交易。

3. 情感型客户。情感型客户是最容易接近的客户，他们一般心里已经打定主意买或者不买这辆车，但他们依然愿意与销售顾问多交流，不会拒人于千里之外。但是这类客户也容易跑题，使销售顾问经常感觉无法把握主动，还会浪费很多时间。对待情感类客户要积极把话题引导到汽车上来，不能任由顾客跑偏话题。要在对话中介绍车辆独一无二的配置，引领潮流的亮点，如果买了这款车，客户将在朋友圈中成为焦点的存在等。同时趁热打铁，不能拖延，要尽量让客户处于亢奋的状态。这类客户可私下里所交流，他们会很愿意介绍新的客户过来。

资源6-1-17 友善型客户切入交谈的方法

资源6-1-18 情感型客户切入交谈的方法

4. 分析型客户。分析型客户强调数据、强调思考。对待这类客户我们要尽量拿出一些数据和以前购车者的情况，要有充分的证明。一般来说分析型客户会先让销售顾问简单介绍车辆情况，销售顾问要尽量用专业的数据来进行说明，同时要试探对方的态度，让对方说出自己的问题，然后再有的放矢地进行说服，要尽量用数字和事实说服对方。

资源6-1-19 分析型客户切入交谈的方法

资源6-1-20 切入交谈的方法—寒暄的重要性

资源6-1-21 切入交谈的方法—赞美的语言

资源 6-1-22 切入交谈的方法——
巩固和客户共同的话题

资源 6-1-23 切入交谈的方法——
给不同的客户想好昵称

（二）切入交谈的信号

客户看车的过程中，有了明确的问题时，他会表现出若干的动作，我们称之为信号。这个信号就代表销售顾问应该出击的发令枪。关键的一些信号有眼神，当客户的目光聚焦的不是汽车的时候，他们是在寻找可以提供帮助的销售顾问。他们拉开车门等动作，这些都是信号，是需要销售顾问出动的信号（如图 6-1-1 所示）。

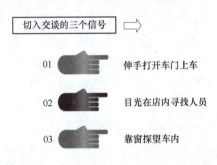

图 6-1-1　切入交谈的信号

以上这些行为提示我们，在客户刚走进 4S 店的前三分钟还不是接近他们的时候，销售人员可以打招呼、问候，并留下一些时间让他们自己先随便看看，或者留一个口信，"您先看着，有问题我随时过来。"当销售人员要接近潜在客户的时候，首先应该说什么呢？"您看这个车是新到的""这个车是技术领先型，因为许多科技成果被首先应用了"，或者说，"这个车上周刚获得《中国汽车》杂志的评价，是年度车"，等等。这些话会有效吗？

资源 6-1-24 切入交谈的方法（漫画）

成熟的销售人员非常清楚，这是客户从陌生开始沟通的时候，一般不先说与车有关的事情。销售人员可以谈天气，可以谈刚结束的车展，还可以谈任何让客户感觉舒服的、不那么直接的、不是以成交为导向的任何话题。比如，可以谈与客户一起来的孩子，长的真高，多大了；也可以谈客户开的车，或者客户开的车的车牌，"您的车牌号码是特选的吧"，等等。

所有这些话题的目的就是初步降低客户的戒备，逐渐缩短双方的距离，逐渐向汽车话题转换。

将客户进行分类是必要的，但是要注意，不能轻易通过外表来判断，而且无论是哪种客户，我们都不能表现出嫌贫爱富的特点，都要进行完善的服务。我们的销售顾问通常容易犯的错误就是武断地判断客户，结果流失掉了很多客户。客户并非是到店看车的才是客户，每一个我们身边的人都有可能成为我们的潜在客户。

通过课前预习，了解"根据性格等特征对客户进行归类""根据年龄进行分类""根据群体数量进行分类"，掌握"针对不同类型的客户切入交谈的方法"等知识和技能点，并能熟练运用进行客户接待。

扫描下方"测验二维码"进入资源库平台的在线测验页面。

在线测验

要全面理解"接待过程中客户的心理分析"所涉及的基础知识，并很好地解决本项目任务中所描述的汽车销售人员李杰遇到的情况，建议采取如下活动开展学习和训练。

（一）接待过程中客户的心理分析模拟训练

1. 任务实施目标

能够根据性格、年龄、群体数量等对客户进行归类，分析不同类型客户的心理，并能灵活应对。

2. 任务实施准备

形式：假定自己是销售顾问，与学习小组成员商讨和训练如何通过性格、年龄、群体数量等特征对客户进行归类，分析不同类型客户的心理，并采用角色扮演法在课堂上展示。

时间：30分钟

材料及场地：轿车一辆，接待吧台一张，客户洽谈区安排洽谈桌椅，文件夹，客户档案资料，名片，签字笔，记录夹，汽车宣传资料，茶水，计算器，学生必须着正装（衬衣、领带、皮鞋等）。

3. 任务实施步骤

（1）学生以小组为单位，3～5人一组，每组分为两类角色，销售顾问和客户，客户可以是一人或多人。关键是销售顾问要能从客户的性格、年龄、群体数量等特征中准确地分析客户心理，越具体越好。

（2）各小组在上台表演前，要设计好主要情节。扮演客户的同学设计好自己的年龄、工作、经济背景、性格特点等特征，要有明显的心理变化。一组在前边表演时，其他组要认真看，仔细听，并适当做笔记，最后打分。

（二）相关任务成果提交

小组成员共同完成该任务，并拍摄微视频上传至资源库平台（或空间）。

成果提交

一、拓展任务

杨帆大学毕业后在某汽车销售服务公司担任销售顾问两年多了。某日，杨帆的一位老顾客王先生带着他的老板徐总来公司看车，徐总衣着相对考究，眼神犀利，有威慑力。如果您是杨帆，您将如何根据客户类型接待客户？

1. 请试想杨帆如何判断客户类型？
2. 小组课后运用角色扮演法模拟训练该场景，并拍摄微视频上传至资源库平台（或空间）。

"拓展任务"提交页面二维码

二、拓展训练

1. 支配型客户的特点？
2. 老年客户的应对方式？
3. 如何根据群体数量对客户进行归类？
4. 分析型客户切入交谈的方法？

任务 6-2　产品介绍过程中客户的心理分析

任务引入

　　汽车销售顾问要明确客户的需求和购买能力，以客户的需求为中心，根据客户的心理特征向客户推荐合适的车型。客户希望汽车销售顾问帮助他购买合适的车，但由于客户的心理特征不同、对车辆的理解程度不一致，所以在进行产品介绍时，汽车销售顾问要针对不同的客户采用不同的产品介绍方法及话术技巧，满足不同心理特征的客户的需求和愿望，从而建立客户对销售顾问及其推荐建议的信任感。本任务主要是介绍如何通过对车辆产品的介绍让客户对其有深入的认识，而且能引起客户的购买欲望。

任务描述

　　李杰是某汽车销售服务公司的销售顾问，一天李杰接待了一位来店看车的客户，通过沟通了解到该顾客姓王，要买一辆 10 万～15 万元的汽车，平时上下班开，假期会自驾游，注重汽车的动力性、安全性、经济性。
　　如果您是李杰，您将如何根据客户的心理特征向客户推荐满足需求的车型，在产品层面上建立客户信心？

学习目标

● 专业能力
1. 在产品层面上建立客户信心；
2. 掌握客户问题归类（即需求归类），掌握客户沟通基本功（六方位绕车介绍法、产品性能介绍法），掌握产品介绍话术技巧（FABE 产品介绍法、构图讲解法、道具演示法）。

● 社会能力
1. 能够将产品知识转变为产品技能；
2. 学会站在客户的角度上分析、考虑问题；

3. 能够在产品介绍的过程中抓住客户心理，将技巧灵活运用、融会贯通。
- 方法能力

1. 通过查询资料，提高自主学习的能力；
2. 能够将企业自身的产品和服务，有效地向客户陈述清楚，有针对性地解决客户的问题；
3. 准确的自我评价能力和接受他人评价的能力；
4. 通过完成学习任务，提高解决实际问题的能力。

一、客户问题归类

（一）客户需求归类

汽车销售顾问要明确客户的需求和购买能力，以客户的需求为中心，根据实际情况向客户推荐合适的车型。

马斯洛需要层次理论，是行为科学的理论之一，由美国科学家亚伯拉罕·马斯洛提出。马斯洛认为，在特定点时刻，人的一切需要如果都未能得到满足，那么满足最主要的需要就比满足其他需要更迫切，从而将需要划分为五级：生理的需要、安全的需要、社交的需要、尊重的需要、自我实现的需要。

马斯洛需要层次理论具有以下五个特点。

特点一：五种需要像阶梯一样从低到高，按层次逐级递升，但次序不是完全固定的，可以变化，也有例外情况。

特点二：需要层次理论有两个基本出发点，一是人人都有需要，某层需要获得满足后，另一层需要才出现；二是在多种需要未获满足前，首先满足迫切需要，该需要满足后，后面的需要才显示出其激励作用。

特点三：一般来说，某一层次的需要相对满足了，就会向高一层次发展，追求更高一层次的需要就成为驱使行为的动力。相应的，获得基本满足的需要就不再是一股激励力量。

特点四：五种需要可以分为两级，其中生理上的需要、安全上的需要和感情上的需要都属于低一级的需要，这些需要通过外部条件就可以满足；而尊重的需要和自我实现的需要是高级需要，他们是通过内部因素才能满足的，而且一个人对尊重和自我实现的需要是无止境的。

特点五：马斯洛和其他的行为心理学家都认为，一个国家多数人的需要层次结构，是同这个国家的经济发展水平、科技发展水平、文化和人民受教育的程度直接相关的。

根据五个需要层次，可以划分出五个消费者市场。

1. 生理需要：满足最低需求层次的市场，消费者只要求产品具有一般功能即可。
2. 安全需要：满足对安全有要求的市场，消费者关注产品对身体的影响。

3. 社交需要：满足对交际有要求的市场，消费者关注产品是否有助于提高自己的交际形象。
4. 尊重需要：满足对产品有与众不同要求的市场，消费者关注产品的象征意义。
5. 自我实现的需要：满足对产品有自己判断标准的市场，消费者拥有自己固定的品牌。

需求层次越高，消费者就越不容易被满足。经济学上讲"消费者愿意支付的价约等于消费者获得的满意度"，也就是说，同样的车型，满足消费者需求层次越高，消费者能接受的产品定价也越高。市场的竞争，总是越低端越激烈，价格竞争显然是将"需求层次"降到最低，消费者感觉不到其他层次的"满意"，愿意支付的价格当然也低。

这样的划分是以产品分别满足不同层次的需求而设定的，消费者收入越高，所能达到的层次也越高。

购买不同车型的客户有不同的特点，表 6-2-1 所示为 6 万元以下微型车客户分析，表 6-2-2 所示为 6 万～18 万元紧凑型、中级轿车客户分析，表 6-2-3 所示为 18 万元以上中高档轿车客户分析，表 6-2-4 所示为客户需求汇总。

表 6-2-1　6 万元以下微型车客户分析

	轿车	面包车
主要客户群	纵横都市的幸福迷你族 年龄不大，收入不高，年轻一族，少数做小生意的人	精打细算的务实派 个体老板居多
群体特征（两个极端）	普通收入，需要代步工具，注重车辆外观，精打细算	用车频繁，务实，精打细算，不注重车辆外观
客户需求	要求价格低、保障高，对 4S 店维修需求不大	只需要最基本的保障

表 6-2-2　6 万～18 万元紧凑型、中级轿车客户分析

	6 万～12 万元紧凑型	12 万～18 万元中级车
主要客户群	充满朝气的成功渴望者 生活负担不大，收入较高人群	精英文化熏陶的时尚小资 喜欢时尚，疯狂工作，白领小资
群体特征	工作勤奋，不拘小节，交友面广 收入较富足的家庭，收入较高的年轻白领，喜欢比较、多渠道了解	生活西化，精致简单，感性消费
客户需求	要求性价比、经济性、安全性；效仿他人、展示个性、追求刺激、相互攀比、追求爱情	

表 6-2-3　18 万元以上中高档轿车客户分析

	18 万～30 万元中高级轿车	30 万元以上高档车
主要客户群	美国风格的商业中坚，中高级商务人士，公司中层管理干部	敦实淡定的实力派，主流商务人士，金融业高级管理层

续表

	18万~30万元中高级轿车	30万元以上高档车
群体特征	工作忙，不爱被打扰，按照自己意愿生活	相信自己的判断，理性消费
	大型企业的商务用车，成功人士，较高的权利和地位，工作忙，时间少，理性消费	
客户需求	注重汽车产品的舒适性、安全性、动力性；汽车产品能展现社会地位、炫耀能力、消除压力	

表6-2-4 客户需求汇总

关注点	6万元以下微型车	6万~18万元紧凑型、中级车	18万元以上中高档车型
价格	敏感	敏感	一般/低
性能	低/较高	较高	高
品牌	低/较高	较高	高

汽车销售顾问要根据不同的客户需求，有针对性地为客户介绍汽车产品。

（二）客户问题归类

通过上述的客户需求归类可以看出，客户群体不同，对车辆的需求也表现出不同的特征，而购车的过程中客户提出的问题也会因为客户群体特征不同而有所差别，我们将客户提出的问题大致分为四类，即品牌类问题、技术类问题、竞品类问题、商务类问题。

1. 品牌类问题

问题示例：国产车质量恐怕不过关吧？

应对话术：从整体上来说，现在的国产车大部分已经提高到合资车的质量水平了，有些已经做到了超越，咱们这款车型就做到了这一点。我们店现在，每月销量都突破150多台，这个销量足以证明了这款车型的优秀。并且全系质保时间为5年或是10万公里，用实际的超长质保体现了产品过硬的质量水平，如果质量不过关那岂不是搬起石头砸自己的脚吗？您说是不是？

资源6-2-1 客户问题归类（微课）

资源6-2-2 品牌类问题

2. 技术类问题

问题示例：这车子的车身那么大，排量只有1.6 L，动力行不行？

应对话术：从您问的问题，可以看出您经常开车而且对车很了解。其实这款车刚出来的时候，我也有过这样的担心，到后来我试过了之后，这个担心就完全消失了。

因为有时候我们公司的员工出去办事，由于车不够用，挤挤坐6个人还开着空调是常有的事,每次都可以很顺畅的加速,动力方面一点问题都没有。如果您还有顾虑的话,我可以给您安排一次试乘试驾,让您亲自体验一下。您看是现在就试驾还是过一会儿之后再试驾呢?

3. 竞品类问题

问题示例:与日系车比较,我感觉这款车的避震比较硬,坐起来不太舒服。

应对话术:这正是××系车的特征之一,因为这是一款追求动力和操控为主的车型,是带定速巡航系统的,这样的车身和底盘,在设计的时候就决定了它的避震是不能太软的,所以乘坐起来会感觉避震有些偏硬,但是开起来会很过瘾呀。而且它的耐用性普遍要比日系车好很多,特别是跑高速和转弯的时候会非常平稳,不容易侧倾,安全性也更好,喜欢它的人,大多是冲着这些优点来的呢。

资源6-2-3 技术类问题

资源6-2-4 竞品类问题

4. 商务类问题

问题示例:我经常出差跑高速,不知这款车舒适性如何?

应对话术:是的,这种高频率用车,一定要讲究舒适性,特别是在高速容易疲劳,看得出王总一定工作繁忙,绝对是商务精英啊。这款车不仅大气典雅,座椅舒适,而且坐起来稳重不飘逸。针对商务客户特别配置的超豪华音响,能够在开车时使您的心情更加愉悦。

资源6-2-5 商务类问题

汽车销售过程中销售人员总会遇到客户各种各样的问题,汽车销售话术在很多时候成了能否交易成功的主导因素。汽车销售话术的技巧可以体现一个人的应变及销售能力,因此作为汽车销售人员首先是将客户的问题进行归类,然后针对不同类型的问题进行应对。

二、客户沟通基本功

(一)沟通技巧

1. 表达的技巧

在客户服务的语言表达中,应尽量避免使用负面语言,这一点非常关键。什么是负面语言?例如,我不能、我不会、我不愿意、我不可以等,这些都叫负面语言。那么,当汽车服务人员向客户说出一些负面语言的时候,客户就感到你不能帮助他。客户不喜欢听到这些话,他只对解决问题感兴趣。所以,汽车服务人员应该告诉客户,能够做什么,而不是不能做什么,这样就可以创造积极的、正面的谈话氛围。常见的表达技巧如下:

资源6-2-6 客户沟通基本功（微课）

资源6-2-7 客户沟通基本功—学会说"不"的技巧

（1）善用"我"代替"你"。后者常会使人感到有根手指指向对方。

例如，习惯用语：你的名字叫什么？

专业表达：请问，我可以知道您的名字吗？

习惯用语：你必须……

资源6-2-8 善用"我"代替"你"

专业表达：我们要为您做……，这是我们需要的。

习惯用语：你错了，不是那样的！

专业表达：对不起我没说清楚，但我想它运转的方式有些不同。

习惯用语：如果你需要我的帮助，你必须……

专业表达：我愿意帮助您，但首先我需要……

习惯用语：你做的不正确……

专业表达：我得到了不同的结果。让我们一起来看到底怎么回事。

（2）在客户服务的语言中，没有"我不能"。

在客户服务的语言中没有"我不能"。当您说"我不能"的时候，客户的注意力就不会集中在汽车服务人员所能给予的事情上，他会集中在"为什么不能""凭什么不能"上。

正确方法："看看我们能够帮您做什么？"这样就避开了跟客户说不行、不可以。实际上表达的意思是一样的。

（3）在客户服务的语言中，没有"我不会做"。

客户觉得汽车服务人员应该会做，应该可以，但是为什么说不会呢？汽车服务人员希望客户的注意力集中在其讲的内容上面，而不是把注意力转移。

正确方法："我们能为您做的是……"使客户注意听解决方法。因此，正确的方法是说"我们能为您做什么，我可以帮您做什么"，而不是跟客户讲"我不会干这个，我不会做这个"。需要告诉他，我们可以解决一部分的问题，但是另外的问题还需要专业技术人员来解决或"我可以帮您分析一下""我可以帮您看一下"。

资源6-2-9 客户服务语言中，没有"我不能"

资源6-2-10 客户服务语言中，没有"我不会做"

（4）在客户服务的语言中，没有"这不是我应该做的""我想，我做不了"。

正确方法：汽车服务人员需要告诉客户能做什么，并且非常愿意帮助他。在客户服务语言当中，没有"这不是我应该做的""我想，我做不了"。当说"不"的时候，汽车服务人员和客户之间的沟通马上就陷入一种消极的气氛中。因此，先表明一种愿意服务的态度，再把不能够提供的事情讲出来。如果有可能提供一些折中方案的话，要提前说出，应避免直接回绝客户。

（5）在客户服务的语言中，没有"但是"。

资源 6-2-11 客户服务语言中，没有"这不是我应该做的"

资源 6-2-12 客户服务语言中，没有"但是"

不论汽车服务人员前面讲得多好，如果后面出现了"但是"，就等于将前面对客户所说的话进行了否定。

正确方法：在沟通中有一个很重要的法则叫作"Yes Yes But"，"是，是，但是"等于什么？等于"不"。现在客户越来越精明，汽车服务人员说"但是"等于把前面说的话全部否定了，所以客户感到这是一种很圆滑的外交辞令。

汽车服务人员专业的个性化服务，会增进与客户的沟通，不要认为只有口头语才能让客户感到亲切。对表达技巧的熟练掌握可以在整个与客户的通话过程中让客户感受到最佳的客户体验。

2. 倾听的技巧

随时都从客户的角度出发，初步判定客户的需求和车辆的状态。可以让客户更自在，并赢得客户的信任。

（1）专注的态度

以姿势或语言表示专心倾听客户的谈话，让客户放轻松。例如，"真的呀""是的""当然"。

资源 6-2-13 主动倾听的技巧

（2）表示认同

让客户放轻松，并可赢得客户的信任。例如，"好漂亮的车子哦""您保养的真好""真是太可怕了""我完全了解您的处境"。

（3）提出问题

确认细节，已清楚了解客户的想法和打算。例如，"您可以更详细地说明吗？""早上是否不太好发动？"

（4）厘清问题

确认与客户的理解是否一致。例如，"换句话说……，对吗？"

（5）总结内容

总结客户谈话重点，并确认与客户取得共识。例如："您目前提出的三个问题,包括……""归纳您刚刚提到的问题是……对吗？"

（6）非语言沟通

点头示意；目光接触；合宜的面部表情。

3. 四个主要的沟通基本功

四个主要的沟通基本功包括主导、打岔、垫子、制约，如图 6-2-1 所示。

图 6-2-1　四个主要的沟通基本功

"主导、打岔、垫子、制约"的基本含义如下：

主导：掌控销售对话中的主题，通过主题来赢得对话的主导权。

打岔：头脑中时刻围绕自己的主题，在听客户的主题时，按照其思路向自己的主题过渡。

垫子：在回答客户的问题时，有效应用对问题的评价来延缓其对问题的关注。

制约：预测客户后面的话，并主动说出方法制约客户的思考思路。

资源 6-2-14　四个主要沟通基本功

表 6-2-5　沟通基本功示范示例

技巧	示　例
主导	评价一个商务用车有三个标准，分别是商务实用性，生活适用性，动力安全性，您想了解哪个方面？
打岔	您问的发动机油耗问题是家庭轿车用途消费者普遍关心的问题。这取决于乘坐多少人，这些人的重量，以及经常跑的路况。这款车的动力是××的发动机技术，在油耗上是绝对省油型的
垫子	您问的这个气囊的问题很重要，许多人都非常关心这个问题
制约	您问的这款车可不便宜，这是我们现在销量最好的车型，比较贵，不知您的预算是多少？

资源6-2-15 如何让买车客户再次光临（1）　　　资源6-2-16 如何让买车客户再次光临（2）

（二）有效的沟通方法

在进行产品介绍时，汽车销售顾问要做到紧扣需求、有主有次、条理分明、语言生动形象、通俗易懂，让顾客确认所介绍的车辆符合他的需求和愿望，从而建立顾客对销售顾问及其推荐建议的信任感。这里介绍两种有效的与客户沟通的方法，即六方位绕车介绍法、产品性能介绍法。

资源6-2-17 产品介绍-场景构建原则

1. 六方位绕车介绍法

六方位绕车介绍法适用于初次接待，当客户与汽车销售顾问同站在车旁，在介绍车辆特征时，对应于所处展车不同部位，进行与之相关车辆配置的介绍，让顾客对整辆车能有一个全面的了解和认识。通常全程要40分钟左右的时间完成，平均每个步骤要7分钟左右，具体时间长短要视客户的情况而定。汽车销售顾问引导客户站在展车前部，然后按照顺时针方向，依车辆左前45°、发动机室、乘客一侧、后部、车辆内部、驾驶员一侧六个方位顺序介绍车辆。

六方位绕车介绍的要点如下：

① 绕车前对产品作简要概述；
② 从最能满足顾客需求的配置开始或左前方开始；
③ 补充可能对顾客有益处的特点；
④ 注重于顾客双向交流，寻求顾客认同；
⑤ 让顾客积极参与，鼓励顾客提问、动手；
⑥ 设定顾客购买标准；
⑦ 采用FABE介绍法。

（1）第一方位车辆左前45°

汽车销售顾问站在这个位置可以介绍车辆整体造型与设计风格、车身尺寸、轴距、天窗、前风挡玻璃设计、前风挡雨刷设计、引擎盖、进气格栅、前大灯总成、前雾灯总成、前保险杠设计、车头下方的通过护板等。

（2）第二方位车头正前方（发动机舱）

汽车销售顾问站在这个位置可以介绍引擎盖设计（外观、开启位置、开启方式、重量、隔热隔音护板）、发动机舱布局介绍、引擎技术、变速箱技术、刹车系统简单说明、空滤、水箱护板、醒目标识、铭牌讲解等。

资源 6-2-18 话术技巧-车前方介绍　　资源 6-2-19 话术技巧-发动机舱介绍

（3）第三方位车辆右侧位置（乘客一侧）

汽车销售顾问站在这个位置可以介绍轮胎、轮毂、外侧反光镜、门把手、A、B、C柱设计，所搭载的主动安全设备（如 ABS、EBD、ESP、TCS，等等）、车身饰条、三角窗、燃油箱开启方式及容积、制动系统等。

（4）第四方位车辆后部位置

汽车销售顾问站在这个位置可以介绍车尾部设计、高位刹车灯、后风挡、后雨刷器、车尾标识、后备厢开启方式、后尾灯、后保险杠、倒车雷达、后备厢容积、备胎、随车工具、停车警示牌、提示标识、音响装备等。

资源 6-2-20 话术技巧-车侧方介绍　　资源 6-2-21 话术技巧-车后方介绍

（5）第五方位车辆内部位置

汽车销售顾问站在这个位置可以介绍内饰风格、颜色搭配，车内后视镜的位置及视野，前后排乘坐的空间大小、乘坐的舒适度、视野，车内储物空间及大小，空调出风口设计，座椅折叠程度，等等。

（6）第六方位车辆驾驶员位置

汽车销售顾问站在这个位置可以介绍驾驶室的乘坐空间、视野、腿部空间，座椅质量及功能，前排安全气囊，制动系统，方向盘设计，仪表盘设计，等等。

资源 6-2-22 话术技巧-主驾驶位介绍

2. 产品性能介绍法

客户在考察一款车时，其重点关注的因素有品牌、外形、安全性、动力性、操控性、舒适性、经济性、性价比、售后服务和保值率等。汽车销售顾问可以从这些性能方面入手，有针对性地结合以上要素有重点、有主次地介绍车型。

（1）品牌

汽车品牌的历史与荣耀、该品牌的故事与口碑、该车型的历史演变、销量与评价。

（2）外形

知名的设计师或设计单位、外部造型的风格与特色、可选的颜色。

资源 6-2-23 产品性能介绍—引爆式话术"望"

资源 6-2-24 产品性能介绍—引爆式话术"闻"

资源 6-2-25 产品性能介绍—引爆式话术"问"

资源 6-2-26 产品性能介绍—引爆式话术"切"

（3）安全性

主动安全设备：ESP 汽车稳定程序、ABS 汽车防抱死刹车系统、EBD 制动力分配系统、MAR 牵引力控制系统、ACC 汽车自动巡航系统等。

被动安全设备：安全气囊、预紧式安全带、可溃缩式转向柱、车身钢板、吸能结构、防盗系统、防撞钢梁等。

（4）动力性

发动机的型号及技术、标准排量、最大功率、最大扭矩、最高车速、压缩比等。

（5）操控性

前后悬架结构形式、助力转向系统、制动系统、变速器、轴距与车长比例、轮胎、轮毂等。

（6）舒适性

全车长宽高的尺寸、前后排空间大小、后悬架结构形式、储物空间容积、座椅的特性、空调系统、车内空间的静谧性、车内娱乐设备、内饰的做工及颜色等。

（7）经济性

油耗、保养及维修费用。

（8）性价比

售价、促销优惠活动、市场价格走势及与同级别车型价格的对比等。

（9）售后服务

售后服务范围、服务质量、服务网点的分布、售后服务的收费标准等。

（10）保值率

保值率数据、二手车价格、二手车市场行情等。

三、产品介绍话术技巧

汽车销售顾问只掌握基本的产品介绍方法是不够的，还需要学会运用一些常见的介绍技巧。因为顾客喜欢车或者购买车不是因为车子本身，而是因为这款车能解决顾客遇到的某些重大问题或难题，能够满足顾客的某种需求，带来某种利益。优秀的销售顾问不仅要对产品非常熟悉，还要懂得如何激发顾客对产品的兴趣和好奇心，最终取得顾客的好感和信任。下面是三种常见的技巧。

（一）FABE 产品介绍法

FABE 是通过产品特征和性能的介绍，让客户了解这些特征带来的好处和优势，同时引申出对客户而言所能带来的利益，以引起共鸣，接着展示足以让人置信的证据，从而坚定客户购买的决心。这样客户不仅不会产生抵触情绪，而且还会觉得你完全站在他的角度，是为他着想，帮他解决问题，从而让客户很容易接受、认同。

资源 6-2-27 产品介绍话术技巧（微课）

资源 6-2-28 FABE 产品介绍法

它通过四个关键环节，极为巧妙地处理好了客户关心的问题，从而顺利地实现产品的销售。

1. Features（特征、特色、卖点）

含义：

- 产品的配置、参数等特性信息；
- 对于信息参数及专业术语，要结合顾客理解能力予以针对化解释，做到专业术语通俗化；
- 为便于顾客的直观理解，应在相应位置指明正在讲解的配置。

示例：

我们这款车配有最新的 ABS 制动防抱死系统。

2. Advantages（好处、优势）

含义：

- 销售顾问对某项配置、参数等特点进行讲解并指明位置，清楚地说明相应具体功能或优点；
- 讲解优点（功能）时，应确保顾客完全理解，如有必要，可询问顾客是否已经理解这些特性带来的优点。

示例：

我们这款车配有最新的 ABS 制动防抱死系统。ABS 系统是利用装在车轮上的轮速感应装置在制动时对车轮进行点刹，防止车轮抱死的一套制动系统，它能够大大缩短车辆在湿滑路面上的制动距离，并能够在制动的同时，打动转向盘实现对车辆的正常操控，绕开障碍物。

3. Benefits（利益）

含义：

● 证据可以是证明书、照片、报纸及杂志的报道、其他顾客的证明、录音、录像等，通过这些方式使顾客更加坚信销售顾问的介绍，从而促成销售；

● 也可以将这些资料转化成顾客所能感受到的场景，通过销售顾问的描述引导顾客想象在这种场景下车辆的这项功能给顾客带来的好处和利益。

示例：

我们这款车配有最新的 ABS 制动防抱死系统。ABS 系统是利用装在车轮上的轮速感应装置在制动时对车轮进行点刹，防止车轮抱死的一套制动系统，它能够大大缩短车辆在湿滑路面上的制动距离，并能够在制动的同时，打动转向盘实现对车辆的正常操控，绕开障碍物。对您而言能够大大提高您操控这辆车的信心，降低因为刹车而带来的乘坐不适，还能够减少轮胎的磨损，延长轮胎的使用寿命，降低使用成本。

4. Evidence（证据）

含义：

● 证据可以是证明书、照片、报纸及杂志的报道、其他顾客的证明、录音、录像等，通过这些方式使顾客更加坚信销售顾问的介绍，从而促成销售；

● 也可以将这些资料转化成顾客所能感受到的场景，通过销售顾问的描述引导顾客想象在这种场景下车辆的这项功能给顾客带来的好处和利益。

示例：

我们这款车配有最新的 ABS 制动防抱死系统。ABS 系统是利用装在车轮上的轮速感应装置在制动时对车轮进行点刹，防止车轮抱死的一套制动系统，当您开车遇到雨雪天气时，有了这辆配有 ABS 的车辆，在您紧急制动时，它能够大大缩短车辆在湿滑路面上的制动距离，并能够在制动的同时，打动转向盘实现对车辆的正常操控，绕开障碍物。对您而言能够大大提高您操控这辆车的信心，降低因为刹车而带来的乘坐不适，还能够减少轮胎的磨损，延长轮胎的使用寿命，降低使用成本。

（二）构图讲解法

当人们听到或看见某件事情时候，往往会在潜意识里为这件事构造出一幅图画，然后根据这幅图画做出判断。在产品销售过程中，销售人员可以利用这种构图的效果，达到有效刺激顾客购买欲望的目的。

1. 采用构图讲解法的好处

给顾客留下深刻印象；

增加顾客参与感；

让顾客容易明白；

吸引顾客注意力。

2. 构图讲解法应用的三个时机

功能叙述的时候；

产品使用的时候；

突出产品特点的时候。

3. 构图讲解法应用的重点

销售人员根据所销售的产品，提炼出一个销售主题，然后为这个主题构造一个应用场景，最后将主题与场景搭配，连缀成一个故事。

通过这种方法，为顾客构造出一幅幸福、美满的图画，激起顾客对这幅图画的向往，从而使顾客接受你的产品介绍，并且购买你的产品。

（三）道具演示法

为了让解说更加逼真、生动，有时候可以利用一些道具来达到锦上添花的效果，如案例中销售人员应用道具演示法进行产品解说，有以下几个注意事项。

资源6-2-29 道具演示法

道具不一定要大，它可以是一把尺子、一支笔、一块手帕，最主要的是通过道具演示来唤起顾客的想象力，引起顾客的共鸣。

操作时，语言、手势动作与道具的应用要配合协调，表情要自然逼真。

道具演示法主要是在顾客无法切实体会产品特色的情况下应用，要根据所销售产品的特点，决定是否采用道具演示法，或应用什么样的演示道具。道具演示法不可滥用，应用不好，还不如不用。

四、产品介绍要点

（一）车辆介绍和展示

一般来说，车辆的介绍指的是4S店展厅销售顾问向客户介绍车辆的材料、外形、颜色，以及车辆实用性和功能。而车辆的展示则是指向客户解释车辆的功能是如何去运行的。两者的概念虽是有区别，但主要强调的是4S店展厅销售顾问在进行车辆展示的时候，必须要了解产品。有了清晰的思路，就不用害怕回答不出客户所提的问题。在介绍中，4S店展厅销售顾问对于产品的宽广的知识面能让客户产生信任感。

图6-2-2 车辆介绍和展示

（二）让客户参与到车辆展示中

4S店展厅销售顾问在进行车辆展示的过程中，要保证客户已经在接受和了解你所陈述的信息，如果只是单向的陈述是没有任何用处的。因而可以让客户参与到车辆的展示中来，与客户进行有效的交流，让客户向4S店展厅销售顾问进行提问，这样更有利于了解客户的动机和要求。最后，让客户亲力亲为，在展示车辆的时候，可以边介绍，边让客户切身体会你精彩的产品描述。

图6-2-3 让客户参与到车辆展示中

（三）在车辆展示中，再次确定客户的需求

对于客户需求的确认从来不会结束。客户的需求不是一成不变的，会根据不同的因素而改变的，所以在对客户进行车辆展示中，要再次确定客户的需求。为了卖给客户最适合的车，就应该通过4S店展厅销售顾问合理的建议，而建议前就该要确定客户的需求。只有这样，才能顺利促进交易。

在展示和介绍车辆的过程中，4S店展厅销售顾问除了对于产品要熟悉之外，最重要的还是展示期间与客户的交流，以及确定客户的最终需求。

图6-2-4 再次确定客户的需求

在线测验

通过课前预习，了解"如何对客户问题进行归类""客户沟通基本功"，掌握"产品介绍话术技巧""产品介绍要点"等知识和技能点，能够有效地向客户介绍产品，有针对性地解决客户的问题。

扫描下方"测验二维码"进入资源库平台的在线测验页面。

在线测验

任务实施

要全面理解"产品介绍过程中客户的心理分析"所涉及的基础知识，并很好地解决本项目任务中所描述的情况，建议采取如下活动开展学习和训练。

（一）产品介绍过程中客户的心理分析模拟训练

1. 任务实施目标

在产品介绍的过程中，能够灵活运用沟通技巧和产品话术技巧，满足不同心理特征的客户的需求和愿望，在产品层面上建立客户信心。

2. 任务实施准备

形式：假定自己是销售顾问李杰，与学习小组成员商讨和训练如何在产品介绍的过程中把握客户心理，并采用适当的技巧进行产品介绍，采用角色扮演法在课堂上展示。

时间：30分钟

材料及场地：轿车一辆，接待吧台一张，客户洽谈区安排洽谈桌椅，文件夹，客户档案资料，名片，签字笔，记录夹，汽车宣传资料，茶水，计算器，学生必须着正装（衬衣、领带、皮鞋等）

3. 任务实施步骤

（1）学生以小组为单位，3~5人一组，每组分为两类角色，销售顾问和客户。客户要按照案例中的情境表演，要有明确的问题，例如品牌类问题、技术类问题等。销售顾问需采用有效的沟通方法与客户交流，对产品进行介绍，并对客户的问题进行解答，让客户满意。

（2）一组演练时，其他各组同学也要认真看，总结好的技巧，并给表演的同学打出公正的分数。采取以同学们互评与自评相结合的方法为主，以老师的评价为辅的评价方式。

 **特别提示**

面对庞大的需求群体，如何使产品满足不同层次的需求，抓住客户需求的心理显得至关重要。对于销售人员来说，掌握汽车介绍过程中的沟通技巧和话术技巧，才能从客户的需求出发，而不是从产品出发，才能制定合理的策略，提高客户的满意度。

（二）相关任务成果提交

小组成员共同完成该任务，并拍摄微视频上传至资源库平台（或空间）。

成果提交

 拓展提升

一、拓展任务

小刘在某汽车销售服务公司担任销售顾问。某日，小刘的一位老顾客王先生带着太太来公司看车，想为他太太购置一辆汽车，家里有老人、小孩，周末经常自驾游。如果您是小刘，您将如何向客户推荐满足需求的车型？

1. 请试想小刘如何进行客户问题归类、产品介绍？
2. 小组课后运用角色扮演法模拟训练该场景，并拍摄微视频上传至资源库平台（或空间）。

"拓展任务"提交页面二维码

二、拓展训练

1. 常见的客户问题包括哪几类？
2. "表达"的技巧包括哪几种？
3. 四个主要的沟通基本功是什么？

任务 6-3 试乘试驾过程中客户的心理分析

任务引入

汽车服务人员在试乘试驾的过程中，应解除客户对试乘试驾的抗拒心理，并针对客户的关心点让客户充分体验车辆的性能。整个试乘试驾的内容包括"试驾前准备""试驾中需注意问题及话术"和"试驾后客户的体验反馈"几个部分。本任务正是针对这几个部分，介绍如何分析客户心理，更好地让客户认可车辆性能，认可企业的服务理念。

任务描述

李想大学毕业后，应聘到 HR 汽车销售服务公司担任销售助理，一天接到一位男性客户打电话到公司预约时间试乘试驾。在之前进店洽谈的环节中，李想为他推荐了车辆的动力性和舒适性，本次试乘试驾主要是想体验一下车辆这方面的性能。双方约定第二天上午 9 点来公司，同时该客户将偕夫人前来看车。

李想放下电话之后，开始做起准备，因为他知道客户在试乘试驾的过程中会对车辆的各方面性能有所关注，客户的心理也会随着提出的问题产生变化，如果您是李想，您将如何应对该客户？

学习目标

● **专业能力**
1. 能够正确把握客户在试乘试驾中的关心点，从而制订相应的营销策略；
2. 掌握"解除试乘试驾客户的抗拒""试乘试驾中客户的关心点"等知识和技能点。

● **社会能力**
1. 善于捕捉客户传递的信息，对客户心理的变化具有敏感性；
2. 树立高尚的职业道德，提供优质的服务；
3. 让客户感性地了解车辆有关信息，通过切身体会和驾乘感受，加深对产品的认同，强化其购买信心。

- 方法能力
1. 确认客户需求，在试乘试驾中了解客户的重点需求；
2. 强化客户关系，在相对私密的环境中拉近与客户的距离；
3. 创造客户拥有的感觉，加强并暗示顾客拥有后的感觉；
4. 创造销售购买契机，激发顾客的购买冲动。

相关知识

一、解除试乘试驾中客户的抗拒

在这一方面首先我们要明确，在销售活动中无可避免却又切实存在的一种心理对抗性，这种对抗性会或多或少的参与到整个销售环节中，随着认知的加深或许会有所减弱，但呈现出周期性反弹的现象。因为每一位客户都是独立的个体，彼此都存在着差异，销售的过程就

资源 6-3-1 解除试乘试驾客户的抗拒（微课）

是在寻找一种平衡从而达成共识，但是改变其固有的认知从而接受他人的认知需要过程，而这一过程必然会产生一种抗拒心理。在这里要明确试驾过程中客户抗拒点在哪里，采用适当的应对措施才能解决问题。

（一）客户常见的几种推辞理由：

1. 驾驶证没带，算了，不用试了

原因：

（1）驾驶证真的没带。

（2）不想试，找理由推托。

资源 6-3-2 当客户不想试驾时，应对方式

资源 6-3-3 客户常见的推辞理由及应对措施

应对话术：

没有关系，您也可以试乘一下，从坐的角度去感受车辆的舒适性，下回有时间您过来，还可以再试驾的。

2. 不想试，也不大会开车

原因：

（1）怕损坏了我们的试驾车，难为情，因新手车技不好。

（2）当天车子定不下来，怕试了不买不好。

（3）帮朋友看车。

应对话术：

（1）若不怎么会开就更应该试了，买了车总要开的，可以先实习一下，安全性上您大可放心，一方面我们的车安全性能是五星的，另一方面我们的试驾车都上了牌照、买了保险的，同时也可为您选择路况较好的路线来试，请您放心。

（2）可能您也在考虑别的车子，试了以后您才可以去很好的比较。

3. 车子是公司买的，以后也不是我开的

原因：

（1）受公司委托只是来买车的。

（2）帮朋友看车。

应对话术：公司领导这么信任您，您也是有决定权的人，试了以后回去也可以有说服力，您的任务也就马上能圆满完成了！

4. 朋友有凯美瑞，开过了，不用试了

原因：

（1）确实有朋友有，也可能开过。

（2）可能觉得车子开开也差不多。

（3）确实在朋友那儿开过了，已经体验。

应对话术：是的，现在凯美瑞的保有量非常高，您周围肯定有朋友有这个车，您也开过，但您在开的时候难免会小心翼翼，不能很随意地去试。那我们是专门的试驾车，您可以大胆地去加油门、加速、制动，让您尽情地去体验，您可以很轻松地试出各种性能。

5. 车子开开都差不多，不用试了

原因：

（1）平时车子开的不多，不怎么会开，不敢试。

（2）试过其他车，没留下特别印象。

应对话术：

（1）您先试乘，我会专门帮您讲解，如果您有兴趣就开开看。

（2）虽然我也知道您车也开的比较多了，比如说同样的一道菜，不同的厨师做出来的口味却是不一样的，每个品牌的风格和侧重点都不同，细微之处还是有差别的，不信您试一下。

（3）试乘试驾应该说能最真实的反映出车辆的性能的，比我在这里给您做车辆讲解要直观得多，您体验一下肯定会有不同的感受的。

6. 等要买的时候再试，今天不买不试

原因：

（1）怕试了就一定要买了。

（2）先来看车型，没有深入了解的想法。

应对话术：

（1）专门提供试乘试驾服务，您不要有压力，无论买与否，都可以试的。

（2）您平时也忙，今天特意过来看车，即使今天不买，先试一下也无妨啊，又不会损失什么，也不枉费白跑了一趟，人家买双鞋子都要试很多次，何况二十几万元的车子，走，去试试。

7. 今天没时间，不试了

原因：

（1）确实没时间，另有它事。

（2）还没打算好买车。

应对话术：

试驾也快，10分钟左右，如果您真的有事，那我也不勉强了，下次再过来。但是建议您还是先试试，刚好我们也在搞试驾有礼活动。

8. 试驾没有礼品不试了

原因：

（1）确实是想要礼品，别的地方有礼品，比较贪占便宜。

（2）随口说说。

应对话术：您好，其实试驾也不需要耽误您多少时间，而且今天您也是特意过来看车，既然来了也好好了解一下我们车子的性能，也可以供您选择，再说今天我们搞活动，试驾也有礼送的哦。

9. 你们的试驾车都是2.4最高配的，我要买2.0的，试了也没用

应对话术：您的想法也有道理，但实际上2.0和2.4只是在起步加速时有细微的差别，其他操控性、平稳舒适性、制动性能、抗侧倾能力、乘坐感受、空间、空调、音响都是一样的，同时也为了让您更好的选择，还是建议您试一下。

10. 你们的试驾车可能调试得好一点，我买的可能就没那么好了，所以不要试

应对话术：您多虑了，试驾车每天都有很多客户在试，包括猛踩油门、紧踩刹车等高难度驾乘操作，对车子的损耗远远大于您的新车。

11. 车的性能是好的，我都了解了，试就不用了，你直接给我优惠点好了

应对话术：从别人那里了解再多也不如自己亲身体验一下，既然都过来了，也不在意多花10分钟，另外还可以送您小礼品，更重要的是，您可以更深入地了解这款车。但如果说您今天打算买了，急着把车开回去的话，那我们就到那边坐，我帮您拉一下报价单。

12. 我车也不太懂，试得好不好我也不知道，还是不要试了

应对话术：是呀，正因为不懂，所以就更加需要试驾一下了，您想了解哪一方面，我也可以通过试驾更加直观地介绍给您，这样哪怕下次去与别的车比较，心里也更加有底了。

（二）试乘试驾四大手法

望：让顾客观察车辆的优势细节，例如：车身的造型与颜色，驾驶装置的布局，驾乘

空间和行李箱空间，等等。

闻：这里所说的"闻"指的是让顾客倾听声音，例如关车门的声音，发动机的声音，驾驶舱内和驾驶舱外的声音，等等。

问：这里的"问"有两方面意义：1. 不断询问顾客的感受，2. 鼓励顾客提问。两者的目的都是为了了解顾客的真实想法，也就是我们所说的寻求顾客的认同。

切：所谓"切"，就是要顾客亲自体验。不仅仅是用手去感觉内饰材料的手感和品质，更要实实在在地去体会车的性能，比如驾驶过程中是否操控自如、转向精确；制动效能如何，刹车间隙的脚感如何，离合器是否轻便，等等。

二、试乘试驾中客户的关心点

对待这个问题首先我们要明确一个关键点，试乘试驾的目的在于让客户认可我们的产品而不是通过试乘试驾发现我们车辆的不足，所以客户的关心点看似是自己的想法，其实最根本的应该是销售顾问在之前的环节潜移默化的渗透。同时根据人的认知心理，客户的感知

资源 6-3-4 试乘试驾中客户的关心点（微课）

需要有适宜的刺激并满足其阈限值，所以就要利用身边现有的资源给客户营造一个适宜的车内环境，让整个试乘试驾的过程由销售顾问来掌握。

汽车服务人员要有针对性地应对客户的关心点，首先需要让客户了解试乘试驾的环节。

（一）试乘试驾前的操作步骤

第一步：试乘试驾邀请

1. 销售顾问对有购买意愿的顾客发出试乘试驾邀请。
2. 有技巧地引导顾客同意试乘试驾（在这个过程中客户会有很多拒绝试乘试驾的抗拒点，销售顾问应当分析客户的类别，并采用适当的应对方法）。

图 6-3-1 电话邀约客户试乘试驾

图 6-3-2 销售人员准备资料

第二步：准备资料

1. 试乘试驾线路图。
2. 试乘试驾协议书。

3. 试乘试驾意见调查表。

4. 试乘试驾试音碟。

第三步：车辆检查

1. 保证车内外清洁，车内部安装专用地毯。

2. 检查油量：20升为宜。

3. 确保车辆性能：灯光、空调、音响以及发动正常。

这一过程很重要，试乘试驾车辆一般来说都会配置最好的精品配件，要了解车辆的特殊效果在哪里，在试乘的过程中一

图6-3-3　销售人员检查车辆情况

定要不经意提及，给对方感受器官充分的刺激但不要过强，不要显得太刻意。同时尽量让本车的优势靠到客户在需求分析中提出的重视点上去，要让客户切实体会到其中的优势，并自己说出来，这才是车辆准备的关键。

第四步：审核驾照

1. 请顾客出示本人合法有效驾驶证件。

2. 注意发证机关、有效期、准驾车型（C1及C1以上）、驾龄（一年或一年以上）。

3. 留下相关有效证件，试车完毕后退回。

第五步：签协议书

1. 请客户在《试驾协议书》上签名。

2. 提醒顾客写明驾驶证号、联系人、电话号码、时间。

3. 请客户再次核对驾驶证号。

第六步：路线图说明

1. 向客户解释行驶路线、范围。

2. 向客户说明试乘试驾安全注意事项。

在注意的内容中我们曾提到随意注意和不随意注意，不随意注意就是我们常说的分心现象，一旦出现这类现象会让客户本身的注意点从我们的车辆转移到突然发生的事情上去，这会导致试乘试驾的失败，而现实中这样的事情又很多，比如说道路拥堵、发生事故、路过商场学校等。所以在选定路线时尤为重要的是，路线本身特别熟悉，试乘试驾路线顺畅，出现突发情况该如何处理。

第七步：提醒顾客填写意见表

1. 提醒顾客在试乘试驾结束后回展厅填写《试乘试驾意见反馈表》。

2. 告知有礼品相赠。

（二）试乘试驾时的操作步骤

客户在试乘试驾时，往往会和自己的亲朋好友一起来参加，销售顾问要想取得积极的试驾体验，就必须做好试乘试驾中的人际沟通。

1. 试乘试驾中的人际沟通

第一步：主动结识客户的朋友

在客户进门后，一旦发现与客户同行的人从未出现过，就要主动请客户介绍。

例如："王先生，您能给我介绍一下您的这位朋友吗？"

第二步：和对方打招呼并递上名片

客户介绍后，销售顾问就要和对方打招呼，并递上名片，最好说一点赞美的语言，以预防这些人在试乘试驾过程中制造麻烦。

例如："王先生提到您很多次了，一直说您是行家呢！"

第三步：试驾过程中的主动沟通

此阶段的要诀就是销售顾问要主动、多说好话、多向客户请教。尽量不给客户留下挑剔的时间和机会。

例如："王先生，刚才这个起步您的感受如何？""程先生，您觉得呢？"

在这里要注意，很多客户带的朋友一般来说都是比较重要的，而且这类朋友的心理想法是"我朋友带我来是因为我比较懂车辆"，就是我们通常所说的伪专家，其实同级别车辆的差别除了真正的专业人士之外，一般人根本感觉不出来，但是为了满足对方的虚荣心一定要进行肯定，哪怕是错的。常见的说法是，"您说的问题我之前确实没有注意，您要是不说我还真没有发现，一看您就是行家。我们这个试驾车也是跑了一段时间了，新车的话不一定存在这个毛病，要不咱再去试试新车。"其实就是在那一刻满足对方的虚荣心，过后客户也不会在意，把这当回事的，切忌得理不饶人。

图 6-3-4 销售顾问主动结识客户朋友

资源 6-3-5 掌握客户的关注点—扬长避短

资源 6-3-6 掌握客户的关注点—对客户关心的问题进行确认

2. 出发前给顾客的静态展示

第一步：请顾客入座副驾座及后排，协助顾客完成座椅调节及系好安全带。

第二步：车内空间和布局展示（静态介绍），座椅调节便捷，方向盘调整便捷，空间宽敞，仪表台布局典雅、显示鲜明，座椅舒适度、空调舒适度、体验音响效果，等等。

第三步：点火启动后声音沉稳，怠速情况下发动机安静无抖动。

第四步：顾客试乘换乘阶段。

试乘阶段：

（1）首先由销售人员先驾驶。

（2）给顾客做示范驾驶（针对驾驶技术不熟练的顾客）。

（3）动态介绍重点：起步、加速、制动性、匀速、转弯。

资源6-3-7 试乘试驾阶段与客户的沟通

中途换乘：

（1）行驶一段距离，到达预定换乘处，选择安全的地方停车，并将发动机熄火。

（2）取下钥匙，由销售人员自己保管。

（3）帮助顾客就座，确保顾客乘坐舒适。

（4）待顾客进入驾驶位置后，亲手交给顾客钥匙。

（5）提醒顾客调节后视镜、系好安全带。

（6）请顾客亲自熟悉车辆操作装备，如：刹车、离合、油门。

（7）销售顾问请顾客再次熟悉试车路线，再次提醒安全驾驶事项。

第五步：顾客试驾阶段

（1）驾驶中让顾客充分体验，适当指引路线。

（2）适当引导顾客体验车辆性能、强化动态优势，寻求客户认同。

（3）注意观察客户驾驶的方式，控制顾客驾驶的节奏，若顾客有危险驾驶动作，及时提醒并在必要时干预。

（4）尽量多赞美顾客，让顾客拥有满足感。

话不要太多，太多的话客户会反感。因为在心理学上讲人有一种权威意识，适当的提醒可以有好处，但太多的提示会对客户本身的权威发起挑战。同时用简短的话对车辆性能做一个简单说明，点到即止，具体说明等之后回到店里坐下来慢慢聊。

（三）试乘试驾后操作步骤

第一步：试乘试驾车停放

1. 乘试驾车回到指定区域，按规定停放。

2. 销售顾问应首先下车，主动替顾客开车门，防止客人头部碰到车门。

"先生，您这边请，小心别碰头。"（站到门后，面向客户，一手拉门一手护住门框）

图6-3-5 提示客户小心碰头

3. 提醒顾客确认无东西遗忘在车内。

"先生，请您确认下是否还有东西遗忘在车里了。"

 在线测验

通过课前预习，掌握"如何解除试乘试驾中客户的抗拒""试乘试驾中客户的关心点"等知识和技能点，学会分析客户心理，能根据顾客的需求有针对性地介绍，寻求客户认同。

扫描下方"测验二维码"进入资源库平台的在线测验页面。

在线测验

 任务实施

要全面理解"试乘试驾过程中客户的心理分析"所涉及的基础知识，并很好地解决本项目任务中所描述的李想遇到的情况，建议采取如下活动开展学习和训练。

（一）根据客户的关注点进行车辆介绍

1. 任务实施目标

根据顾客的关注点有针对性地介绍，引导顾客感受车辆卖点，寻求顾客认同。

2. 任务实施准备

形式：组内讨论形式。学习小组成员商讨如何针对客户的关注点进行车辆介绍，强化其购买信心。

时间：30分钟

材料及场地：多媒体教室、海报纸、记号笔（多种颜色）

3. 任务实施步骤

（1）学生以小组为单位，3~5人一组，教师准备几款车型的宣传册，每个小组选择一款车型，针对这款车型的特点及卖点，小组每位成员提出自己购车时的关注点，总结在纸上。

（2）小组随机抽取其他组对车型的"关注点总结"，分析如何根据这些关注点进行车型介绍，并引导顾客感受车辆卖点，寻求顾客认同。

（3）以海报纸的形式提交分析结论，并做小组汇报。每个小组汇报时，其他各组同学也要认真看，仔细听，做出自己的判断，并给汇报的同学打出公正的分数。采取以同学们互评与自评相结合的方法为主，以老师的评价为辅的评价方式。

（二）相关任务成果提交

小组成员共同完成该任务，并将海报纸拍照上传至资源库平台（或空间）。

成果提交

一、拓展任务

李玥大学毕业后在 AB 汽车销售服务公司担任销售顾问。某日，李玥的一位客户王女士来公司看车，且已经有了购买的意向，李玥邀请客户进行试乘试驾，但客户提出"等要买的时候再试，今天不买不试！"为了更好地刺激客户的购车欲望，拿下订单，如果您是李玥，您将如何邀请客户进行试乘试驾？

1. 应该用哪些话术来解决相应的问题？

2. 小组课后运用角色扮演法模拟训练该场景，并拍摄微视频上传至资源库平台（或空间）。

"拓展任务"提交页面二维码

二、拓展训练

1. 当客户提出"没礼品，不进行试乘试驾"，简要说明您的应对方式？
2. 试乘试驾中的"闻"指的是什么？
3. 如何做好试乘试驾中的人际沟通？

任务 6-4　议价过程中客户的心理分析

任务引入

当今的汽车市场，整体销售呈走低态势，在于目前汽车保有量太大，汽车生产厂家品种繁多产量巨大。这种社会环境下给了客户这样一种认知，"卖家市场车不好卖了，价格就应该低一些。"城市的拥堵现象、网络上传播的各种汽车销售企业的减价活动，导致了客户有这样一种认知，只要我坚持要求减价你们就一定会满足我的要求，所以客户在与销售顾问进行议价沟通时总是会千方百计地把价格降下去，这与销售顾问的销售理念产生了一个鲜明的矛盾。本学习内容就是要从观念和技巧上解决这一问题，即介绍"议价过程中客户的心理分析"等相关知识和技巧。

任务描述

李想大学毕业后，应聘到 HR 汽车销售服务公司担任销售助理，经过半年的不懈努力后他终于可以正式进行销售。今天赵先生是他的第一位客户并且已经有购车意向，作为自己的第一单李想十分兴奋，但这时客户又在车价的问题上产生异议。如果您是李想，您将如何做才能让该客户和您达成共识？

学习目标

- 专业能力
1. 能够掌握相应的议价技巧；
2. 能够对客户沟通交流中的心理进行分析与把握，发现客户的兴趣点。
- 社会能力
1. 善于捕捉客户传递的信息，对客户要求优惠的心理要有一个明确的分析；
2. 能够正确处理客户异议，找准根源所在；
3. 树立高尚的职业道德，提供优质的服务。

- 方法能力

1. 能够准确把握价格协商的时机；
2. 取得顾客的"相对购买承诺"；
3. 能够找到价格争议的真正原因；
4. 价格协商的真正目标——双赢。

一、议价基本策略

（一）消费者对汽车价格的态度

首先要明确消费者对汽车价格的态度是什么，之后才可以采取相应的议价技巧解决这一问题。

目前来看客户群体主要存在的态度是怀疑态度、抵制态度、观望态度等。消费者之所以对汽车价格有观望态度，主要是因为经销商之间竞相降价，打价格战。

资源6-4-1 议价基本策略（微课）

怀疑态度主要是因新能源车引起的，消费者不选择新能源汽车的首要原因一是配套设施不成熟；二是技术不成熟；三是车价太贵；四是因保有量低，故不了解车况；五是优惠政策太少；六是新事物不做先行者。

抵制态度是因"加价提车"而产生的。消费者想买的车比较紧俏，经销商就每辆车加价2万~5万元，加价收取的是"加急费"和"装饰费"。有些消费者对"加价提车"持抵制态度；也有人不改初衷，不在乎这几万元。这几年此类情况较少，一般都是车企准备打造饥饿营销方式减量加价，常见于高端豪华品牌。

图6-4-1 客户要求优惠

所以说多数的潜在客户对于汽车消费呈现出观望的态度，这种态度的表现形式就是在于一种观念，又便宜又好。而且网络越来越发达，各种汽车信息在网上可以直接搜索到，导致目前汽车销售行业普遍遇到的难题就是客户进店后不是直接看车而是直接问能优惠多少。

面对这一问题最好的办法是改变客户的关注点，尽可能将客户的注意点从车价方面转到车辆性能或者售后服务等方面，因为这些方面相较于车价而言是企业的软实力，衡量标准不是多少钱而是客户的满意度。

（二）异议产生的来源与种类

议价商谈是在销售顾问和客户建立充分信任后再开展的，通常关系到销售能否顺利成交，同时，客户的异议也会出现在这个阶段，因此销售顾问应该详细解说所有相关文件，并考虑到客户的实际需求和所关心的问题。

而客户的异议或抗拒往往都是其考虑到将要拥有产品时必须要付出的代价时产生的，因此议价成交的过程中，销售人员的专业素养和积极想要成交的信念是必要的条件。

1. 异议产生的来源

（1）误解

例如汽车召回现象。

（2）怀疑

例如客户可能听到了一些不真实的信息，这种怀疑是来自方方面面的。

（3）非有效客户

例如，一些假客户、圆梦的、恶作剧等类型的客户。这些客户本身不想买车，是来凑热闹的，他会故意压价，并在这个问题上纠缠，拒绝留下联系方式。

（4）客户的本能反应

例如"只有错买的，没有错卖的""买的没有卖的精"，他们会认为"买东西是要打折的"等。

（5）前期价值传递不够

对产品不了解，客户需求没匹配。20%的时间花在前面的环节，80%的时间去处理异议，这样很难成交。

2. 异议的种类

（1）产品异议

由产品延伸的服务、品牌方面的异议。

（2）价格异议

90%的客户有此方面的异议。

（三）异议的处理方法

1. 处理异议的技巧

在处理异议的时候，首先要找准根源所在。客户提出不同意见的理由和动机是什么？首先要找到原因。

（1）认真地听。

（2）重复客户提出来的问题。

（3）认同和回应。

（4）提出证据。

（5）从容地解答。

2. 处理异议的四步法

四步：认同理解+中立化+探询+说明

怎么做	1. 认同理解客户	2. 销售顾问中立化	3. 探询顾客异议来源和真实目的	4. 采取应对措施
目的	为后续谈话进行铺垫	销售顾问站在中间立场更能够使客户信服	区分清楚客户是为了压价还是真实顾虑	打消客户疑虑
怎么说	先生，您有这样的想法我完全能够理解	我要是您，我在选择大件商品的时候也会这么想	看您其实也蛮喜欢这部车的，我也觉得这部车非常适合您。您还在担心些什么呢？	针对客户异议，站在客户的角度进行解答

（四）议价的策略

以上只是议价的前期铺垫，到最后还是需要商谈价格，就价格而言进行的交锋该如何解决，不同的人有不同的适用方法。

在议价环节有一个最基本的前提条件，"不能直接报底价"。这条道理适用于任何谈判环节，不可否认的是议价的过程就是一个谈判的过程。有人把谈判比作拔河，谁把对方拔过来谁就赢了，其实就过程来说好像是这样你争我夺互不相让，但最终的结果往往是大家都互相做出让步，最终两个人走到一起达成共识。

如果销售人员直接把底牌爆出来了，客户要是还想再深入挖掘的话怎么办，你没权限了，为了避免这一问题，我们可以参考以下几种方式。

1. 如果客户口头上要求降价，但讲不出理由，那么这只是客户想探查车子的底价而已，可是如果客户以竞争对手的底价比较，甚至说出了解的一个价格（我们要分析价格的真实度，是竞争对手给的，还是网络上查的，或是朋友告诉的价位），在明确客户如此坦诚的情况下，销售人员可以稍许降价。

2. 要求客户出价，找出差距，采取相应措施。客户出价后一般都会解释原因，这时你要注意分析客户要求优惠的原因。

（1）客户预算不够。

（2）推荐的车型不适合。

（3）客户诉说的价位是竞争对手提供的裸车价位，此时需要向顾客解释清楚你提供的加装及服务是客户关心及迫切需要的。

3. 报价议价的次数不要超过三次，价格频繁地降与直线下跌都会使客户愈议愈勇，恨不得挤干你的所有利润。

4. 注意落价比，应该越来越小，这会使客户意识到这已接近底价了。

5. 降价要有要求，促进交易快速圆满地完成。不要因为客户要求降价而降价，这样并不会增加客户对你的好感,降价的同时可以提出有利于完成交易的要求,例如加装精品优惠套餐,这种情况较易被客户认同接受。

6. 对于即将成交的单子,要维持销售价。不能因为客户得到一些小道消息,急于成交而降价,这不仅不利于交易,而且会使客户感觉销售人员报的价格存在水分。

二、议价成交的心理沟通技巧

(一)抓住客户的买意信号

要抓住客户的买意信号就需要汽车销售人员有锐利的眼光和聪敏的头脑,通常客户流失,都是因为无法洞察客户的买意信号而一味去做徒劳的解释,最终使购买变为泡影。

资源 6-4-2 议价成交的心理沟通技巧(微课)　　资源 6-4-3 抓住客户的买意信号

客户的成交信号是多种多样的,一般分为语言信号和行为信号。

1. 语言信号

(1)当客户提及使用方法和售后服务时;

(2)提及支付方式时;

(3)提及与其相关产品的优缺点时;

(4)开始讨价还价时;

(5)提及市面上对该企业某种产品的批评或消费者自己的看法时;

(6)用假定的语气和口吻谈及购买时;

(7)提及产品的运输问题时;

(8)介绍购买过程中的其他重要决策者时;

(9)建议转换洽谈时间和地点等时。

这些都是客户在考虑购买时所发出的买意信号,能否抓住这些买意信号,就是能否达成交易的关键。

2. 行为信号

行为信号中又包括了动作信号和表情信号。一般来说,当客户具有下列表情或动作时是一种购买的信号。

(1)眼珠转动由慢变快,眼睛发亮,神采奕奕,视线集中在说明书或产品上;

(2)态度由怀疑、深沉变为亲切随和大方;

(3)靠近销售人员,重新拿起车辆展示手册;

(4)点头,叹气或微笑,思考;

（5）突然开起玩笑，表情变得轻松等。这些都是可能成交的行为信号，我们特别要注意对方的眼神和某些无意动作，只有明显地抓住客户的购买意向，才能使成交的可能性变大。

（二）议价成交的心理沟通技巧

对于议价技巧很多人有一个误区，觉得能不能用一种方法就能应对所有的客户，这显然是不现实的。人的性格不同，外在的表现形式不同，那么就需要区别对待了。

以下是几种常见的议价技巧。

1. 选择成交法

选择成交法是提供给客户三个可选择的成交方案，任其自选一种。这种办法是用来帮助那些没有决定力的客户进行交易。这种方法是将选择权交给客户，没有强加于人的感觉，利于成交。

在有效选择成交法中我们经常这样说话："××先生/女士，我们是今天还是明天签订合同？""先生，这款车的内饰颜色分为黑色和米色两种。这两种色调都很符合您的职业特点。""××先生/女士，这两款车都是最新上市的车型，反响都非常好，但不知您更喜欢哪种？"等。

资源6-4-4 选择成交法

这种有效选择成交的方式既减轻了客户买或不买的心理压力，又使销售人员有回旋余地。由于把客户的思维局限在必定购买，只是选择哪种必定成交的方案中，使客户在无形中无法拒绝购买。

但销售人员应当注意我们所划定的选择成交范围必须是客户有能力接受的，并且都是可能导致实际购买的。在划定了范围之后并非就意味着我们只需等待客户的决策和回答，而是应当协助客户选择，帮助客户进行参谋和预算，把选择权交给客户，把主动权留给自己，从而正确地引导客户产生购买行为。在有效选择成交法中，我们要注意提问的技巧如下：

（1）在提问中一般无须使用"买"，尤其不能使用"不买"字样，而是以"中意""喜欢""更喜欢""更中意"等字眼代替，从而使客户更具主动感和参与感。

（2）也不要使用较极端的字眼，无论如何在表面上和理论上都必须认为客户是对的，要承诺对客户说"您说的对""您的看法有道理"等，对客户表示赞同，再进一步阐述自己的看法，划定有效选择范围。

（3）注意我们提出选项的先后顺序。如："先生，我们搞活动赠送的这些礼品是您今天自己带回去，还是明天我们用公司的车给您送去？"和"我们搞活动赠送的这些礼品是我们用公司的车给您送去，还是您今天自己带回去？"这两种顺序不同的选择方式，其恭敬程度大不相同，有时销售的成败可能就因为我们的一语之差。

2. 请求成交法

请求成交法是销售人员用简单明确的语言直接要求客户购买。成交时机成熟时销售人员要及时采取此办法。此办法有利于排除客户不愿主动成交的心理障碍，加速客户决策。但此办法将给客户造成心理压力，引起反感。该办法适用于客户有意愿，但不好意思提出或犹豫时。

例如："王先生，我们就这样定了吧！"

资源 6-4-5 请求成交法漫画（1）

资源 6-4-6 请求成交法漫画（2）

资源 6-4-7 请求成交法漫画（3）

资源 6-4-8 请求成交法漫画（4）

3. 肯定成交法

肯定成交法为销售人员用赞美坚定客户的购买决心，促使成交的方法。客户都愿意听好话，如称赞他有眼光，当然有利于成交。此法必须是客户对产品有较大的兴趣，而且赞美必须是发自内心的，语言要实在，态度要诚恳。

4. 从众成交法

消费者购车容易受社会环境的影响，如现在流行什么车，某某名人或熟人购买了什么车，常常将影响到客户的购买决策。但此法不适应于自我意识强的客户。

5. 优惠成交法

汽车销售中提供优惠条件来促使成交即为优惠成交法。此办法利用客户想沾光的心理，促成交易。但此法将增加成本，可以作为一种利用客户进行推广并让客户在心理上得到满足的一种办法。

资源 6-4-9 优惠成交法

图 6-4-2　优惠成交法

6. 假定成交法

假定成交法为假定客户已经做出了决策，只是对某些具体问题要求做出答复，从而促使成交的方法。如对意向客户说"此车非常适合您的需要，您看我是不是给您做做装饰"。此法适用于老客户、熟客户或个性随和、依赖性强的客户。不适合自我意识强的客户。此外还要看好

资源 6-4-10 假定成交法

时机。

7. 利益汇总成交法

利益汇总成交法是销售人员将所售的车型将带给客户的主要利益汇总，提供给客户，有利于激发客户的购买欲望，促成交易。但此办法必须准确把握客户的内在需求。

8. 保证成交法

保证成交法即为向客户提供售后服务的保证来促成交易。采取此办法要求销售员必须"言必信，行必果"。

9. 小点成交法

小点成交法是指销售人员通过解决次要的问题促成整体交易的办法。牺牲局部，争取全局。如销售时先解决客户的牌照、消费贷款等问题。

10. 最后机会法

最后机会法是指给客户提供最后的成交机会，促使购买的一种办法。如：这是促销的最后机会。"机不可失，时不再来"，变客户的犹豫为购买。

资源6-4-11 穷追法

资源6-4-12 客户常见杀价招数及应对措施

（三）客户砍价的原因及应对措施

客户砍价，是既让人开心，又让人害怕的一件事。客户砍价，证明了客户的诚意，但是砍得太狠，如果销售无力还击，只能出现两个结果，一是客户跑了；二是被砍得体无完肤。

资源6-4-13 议价成交的心理沟通技巧

那对于客户砍价，我们该怎么对待呢？

首先，我们要明确一个观念，对于客户砍价这绝对是一件好事，因为代表了他的诚意。所以请销售顾问千万不要觉得这是噩梦，你应感恩能遇到这些客户。

我们先从客户开始分析：客户为什么会报一个不切实际的价格呢？

可能原因1：他不了解价格，所以他怕被骗了，所以他想摸底，他要先发制人，开一个不切实际的价格，让销售顾问着急，如果销售顾问沉不住气，被他的强势，被他的气场所威慑到了，很有可能会报一个真的很低的价格给他。那客户就得偿所愿了，有了销售顾问这个标准之后，去第二个地方继续砍，砍到出现几家店最低的，客户就买了，但是这位销售顾问可能只能见他一次，也就是第一次报价的那次。

一般来说，这种客户的成交率会比较低。所以我们在对待这些砍价的客户，首要的任务一定要识别好客户是否属于这种情况。

接下来让我们来看看如何更好地去进行识别。对于这种客户，通常心里没太大的底气，因为他不了解行情，如果他报的优惠太少了，他怕被欺骗。所以最好的识别方法就是通过提问，再深入提问。

例如：×先生，您报的这个价格，暂时来说，小陈还真没听说过。想请问一下，您是通过其他途径了解到这个价格的？还是因为小陈的服务介绍没做到位，您对我不太满意呢？（一定要有诚恳谦卑的态度，如果你态度很嚣张，让客户觉得这个价格怎么可能做，这样的态度，只会赶走客户）

一般来说，这种客户在对于汽车行情不太了解的情况下，他可能会告诉你，"没有，你的服务挺好的，只是我在对比××车型，觉得那个车比你这个车便宜，而且配置还高一些，所以觉得你们这个车应该可以再便宜一点。"客户如此说，就是客户提出来了异议，所以请销售顾问先把客户的异议解除了，再进行洽谈，不然，跟他谈价格，很难谈下去。

识别了这类客户之后，就要做好应对工作。

应对措施：由于此客户对于车的市场行情不太了解，所以对于此类客户的报价千万不能急，一定要给客户制造悬念。因为他第一次了解车，所以就算报一个较低的价格，客户也不会立即购买，反而会拿着这个价格去别的地方砍价。

参考话术：

销售：您好×先生，我们这个车现在给予的参考优惠是 2 万元，其中 1 万元现金，1 万元汽车装饰。"（假设权限有 2.5 万元以上）

客户：太少了。

资源 6-4-14 如何面对客户砍价（1）

销售：×先生，买车不单是买价格的嘛。您看我们这车能给您带来这么多的利益。真的物超所值。（请在整个洽谈中，不断地去强调价值）

客户：那还是不行，优惠太少了。

销售：×先生，由于刚刚小陈听您说过，您还要去看看别的车，也还要去对比其他店的优惠。您现在又不能定下来，我也不好跟领导说。您看这样行不行，等您确定好车型，确定好要车的时候，我再帮您去申请价格，我保证绝对让您满意。

这只是参考话术，没有唯一。但是总的来说，就是要给客户制造悬念，要让他有回头的希望。当然，如果在这过程中用一些激将法，把他的购车欲望提升到立即就购买，那就好商量。至于尺度需销售顾问好好把握。

可能原因 2：客户可能真的在别的地方了解过了价格，他来这里开一个不切实际的价格，只是看看销售顾问报的跟别的地方是否一样，看能否更加便宜。客户不断地试探，不断地套取销售顾问更多的优惠。

一般来说，这种客户成交率会比较高。所以我们在对待这些砍价的客户，首要的任务一定要识别好客户是否属于这种情况。

接下来让我们来看看如何更好地去进行识别。对于这种客户，他已经了解过价格了，心里有一个大概的底（有参考），他报一个离谱的价格，是想尽量摸到这个车的最低价。而我们最好的识别方法依旧是通过提问，再深入提问。

例如：×先生，您是什么时候去那家店看的车啊？他当时给您报的价格明细是怎么样的？上牌费是多少钱？……在这里，请留意客户的眼睛动向，看他有没有撒谎。如果这类客户可以比较明确地告诉你这些都是多少钱的话，那恭喜你，他真的要买车。因为他很用心地了解过这车，证明他很喜欢。请好好对待。

资源6-4-15 如何面对客户砍价（2）

应对措施：首先，我们要尽量得到客户要立即购车的承诺，当然这种承诺的真实性要鉴别得到。因为很多客户很会骗人，会说"我现在就要订车，你报一个最低价给我"。对于这种客户，我们要设立门槛，例如会反问他"谈好价格您今天就准备提车走吗；我们这里订车的话需要交20%的定金；不知道您是刷卡还是现金；入户时入谁的名字。"

可能会有销售说，问这么多，客户会不耐烦。请不要害怕，你要告诉他，这些不是我要问，只是我想将我对您的了解，告知给我的领导，让他也能很好地了解到您的购车欲望，给您争取更加好的价钱，其实我这也是帮您。而且在此过程中，你可以测试得到客户对于你的信任程度。

销售切记要遵循慢火煎鱼原则，别总想着快刀斩乱麻，欲速则不达。所以要培养好的耐性，不要被客户牵着走。

假如，客户都很配合你的要求回答，你可以给客户一个合理的报价，主要是等他还价。什么是比较合理的报价？第一，参考自己网站上面的报价；第二，自己权限的 2/3 左右的优惠。一定要给自己留空间，因为客户还价是必然的。务必要引导到客户报的价格与我们的成交价格相差不多的情况下，收取诚意金。

在线测验

通过课前预习，掌握"议价基本策略""议价成交的心理沟通技巧"等知识和技能点，并能熟练运用进行价格协商，提高工作效率。

扫描下方"测验二维码"进入资源库平台的在线测验页面。

在线测验

要全面理解"议价过程中客户的心理分析"所涉及的基础知识，并很好地解决本项目

任务中所描述的汽车销售人员李想遇到的情况，建议采取如下活动开展学习和训练。

（一）处理客户异议模拟训练

1. 任务实施目标

能够在议价的过程中把握客户心理，了解异议产生的来源，掌握处理异议的技巧。

2. 任务实施准备

形式：假定自己是销售顾问李想，与学习小组成员商讨和训练如何在议价过程中对客户进行心理分析，处理客户异议，并采用角色扮演法在课堂上展示。

时间：30分钟

材料及场地：轿车一辆，接待吧台一张，客户洽谈区安排洽谈桌椅，文件夹，客户档案资料，名片，签字笔，记录夹，汽车宣传资料，茶水，计算器，学生必须着正装（衬衣、领带、皮鞋等）。

3. 任务实施步骤

（1）学生以小组为单位，3~5人一组，每组分为两类角色，销售顾问和客户，客户可以是一人或多人。客户要有明确的异议，例如可以对价格、产品等提出异议，并进行压价，越具体越好。销售顾问要能找到客户产生异议的根源所在，正确处理异议，进行价格协商。

（2）各小组在上台表演前，要设计好主要情节。一组在前边表演时，其他组要认真看，仔细听，并适当做笔记，最后总结出合理的处理异议的技巧及价格协商的方法。

（二）相关任务成果提交

小组成员共同完成该任务，并拍摄微视频上传至资源库平台（或空间）。

成果提交

一、拓展任务

张莉莉大学毕业后在某汽车销售服务公司担任销售顾问。某日，一位年轻的先生带着他的太太到店看车，看中了某款车并有意向购买。在议价的过程中，客户对张莉莉提出的加装A套餐车价优惠3 000元的措施不满意，客户提出在此基础上再优惠2 000元，这已经超过了张莉莉能够给客户优惠的权限，如果您是张莉莉，您将如何应对该客户？

1. 请试想张莉莉如何应用各种议价技巧，应对客户的贪占便宜的心理？

2. 小组课后运用角色扮演法模拟训练该场景，并拍摄微视频或照片上传至资源库平台

（或空间）。

"拓展任务"提交页面二维码

二、拓展训练

1. 议价的基本策略？
2. 客户的买意信号有哪些？
3. 请说出几种常见的议价技巧？

参 考 文 献

[1] 赵晓东. 汽车消费心理学 [M]. 北京：北京理工大学出版社，2014.
[2] 刘庆华. 消费心理学 [M]. 北京：机械工业出版社，2010.
[3] 刘军，王砥. 消费心理学 [M]. 北京：机械工业出版社，2009.
[4] 马斯洛. 动机与人格 [M]. 北京：华夏出版社，1987.
[5] 马斯洛. 存在心理学探索 [M]. 昆明：云南人民出版社，1987.
[6] 华英雄. 汽车销售快速成交 50 招 [M]. 北京：中国经济出版社，2012.
[7] 银浦. 你在营销中最可能犯的 106 个错误 [M]. 北京：北京工业大学出版社，2013.
[8] 尹建. 营销心理学 [M]. 北京：高等教育出版社，2007.
[9] 廖春红. 彩色图解九型人格 [M]. 北京：中国华侨出版社，2016.
[10] 李敏，曹军. 色彩心理学 [M]. 北京：中国华侨出版社，2016.